Diana Ruess
Don't call it Urlaub

Diana Ruess

Don't call it Urlaub

Ehrliche Einblicke in eine Weltreise mit Kindern inklusive Schooling on the Road

Bibliografische Information der Deutschen Nationalbibliothek:
Die Deutsche Nationalbibliothek verzeichnet diese
Publikation in der Deutschen Nationalbibliografie;
detaillierte bibliografische Daten sind im Internet
über http://dnb.dnb.de abrufbar.

Verlag: BoD · Books on Demand GmbH, In de Tarpen 42, 22848 Norderstedt
Druck: Libri Plureos GmbH, Friedensallee 273, 22763 Hamburg

ISBN: 978-3-7597-2322-2

Für Freddi und Merlin

Wenn du denkst, Abenteuer seien gefährlich, versuche es mit Routine. Diese ist tödlich.

(Paulo Coelho)

Inhalt

Reisefertig

Es ist der 21. Dezember 2022. Vor dem Fenster ist es grau und nass und nicht besonders kalt. Auch dieses Jahr wird es keine weiße Weihnacht geben. Drei Kerzen des Adventskranzes auf dem Küchentisch sind bis zur Hälfte heruntergebrannt. Die vierte sieht noch wie neu aus. Ich ziehe sie aus dem Kranz heraus und stecke sie in die Schublade. Auch die Fliegenpilze und die goldenen Tannenzapfen klaube ich zwischen den schon abfallenden Nadeln heraus und verstaue sie in der Schachtel für die Weihnachtsdeko. Gut, dass wir dieses Jahr keinen Weihnachtsbaum gekauft haben, denke ich. Das hatte ich schon weit vor Weihnachten entschieden, auch wenn die Kinder das sehr schade fanden. Aber der Baum hätte seinen eigentlichen Zweck gar nicht erfüllen können, und ich hätte neben den Reisevorbereitungen noch die Mühen mit der Entsorgung gehabt.

Ich schaue, ob die Kinder in der Nähe sind und flitze schnell die Treppen runter, um den Rest des Adventskranzes auf den Weg zur Berliner Müllabfuhr zu schicken. Wenn Freddi das gesehen hätte, wäre er traurig geworden, und er hätte mit mir diskutiert. Unser 9-Jähriger mag es überhaupt nicht, wenn Sachen weggeworfen werden, zu denen er eine Beziehung aufgebaut hat. Den Adventskranz hatte er Anfang Dezember zusammen mit seinem kleinen Bruder geschmückt. Er war neben dem Adventskalender das Einzige, was in unserer Wohnung ein bisschen weihnachtlich anmutete. Aber nun hat Freddi anderes im Kopf. Er packt die letzten Sachen in seinen Rucksack, den er als Handgepäck mitnehmen wird. Ich bin sicher, dass er schon ganz aufgeregt ist. Heute Nachmittag werden wir in den Flieger steigen, um Deutschland für eine lange Zeit den Rücken zu kehren. Sein Flugtagebuch hat er schon verstaut. Darin wird er jeden einzelnen Flug unserer Reise festhalten. Freddi liebt Fliegen und Flugzeuge über alles. Vielleicht hat er das von seinem Papa, der beruflich in der Luft- und Raumfahrtbranche tätig ist. Oder von seinem Opa, der in derselben Branche tätig war.

Der Kühlschrank ist ausgeschaltet, und der Tiefkühlschrank ist abgetaut, alle Lebensmittel haben wir aufgegessen oder verschenkt. Die Fahrräder und Kinderroller hat mein Mann Flo gestern schon im Keller verstaut. Unsere Zimmerpflanzen und Kopien der wichtigsten Unterlagen haben Nachbarn und Freunde in Obhut genommen. Sie werden auch ab und zu nach der Wohnung schauen. Ich spüle die letzten Gläser, trockne sie ab und stelle sie in den Geschirrschrank. Merlin, unser 4-Jähriger, kommt mit seinem Rucksack in die Küche gerannt. „Mama, kannst Du mir die Träger enger machen? Das schlackert so auf meinem Rücken!" Kein Problem, nichts leichter als das. Währenddessen schaut Flo, ob alle Stecker aus den Steckdosen gezogen sind. Den Boiler in der Küche schaltet er aus. Dann checkt er, ob alle Heizungen heruntergedreht und die Fenster geschlossen sind, und bringt den letzten Müll runter.

Ich bin froh, dass wir gestern Abend schon alles soweit vorbereitet hatten, dass heute theoretisch kein Abreisestress mehr aufkommen kann. Ich mache ungern Dinge auf den letzten Drücker. Das Packen für unsere Weltreise war ein Prozess, der bereits vor Monaten begonnen hat, immer begleitet von einer großen Vorfreude. Trotzdem bin ich ganz erstaunt, wie ruhig und gefasst wir als Familie am Tag der Abreise sind. Gemeinsam sitzen wir am Tisch und warten eigentlich nur noch darauf, dass der Zeiger der Küchenuhr auf der richtigen Zahl ankommt.

Dann ist es soweit. Mit einem mulmigen Gefühl im Bauch schließen wir die Wohnungstür hinter uns ab. „Haben wir auch alles?", fragt Freddi. Er ist derjenige in der Familie, der am meisten darauf achtet, nichts zu vergessen. Ich beruhige ihn, bestimmt ist alles dabei. Aber jetzt wäre es eh zu spät, wir müssen los. Schnell verstaue ich den abgespeckten Schlüsselbund, nur bestehend aus Haus- und Wohnungsschlüssel, im kleinen Seitenfach von Flos Handgepäck. Dieser verweilt hoffentlich die nächsten acht Monate genau dort. Dann marschieren wir los in Richtung Tram, jeder mit seinem Rucksack fürs Handgepäck, Flo noch mit dem großen Trekkingrucksack und ich mit dem riesigen grünen Rollkoffer, den wir uns extra für diese Reise besorgt haben. Dunkle Wolken hängen am Himmel, doch zum Glück regnet es nicht. An der Haltestelle warten wir mit bangem Gefühl auf die Tram. Kommt sie endlich? Ich mache das erste Foto der Reise. Jetzt hat sie begonnen.

Flo und ich sind nervös. Wir erinnern uns an unsere letzte Reise vor etwas mehr als einem Jahr, als am ersten Tag der Berliner Herbstferien der neu eröffnete »Flughafen Berlin Brandenburg« im Chaos versank. Die Tram kam nicht pünktlich, sodass wir die Regionalbahn verpassten und die viel langsamere S-Bahn zum Flughafen nehmen mussten. Wir kamen trotzdem noch rechtzeitig an, aber die Schlangen an den Check-in-Schaltern waren die längsten, die ich je gesehen hatte. Es gab viel zu wenige offene Schalter für die Menschenmassen, das Personal war mit dem Ansturm völlig überfordert. Als die Abflugzeit näher rückte, wurden wir regelrecht panisch, denn so langsam, wie es voranging, würden wir den Flieger verpassen. Wir machten uns bemerkbar und wurden dank unserer Kinder nach vorne gelassen. Als letzte Passagiere hetzten wir an Bord. So eine Aufregung wollten wir nicht noch einmal erleben, besonders nicht am Anfang unserer großen Reise.

Als wir nun das Flughafengebäude betreten, bietet sich uns ein ganz anderes Bild. Alles ist ruhig, keine Menschenmassen drängeln sich in der großen Halle. Wir sind so früh dran, dass unser Schalter noch nicht einmal geöffnet hat.

„Wer hat Lust auf eine Runde UNO?"

„Ich, ich!", rufen Freddi und Merlin gleichzeitig.

Und so vertreiben wir uns auf dem Boden sitzend und spielend die Zeit. Die Kinder lachen, obwohl sie verlieren. Freddi fängt sogar an zu singen. Die Vorfreude ist deutlich spürbar, das Warten macht uns nichts aus. Ein Gefühl von Aufregung steigt in mir auf, ein Kribbeln, das mich ganz wach sein lässt. Und gleichzeitig spüre ich eine große innere Ruhe. Es geht endlich los, das Warten hat ein Ende. Und diesmal scheint alles reibungslos zu funktionieren. Ich vermute, es liegt daran, dass die Berliner Weihnachtsferien erst morgen beginnen. Freddis Schulbefreiung gilt aber schon ab heute. Wahrscheinlich sitzen seine Schulkameraden gerade zusammen mit seinen Lehrern gemütlich bei der Weihnachtsfeier im Klassenzimmer und erfreuen sich an selbstgebackenen Weihnachtsplätzchen.

Als wir im Flugzeug nach unseren Sitzplätzen fahnden, ist die Enttäuschung groß. Es gibt nur einen Fensterplatz. Wer von den Kindern darf dort sitzen? Von den Erwachsenen ist keine Rede, die Kinder machen unmissverständlich klar, dass natürlich einer von ihnen den Fensterplatz bekommen soll. Ich weiß, dass Freddi Start und Landung besonders liebt und kann mir vorstellen, wie wichtig es für ihn ist, genau dann aus dem Fenster schauen zu können. Aber er hat eine tolle Idee:

„Ich sitze jetzt am Anfang beim Starten am Fenster, aber dann tauschen wir und du darfst dann den ganzen Flug lang am Fenster sitzen, Merlin. Und der Flug dauert ja viel länger!"

Merlin ist sofort einverstanden, und ich bin froh, dass die Kinder nicht in Streit geraten sind, sondern das Dilemma untereinander lösen konnten.

Die Triebwerke dröhnen laut auf und ich spüre, wie mein ganzer Körper in den Flugzeugsitz gedrückt wird. Ich kann es noch gar nicht fassen. Endlich geht unser Traum in Erfüllung, endlich gehen wir auf große Reise und werden sehr lange von zu Hause weg sein. So lange, wie wir noch nie am Stück von zu Hause weg waren.

Malaysia

22. Dezember 2022 in Malaysia . 29 °C

Wer schon einmal auf einem großen Flughafen in Südostasien angekommen ist, kennt die Situation. Es herrscht buntes und lebhaftes Treiben, aber vor allem gibt es eine elend lange Schlange an der Passkontrolle, die sich nur ganz langsam Zentimeter für Zentimeter vorwärts schiebt. Nach der durchwachten Nacht müssen wir hier bestimmt nochmal eine halbe Stunde anstehen – na super, meine Nerven liegen jetzt schon blank. Hier in *Kuala Lumpur* ist gerade Mittagszeit, bei uns in Deutschland wäre es 4:30 Uhr morgens, also mitten in der Nacht. Von der Haustür in Berlin bis zur Landung in *Kuala Lumpur* sind wir jetzt ungefähr 20 Stunden unterwegs gewesen. Mit Zwischenlandung in Istanbul. Ich habe höchstens eine Stunde geschlafen, Flo und die Kinder vielleicht drei oder vier. Dementsprechend müde und gerädert fühlen wir uns jetzt alle.

Wir stehen in der Schlange, die Pässe habe ich schon in der Hand. Merlin quengelt und hängt sich an meinen Arm, sodass er mich fast mit zu Boden reißt. Genervt ziehe ich ihn wieder hoch und stelle ihn auf die Füße. Im Augenwinkel sehe ich die malaiischen Polizisten, die an der Passkontrolle stehen und ihren Blick fest auf die Besucher gerichtet haben.

„Merlin, jetzt benimm dich!", zische ich und mache die Kinder mit weiteren gezischelten Worten auf die Polizisten aufmerksam.

Ich selbst hatte schon immer großen Respekt vor Personen in Uniform mit umgeschnallten Waffen. Aber Merlin und Freddi scheint das im Moment herzlich wenig zu beeindrucken. Überhaupt habe ich das Gefühl, dass ich auch mit der Wand reden könnte. Sie legen sich einfach auf den dreckigen Boden und bleiben wie nasse Säcke auf der Stelle liegen. Und währenddessen schieben sich im Schneckentempo die Menschenmassen an ihnen vorbei. Ich spüre schon den Ärger in mir aufsteigen und möchte am liebsten laut losschreien. Schlafmangel sei Dank. Ich muss mich zusammenreißen. Ich schaue zu Flo rüber und sehe an seinem Gesichtsausdruck, dass er ähnlich schlechte Nerven hat. Also gut, letztes Register. Ich ziehe die Handys aus dem Rucksack und gebe sie den Kindern. Das wirkt, ich kenne meine Jungs. Wenigstens liegen sie jetzt nicht mehr auf dem Boden, sondern schieben sich sitzend und aufs Handy schauend in der Schlange voran.

Endlich sind wir dran, ein Gefühl der Erleichterung durchströmt mich. Und plötzlich sind auch die Kinder wieder hellwach. Gemeinsam bestaunen wir unseren ersten Stempel im Pass. Die Kinder haben in Berlin beide einen neuen Reisepass bekommen, keinen Kinderreisepass, sondern einen biometrischen Reisepass wie die Erwachsenen. Die Dame im Amt hatte mir erklärt, dass man mit dem Kinderreisepass nicht in die USA einreisen darf. Außerdem gilt der jetzt nur noch für ein Jahr, und man braucht für die Einreise in viele Länder einen Pass, der sogar nach der Ausreise noch drei Monate gültig ist. Natürlich ist der biometrische Reisepass wesentlich teurer als der Kinderreisepass, dafür ist er aber immerhin sechs Jahre gültig. Die Jungs begutachten die Stempelabdrücke in ihren Pässen, als würden sie einen Schatz in den Händen halten. Glücklich setzen wir unseren Weg zur Gepäckausgabe fort.

Unsere beiden Gepäckstücke sind heile angekommen und fahren schon ihre Schleifen auf dem Gepäckband. Auf dem Weg nach draußen ruft Flo, wir sollen kurz warten, er würde schnell noch Geld abheben. Ich hoffe inständig, dass das mit unserer deutschen Debit-Karte klappt. Denn auf der letzten großen Reise nach Südostasien wollte der Bankautomat unsere Karte nicht akzeptieren. Wir mussten dann eine Bank suchen und das Geld am Schalter abheben. Das geht hier am Flughafen natürlich nicht. Ich schaue gespannt rüber zu Flo. Gleichzeitig registriere ich, dass die Kinder beginnen, sich gegenseitig in die Seite zu boxen. Hoffentlich fangen sie jetzt nicht vor lauter Langeweile einen Streit an, denke ich. Das würde mir gerade noch fehlen. Flo zeigt mir aus der Ferne einen Daumen nach oben, erleichtert atme ich auf. Jetzt brauchen wir noch eine malaiische SIM-Karte fürs Handy. Die darf sich Flo in sein Handy basteln, ich habe leider kein Dual-SIM. Meine deutsche SIM-Karte kann ich nicht rausnehmen, denn Freddis Lehrer werden uns die Aufgaben für die Schule per WhatsApp auf meine Nummer schicken.

Es klappt, Internet auf Flos Handy geht. Sofort schaut er nach, mit welchem Verkehrsmittel wir zum Hotel kommen. Mit den Öffentlichen würde es über eineinhalb Stunden dauern.

„Taxi?", schlage ich vor, und zum Glück ist Flo derselben Meinung.

Mit unserem Gepäck im Schlepptau schlängeln wir uns durch die Menschenmassen hindurch zum Ausgang. Als sich die automatische Tür vom

Terminal öffnet, kommt uns eine Wand schwülwarmer asiatischer Luft entgegen. Sie fühlt sich schwer an, wie ein warmer und feuchter Nebel, der sich auf die bloße Haut legt. Es riecht so anders als zu Hause in Berlin, so exotisch und aufregend. Und auf einmal wird mir klar, dass der erste Atemzug in einem fremden Land eine meiner liebsten Reiseerfahrungen ist. Er verspricht so viel Abenteuer und Freiheit. Und es ist für mich jedes Mal überwältigend, wenn ich völlig übermüdet in einem anderen Land, in einer anderen Zeitzone ankomme, in der es auf einmal wieder hell ist. Und ich todmüde, aber glücklich im Taxi, Zug oder Bus sitze und aus dem Fenster schaue. Die fremdartigen Straßenschilder, Fahrzeuge, vorbeiziehenden Gebäude und Landschaften auf mich wirken lasse. Gedanken an zu Hause sind ganz weit weg, ich bin nur noch im Hier und Jetzt. Diese emotionale Mischung aus Müdigkeit, Aufregung und Neugier, aber auch Ungewissheit – wie wird es werden? – empfinde ich als einzigartig und selten im Leben.

Wie wir es aus Südostasien kennen, werden wir beim Einchecken im Hotel überaus freundlich empfangen. Unser Zimmer ist klein, aber gemütlich. Die Klimaanlage läuft und ist viel zu kalt eingestellt. Flo findet die Fernbedienung, er stellt die Temperatur auf 22 °C. Schließlich müssen wir uns nun an die Hitze hier im Land gewöhnen. Zwei schmale, aber sehr einladende frisch bezogene Doppelbetten stehen direkt nebeneinander. Ich lasse mich auf eines der Betten fallen und würde am liebsten die Augen zumachen und in den Schlaf sinken. „Keine gute Idee!", ermahne ich mich selber. Hier ist es jetzt 16 Uhr, ein bisschen sollten wir noch durchhalten, wenn wir den Jetlag schnell loswerden wollen – eine ganz alte Reiseweisheit, die schon als Erwachsener schwer zu befolgen und mit Kindern noch schwerer umzusetzen ist. Freddis Stimme reißt mich aus dem traumähnlichen Zustand, dem ich innerhalb von Sekunden bereits verfallen bin.

„Ich will hier schlafen!"

„Nein, das ist mein Bett!"

Puuh, schnell wieder wach werden und den Streit im Keim ersticken! Ich kläre die Beiden darüber auf, dass sie zusammen in einem Bett schlafen werden, Flo und ich in dem anderen. Schließlich stehen hier nur zwei Doppelbetten, und auch wenn die Betten schmal sind, das muss ausreichen.

„Ich will auf keinen Fall mit Merlin in einem Bett schlafen!"

Auweia, das geht ja schon gut los, denke ich. Und prompt beginnen die beiden Brüder, sich gegenseitig mit Schimpfwörtern und Beleidigungen zu überhäufen.

Eigentlich müssten sie dringend ins Bett. Andererseits sind beide so überdreht, dass sie jetzt sowieso nicht einschlafen würden. Da hilft nur schnell fertigmachen und raus aus dem Zimmer – sonst eskaliert das Ganze hier noch. Also zwinge ich mich dazu, wieder aufzustehen und die Kinder zu drängen, sich umzuziehen. Außerdem haben wir alle mächtig großen Hunger.

„Wo hast Du die Sandalen und die kurzen Hosen reingepackt? In den Rucksack oder in den grünen Rollkoffer?", will Flo wissen.

Im Moment arbeiten unsere Gehirne gefühlt nur mit 20 % ihrer normalen Energiekapazität. Die größte Herausforderung ist es, noch etwas zu essen zu finden. Etwas, das auch die Kinder essen. Mit einem vernebelten Kopf gehen wir also raus aus dem klimatisierten Hotel, rein in die tropische Luft der asiatischen quirligen und lauten Großstadt. Die Sonne geht gerade unter, trotzdem ist es noch unangenehm schwülwarm. Auf unserem Weg durch die Hochhausschluchten lassen wir die Geräusche der Stadt, das Hupen der Autos und Gesprächsfetzen aus fremdartigen Sprachen auf uns wirken. Alles verschmilzt zu einem dumpfen Klang, während die Dächer der Wolkenkratzer aufdringlich bunt in der Abenddämmerung blinken. Die Straßenführung wirkt sehr chaotisch, und wir haben den Eindruck, dass sie nicht für Fußgänger entworfen wurde. Wir stehen an einer vierspurigen Straße, schauen auf den fließenden Verkehr und wissen überhaupt nicht, wie wir auf die andere Seite kommen sollen. Überdachte Brücken reichen von einem Hochhaus zum anderen, aber wie kommt man nur dahin?

Freddi jammert, dass seine Beine gleich zusammenbrechen, während Merlin inzwischen bei Flo auf den Schultern sitzt, denn ansonsten wären wir gar nicht vom Fleck gekommen. Per Google sucht Flo ein Restaurant, in dem es etwas halbwegs Europäisches zu Essen gibt. An das asiatische Essen müssen wir die Kinder erst langsam heranführen, und jetzt ist sicher nicht der richtige Zeitpunkt dazu. Als wir dann das angepeilte italienische Restaurant endlich finden, müssen wir feststellen, dass es das gar nicht mehr gibt. Tja, schaaaade ... so langsam kriegen wir alle richtig schlechte Laune. Es hilft nichts, wir müssen weitersuchen und irren umher.

Die unübersichtliche Straßenführung und der lärmende Verkehr strengen unsere ohnehin schon strapazierten Gehirne immer mehr an. Doch bevor wir uns vor Hunger und Erschöpfung alle gegenseitig an die Gurgel gehen, finden wir eine Art Irish Pub und nehmen dort die erste Mahlzeit unserer Weltreise ein. Burger mit Pommes. Was wir noch nicht wissen: Dieses Gericht wird uns die ganze Reise über treu begleiten.

Wie alles begann

Die Idee mit der Weltreise schwebte zwar seit Freddis Geburt immer wieder in unseren Köpfen herum, aber die Gedanken an so ein großes Vorhaben wurden recht schnell wieder von den alltäglichen Herausforderungen verdrängt. An das erste Mal, als Flo und ich darüber redeten, kann ich mich noch genau erinnern. Es war an einem Abend im März 2013. Wir saßen in einem Café, ich hochschwanger, aber es waren eigentlich noch zwei Wochen Zeit bis zum errechneten Geburtstermin. Wir träumten davon, für mehrere Monate um die Welt zu reisen, und zwar noch bevor unser Sohn in die Grundschule kommen sollte. Wir wollten etwas von der Welt sehen, und Abenteuer mit unserem Kind erleben. Wir stellten uns vor, wann es ungefähr soweit sein sollte und welche Länder wir spannend fänden. Idealerweise sollte Freddi vier oder fünf Jahre alt sein, denn dann würde er sich später an die Reise erinnern. Als ob Freddi das gehört hätte, setzten in dieser Nacht die ersten Wehen ein, und am nächsten Tag erblickte er das Licht der Welt.

Unser Leben mit Kind veränderte sich und forderte uns zunehmend. Wir dachten lange nicht mehr an unseren Traum. Als Freddi fast fünf Jahre alt war, kam Merlin zur Welt und der Gedanke an eine Weltreise war in noch weitere Ferne gerückt. Solange Freddi noch nicht in die Schule ging, genossen wir es, unabhängig von den Schulferien verreisen zu können. Wir unternahmen fast jedes Jahr eine mehrwöchige Reise nach Südostasien. Die beste Reisezeit für Thailand, Vietnam oder Sri Lanka ist in unserem Winter, aber da gibt es nur eine Woche Weihnachtsferien im Dezember, und eine Woche Winterferien im Februar. Auf eine Reise von mehreren Wochen würden wir also bald verzichten müssen.

Freddi kam in die Schule und unser Alltag mit zwei Kindern war eng getaktet. Ich arbeitete halbtags als Sozialarbeiterin in der Kinder- und Jugendhilfe und war durch problematische Einzelfälle emotional gefordert. Nachmittags kümmerte ich mich um unsere eigenen Kinder. Flo hatte sich kurz vor Freddis Geburt selbständig gemacht und führte nun zusammen mit seinem Freund und Geschäftspartner sein eigenes Ingenieurbüro mit inzwischen fünfzehn Mitarbeitern. Er arbeitete unter der Woche bis spät in den Abend, sodass er manchmal die Kinder gar nicht mehr sah, bevor sie ins Bett gingen. Parallel dazu hatte er ein zweites Unternehmen aufgebaut und bereits fünf Mitarbeiter eingestellt. Obwohl er körperlich bei mir und den Kindern zu Hause war, war er gedanklich ständig bei der Arbeit. Ich hatte schon seit geraumer Zeit das Gefühl, dass uns alles über den Kopf wuchs und wir nur noch von Terminen getrieben im Alltagstrott mitzuhalten versuchten. Den Haushalt und die meisten Angelegenheiten der Kinder koordinierte ich alleine. Außer einem Babysitter alle paar Monate hatten wir keine Unterstützung bei der Kinderbetreuung, denn unsere Familien leben weit weg in Baden-Württemberg. Finanzielle Sorgen hatten wir zwar nicht, aber was nützt das, wenn man keine Zeit mehr füreinander hat?

Flo zog die Reißleine und überließ die zweite Firma einem Partner. Wenig später kehrte der Gedanke an die Weltreise zurück und verweilte diesmal beharrlich in unseren Köpfen. Freddi war nun schon in der 3. Klasse. Sollten wir es trotz Schule wagen? Ich hatte entfernt von Bekannten von Bekannten gehört, dass sie ihr Kind für eine lange Reise aus der Schule genommen hatten. Es ging also irgendwie. Aber falls es tatsächlich möglich wäre, waren wir uns dennoch unsicher, ob wir das als Familie zusammen schaffen würden. Im Alltag mit den Kindern erlebten wir auch immer wieder anstrengende Zeiten. „Es ist nur eine Phase", lautet ein bekannter Spruch unter Eltern, in der Hoffnung, dass es bald wieder besser wird. Diese Phasen würde es natürlich auch auf Reisen geben. Würden wir Eltern ohne jegliche Kinderbetreuung und somit auch ohne Rückzugsmöglichkeit in fremder Umgebung eine entspannte Zeit mit den Kindern verbringen können? Würde es uns nicht zu viel werden, dann noch zusätzlich den Großen selbst unterrichten zu müssen? Der Gedanke an eine mögliche Überbelastung ließ uns immer wieder zurückschrecken. Eine lange Auszeit kam für uns aber nur in Frage, wenn Freddi im Anschluss nahtlos in seine alte Klasse zurückkehren konnte. Er ist in sozialen Situationen eher ängstlich und zurückhaltend. Der Übergang von der Kita in die Schule fiel ihm damals sehr schwer. Morgens beim Bringen hat er oft geweint und wir Eltern mussten die Lehrer anflehen, ihn bis in sein Klassenzimmer begleiten zu dürfen, denn eigentlich sollten die Kinder den Weg von der großen Eingangstür alleine finden. Ihn weinend dort stehen zu lassen, wohl wissend, wie verloren und hilflos er sich fühlte, brachten wir nicht übers Herz. Es war eine schwere Zeit für Freddi und für uns. Und es dauerte mehrere Monate, bis er in seiner Klasse neue Freunde gefunden hatte. Nach dieser Erfahrung wollten wir nicht, dass er sich nach der Auszeit wieder in eine neue Gruppe einfinden muss. Die einzige

Möglichkeit bestand darin, ihn während der Reise selbst zu unterrichten, damit er nach unserer Heimreise wieder in seine alte Klasse zurückkehren konnte und schulisch nicht den Anschluss verlor.

Trotz aller Zweifel wurde uns immer klarer, dass wir es jetzt anpacken mussten, wenn wir unseren Traum Wirklichkeit werden lassen wollten. Einen besseren Zeitpunkt würde es nicht mehr geben, um gemeinsam mit unseren Kindern eine Weltreise zu machen. Später hätten wir zwei Schulkinder und ab einem gewissen Zeitpunkt wollen Teenies doch auch nicht mehr mit ihren Eltern verreisen. Wir überlegten, in welcher Jahrgangsstufe eine Auszeit für Freddi am günstigsten wäre. In Berlin geht die Grundschule bis zur 6. Klasse. Für den Übergang zur weiterführenden Schule sind die Noten der 5. und 6. Klasse entscheidend. Da Freddi auf der Reise wahrscheinlich keine Noten erhalten würde, hielten wir die 4. Klasse für ideal. Damit bliebe uns noch ein ganzes Jahr Zeit für die Reisevorbereitungen. Bei unserer Rückkehr würde Freddi dann in die 5. Klasse kommen und Merlin in die Vorschule. Perfekt! Wagen wir es lieber jetzt, als später nie!

Fröhliche Weihnachten

24. Dezember 2022 in Malaysia . 28 °C

Und da sind wir jetzt – auf unserer großen Reise. Aber so richtig realisieren wir das noch gar nicht, denn im Moment fühlt es sich noch wie der Beginn eines Jahresurlaubs an. Seltsam ist nur, dass heute Heiligabend ist. Weihnachten ist in Malaysia kein offizieller Feiertag. Aber als multikulturelles Land mit einer Vielzahl von religiösen und ethnischen Gruppen, darunter Muslime, Buddhisten, Hindus und Christen, wird auch in Teilen Malaysias das christliche Weihnachtsfest gefeiert. Es glitzert und funkelt in der Hotellobby, und auch schon gestern konnten wir die überbordende Weihnachtsdekoration an jeder Ecke dieser Millionenstadt bewundern. Blinkende Lichterketten, haushohe Weihnachtsbäume und Schneemänner aus Plastik. Die farbenfrohe Dekoration ist hundertmal kitschiger als bei uns zu Hause, und durch die drückend schwüle Hitze fühlt es sich für uns ganz und gar nicht weihnachtlich an. Das macht aber nichts. Vielleicht würden wir ansonsten nur traurig werden, dass wir nicht zu Hause, in der Heimat am Esstisch mit Familie und Freunden zusammensitzen, mit echtem Tannenbaum und deftigem Weihnachtsessen.

Als wir beim späten Frühstück im Hotelrestaurant sitzen, hole ich ein paar kleine eingepackte Geschenke für die Kinder aus dem Rucksack, die ich zu Hause heimlich in den Koffer geschmuggelt hatte. Wir hatten Freddi und Merlin im Vorfeld darauf vorbereitet, dass es dieses Jahr keine großen Geschenke geben wird und natürlich von der Menge her weniger als das, was zu Hause unter dem Weihnachtsbaum liegen würde. Das war ihnen schnell klar, denn dieses Jahr ist die große Reise unser aller Geschenk. Und die Verknappung von Dingen zeigt auch schon Wirkung. Aufgeregt reißen sie das Papier auf und strahlen vor Freude über die kleinen Überraschungen. Ein Spielzeugflugzeug von Turkish Airlines für Freddi und ein Multitool mit Kompass, Lupe und Pinzette für Merlin. Außerdem eine Sammlung aus kleinen Meerestierfiguren und Wasserpflanzen, mit denen sie am Strand bunte Unterwasserwelten aufbauen können. Dann gebe ich ihnen noch einen Umschlag von Onkel Max: echte Singapur-Dollarscheine zum Ausgeben am nächsten Reiseziel. Die Großeltern und die beiden anderen Onkels haben es sich natürlich auch nicht nehmen lassen, den Kindern ein Geschenk zu machen. Und so bekommt jeder noch ein kleines Taschengeld, das er während der Reise in Mitbringsel umwandeln kann.

Anstelle der weihnachtlichen Bescherung unterm Tannenbaum haben wir uns für heute ein Kontrastprogramm ausgedacht: die heiligen *Batu Caves*. Das sind über 400 Millionen Jahre alte Kalksteinhöhlen, die religiöse Stätten und hinduistische Tempel in ihrem Inneren beherbergen. Sie befinden sich auf einem Berg, etwa 13 Kilometer nördlich von *Kuala Lumpur*.

Zusammen mit unzähligen anderen Menschen steigen wir nun in der sengenden Hitze die 272 Steinstufen nach oben. Vielleicht hätten wir nicht zur Mittagszeit herkommen sollen, der Schweiß läuft uns schon nach den ersten paar Stufen in Strömen über das Gesicht. Bei einem Blick zurück nach unten staunen wir über die Aussicht auf *Kuala Lumpur*, die gigantische Stadt, eingehüllt in einen gelben Nebelschleier, vermutlich Smog.

Erschöpft erreichen wir die letzten Stufen. Die Kinder können ihre Füße gar nicht mehr richtig anheben und ich merke, dass sie kurz davor sind, in einen Tonfall des Wehklagens zu verfallen. Doch dann werden sie plötzlich ganz still und schauen sich um. Wir stehen inmitten einer riesigen Höhle mit gewaltigen Tropfsteinformationen, die von der Decke bis zum Boden reichen. Unzählige Menschen, vermutlich Pilger und Besucher aus aller Welt, strömen durch die Gänge, beten an den zahlreichen Schreinen und führen Rituale durch. Zwischen den Menschenmassen laufen ganze Affenfamilien umher oder sitzen auf den Gesteinsvorsprüngen und beäugen die Besucher neugierig. Der Duft von Weihrauch und Kerzenwachs hängt in der Luft, das gedämpfte Echo der vorbeiziehenden Besucher verbreitet ein Gefühl der Besinnung und Ruhe.

„Mama, ich hab' Hunger!"

Merlins Stimme reißt mich aus meinem geistigen Schwebezustand. Na klar. Gedankenverloren will ich einen Keks aus meinem Rucksack fischen, als plötzlich einer der Affen auf mich zugerannt kommt und mir einen gehörigen Schreck einjagt. Dabei hatte der Keks noch nicht einmal den Weg aus der Verpackung gefunden, aber offensichtlich hatte das Geraschel den Affen bereits angelockt. Schnell mache ich den Rucksack wieder zu. Keine Kekse für die Kinder jetzt!

Später, als die Jungs im Bett liegen und endlich schlafen, schleichen Flo und ich uns noch einmal leise aus dem Zimmer. Wir haben uns extra für solche Fälle eine

Babysitter-App aufs Handy geladen, die wir jetzt zum ersten Mal ausprobieren. Vielleicht werden wir sie auf der Reise noch öfter brauchen. Mein Mobiltelefon lassen wir auf dem Schreibtisch im Hotelzimmer liegen und Flos nehmen wir mit. Falls eines der Kinder aufwacht, schlägt die App Alarm – dann müssen wir eben schnell zurück. Ich habe gemischte Gefühle, die Kinder hier in der Fremde allein im Zimmer zu lassen, aber Flo gibt mir zu verstehen, dass ich mich mal entspannen soll. Wird schon alles gut gehen. Mit dem Aufzug fahren wir ganz nach oben auf die Dachterrasse, wo es eine Sky-Bar geben soll. Gerne hätten wir zusammen mit den Kindern die Aussicht genossen, aber Kinder dürfen leider nicht in die Bar. Schade eigentlich, aber vielleicht auch ganz gut so. Zeit zu zweit ist rar. Arm in Arm stehen wir mit einem Cuba Libre in der Hand am Geländer der Dachterrasse und blicken auf das Panorama aus funkelnden Wolkenkratzern. Ein warmer Windhauch streichelt unsere Haut, die tropische Luft fühlt sich feucht und klebrig an. Entspannte Musik und das Gelächter junger Menschen aus aller Welt dringen an unsere Ohren. Menschen wie wir, allerdings ohne Kinder, so wie wir früher. Erinnerungen an unsere ersten gemeinsamen Fernreisen kommen mir in den Sinn, nach Thailand, Kambodscha, Madagaskar. Als wir noch alleine unterwegs waren, nur für uns entscheiden konnten, welche Richtung wir einschlagen und wie lange wir wo bleiben. Es war eine tolle Zeit, es fühlte sich so frei an.

Jetzt ist es anders. Wir haben Kinder, und meistens geben sie den Takt vor. Das Leben hat sich durch sie verdichtet, ist schneller geworden, es konzentriert sich mehr auf einen Ort. Zu Hause kommen wir aus unserem Kiez eigentlich gar nicht mehr heraus, denn täglich pendeln wir nur zwischen Kita, Schule und Arbeit.

„Aber jetzt", denke ich, „...jetzt sind wir hier! Wir haben es geschafft, wir sind losgezogen!"

Plötzlich steigt ein Gefühl von großer Dankbarkeit in mir auf. Trotz der Schulpflicht dürfen wir mit unseren Kindern auf Reisen sein. Die Welt sehen, eigene Entdeckungen machen. Das Andersartige kennenlernen, das, was es nicht zu Hause gibt. Ich bin glücklich und gleichzeitig stolz auf uns als Familie, dass wir den Mut dazu hatten. Und zum ersten Mal wird mir so richtig bewusst, dass wir nun wirklich und wahrhaftig auf Weltreise sind. Ein Gefühl von Freiheit und Leichtigkeit durchströmt meinen Körper.

„Und das hier ist erst der Anfang", sage ich laut und stoße mit Flo an.

„Frohe Weihnachten! Und auf die viele freie Zeit, die noch vor uns liegt."

Kulturelle Unterschiede

25. Dezember 2022 in Malaysia . 28 °C

Ein neuer Tag. Und abermals stürzen wir uns in das lebhafte Treiben der Metropole. Die Sonne knallt, es ist noch heißer als gestern. Im Dezember haben die Malaien Sommerferien. Im berühmten Einkaufszentrum *KLCC*, welches sich direkt unter den *Petronas Towers* befindet, ist es vor Hitze und Andrang kaum auszuhalten. Ein Strom von Menschen aller Herkunftsländer bahnt sich seinen Weg durch die Geschäfte, die hier auch sonntags geöffnet haben. Es riecht nach Schweiß, gemischt mit dem Duft fremdartiger Gewürze. Im Untergeschoss befindet sich eine Art Essensmeile mit vielen Tischen und Imbissbuden. Ich schaue mich um und erspähe in den Auslagen so etwas wie gebratene Reisnudeln mit einer Mischung aus Gemüse, Eiern, Garnelen und Chilisauce. Oder ein Gericht namens Nasi Lemak – gedämpfter Kokosnussreis mit scharfer Sambal-Chili-Paste, gebratenem Tofu, Bohnensprossen und getrockneten Sardellen.

„Bäh, hier gibt es überhaupt nichts, was ich mag. Es riecht auch alles so ekelhaft!", höre ich Merlin hinter mir nörgeln.

Fieberhaft suchen Flo und ich in dem Menschengewimmel nach etwas, das den Kindern wenigstens halbwegs schmecken könnte. Wir finden einen Stand, der gebratenes Hühnchen mit Reis und süßsaurer Sauce anbietet, sehr angepasst an den europäischen Gaumen, aber dennoch exotisch. Beim Anblick des Gerichts auf den Tellern verziehen die Kinder zuerst das Gesicht, aber dann probieren sie und fangen an zu essen. Glück gehabt, denn eine Alternative gibt es hier nicht. Gebratenes Huhn mögen sie zu Hause auch gerne, aber wenn es anders gewürzt ist, kann es passieren, dass das Essen trotzdem verschmäht wird. Sie müssen sehr hungrig sein, denn sie essen fast alles auf. Oder lassen sie sich vielleicht tatsächlich schon auf fremdartige kulinarische Genüsse ein? In der wuseligen Einkaufsmeile sind erstaunlich wenige europäische Touristen zu sehen, vermutlich verreisen sie über Weihnachten nicht allzu gern, denke ich.

Als wir später wieder im Hotel sind und uns im Pool erfrischen, kommt Flo mit einem arabischen Touristen ins Gespräch. Flo erfährt, dass die Familie ursprünglich aus den Vereinigten Arabischen Emiraten stammt, jetzt aber in

Australien lebt und hier in Malaysia Urlaub macht. Er ist Geschäftsmann und besitzt vier deutsche Autos, denn deutsche Autos seien die besten der ganzen Welt, sagt er. Seine Frau und die beiden Töchter sind mit ihm auf Reisen. Freddi und Merlin schauen schon eine ganze Weile neugierig zu ihnen hinüber, denn alle drei schwimmen vollständig bekleidet und mit Kopftuch im Wasser. Im muslimisch geprägten Malaysia ist dies kein ungewöhnlicher Anblick. Heute Nachmittag haben wir in einem Park vor den *Petronas Towers* eine Gruppe sehr junger Mädchen im Grundschulalter gesehen, die auch von Kopf bis Fuß verschleiert in einem öffentlichen Schwimmbecken geplanscht hatten. Von zu Hause, aus unserem Kiez, sind wir es nicht gewohnt, dass die Kinder in ihrer Alltagskleidung ins Wasser gehen, und Merlin hatte gefragt, warum sie keine normalen Badesachen tragen.

„Weil es in anderen Ländern und in anderen Religionen andere Regeln gibt. Frauen, die der muslimischen Religion angehören, müssen ihre Haut bedecken, manche sogar beim Schwimmen", hatte ich ihm erklärt.

Ich hatte nach einer guten und kindgerechten Antwort gesucht, und das ist mir zugegebenermaßen ziemlich schwergefallen, denn was können sich Kinder unter ‚Religion‘ schon vorstellen? Aber ich freue mich, dass sie diese Unterschiede bemerken und anfangen, danach zu fragen. Denn das ist es, was ich mir für sie von unserer großen Reise erhoffe: Dass sie die Welt entdecken, andere Lebensweisen kennenlernen und Unterschiede feststellen. Und daraus für ihr eigenes Leben lernen.

Auf Freddis Wunsch hin machen wir uns am Abend noch einmal auf den Weg nach draußen. Die Hitze drückt noch immer, und der Schweiß läuft uns schon wieder am ganzen Körper hinunter. Aber das ist Freddi egal, denn er hat jetzt ein wichtiges Ziel vor Augen. Den *KL Tower*.

„Das ist einer der höchsten Fernsehtürme der Welt, 421 Meter ist er hoch", erzählt er uns, während wir in der Dämmerung auf den schmalen Gehsteigen durch die hell beleuchtete Stadt laufen. Freddi liebt hohe Gebäude und kennt viele mit Name und Höhe auswendig. Das kommt daher, dass er gerne das Computerspiel »Designer City« spielt. Darin errichtet er eigene Städte, in denen er die bekanntesten Gebäude der Welt platzieren kann, wie zum Beispiel den *KL Tower*. Schon vor Antritt unserer großen Reise war er immer ganz aufgeregt gewesen, wenn wir darüber sprachen, welche Großstädte wir besuchen wollen. Sein größter Wunsch ist es, sich *New York City* anzuschauen, die Metropole der berühmtesten Wolkenkratzer. Er ist fasziniert davon, die Gebäude, die er bisher nur auf dem Computerbildschirm sehen konnte, in Wirklichkeit vor sich zu haben. Und als wir jetzt vor dem beleuchteten Fernsehturm stehen, kann ich Freddis Begeisterung verstehen. Wir legen die Köpfe in den Nacken und blicken hinauf in schwindelerregende Höhen zur Spitze des mächtigen Bauwerks. Unglaublich, dass Menschen so etwas Gewaltiges erschaffen können.

Genauso überglücklich ist Freddi, als wir am nächsten Tag die berühmten *Petronas Towers* besichtigen. In der Schlange vor dem Ticketschalter wird Flo von einem Malaien auf Englisch angesprochen. Stolz erzählt dieser, dass er schon einmal in Deutschland gelebt und gearbeitet hat. Er fragt Flo, ob Deutschland nun endgültig vom russischen Gas abgekoppelt ist, was Flo zu diesem Zeitpunkt verneinen muss. Im Gegenzug fragt Flo, ob Malaysia eigentlich auch russisches Gas einkauft.

Meine Gedanken schweifen ab und ich erinnere mich an die Situation im vergangenen Herbst zu Hause. Dass das Gas aus Russland als Folge des Kriegs in der Ukraine knapp wird, haben auch die Kinder mitbekommen. Das Thema wurde mit Beginn der Kälteperiode immer präsenter, und auch Freddi und Merlin versuchten, wo immer es ging, Energie zu sparen. Das Licht auszuschalten, wenn sie nicht im Zimmer waren. Oder sich zu Hause lieber noch eine Jacke anzuziehen, anstatt schon im Oktober die Heizung anzuschalten. In den Medien wurde darüber diskutiert, ob die legendäre Weihnachtsbeleuchtung auf der Straße »Unter den Linden« in diesem Jahr eingeschaltet werden sollte oder nicht. Als wir *Kuala Lumpur* gestern von der Sky-Bar aus betrachteten, hatten wir nicht das Gefühl, dass hier irgendwo Energie gespart wird. Von oben sah die Stadt so unglaublich hell erleuchtet aus, auffällig bunt, blinkend und grell.

Der Malaie antwortet Flo, dass Malaysia seine eigenen Gasvorkommen im Meer hat und überhaupt kein russisches Gas einkauft. Hier wird also nicht ans Sparen gedacht. Na gut, wir sind ja auch gerade auf den *Petronas Towers*, den Türmen, die von *Petronas* – dem größten Ölkonzern Malaysias – erbaut wurden.

Entspannung am Meer

26. Dezember 2022 in Malaysia . 30 °C

Eine neue Etappe beginnt. Wir befinden uns auf der malaiischen Insel *Langkawi* in der Andamanensee, an der Grenze zu Thailand. Schon lange freuen wir uns auf die zwei Wochen Erholung am Meer. Zwei Wochen, um alle Anspannung der letzten Monate hinter uns zu lassen und neue Energie zu tanken, bevor wir wirklich von einem Ort zum anderen reisen.

Flo hat sich prompt eine dicke Erkältung eingefangen und hustet stark, sodass wir froh sind, uns hier ausruhen zu können. Unser Bungalow steht direkt am Meer. Die salzige Brise fühlt sich sehr angenehm auf der erhitzten Haut an, als wir uns später den weitläufigen Garten des Resorts anschauen. Ein gewundener Weg aus flachen Steinen führt durch die Anlage, und links und rechts stehen Bambushütten mit Balkonen, auf denen bunte Hängematten aufgespannt sind. In der Mitte des Gartens steht das Restaurantgebäude mit schweren Holzmöbeln, davor eine schiefergraue Tafel, auf der mit Kreide die malaiischen Gerichte niedergeschrieben sind, welche man als Gast bestellen kann. Die Frangipani-Bäume mit ihren rund geformten weißen Blüten verströmen einen süßlichen Duft. Ich mag diese tropische Atmosphäre, es ist eine gänzlich andere Welt als zu Hause in Europa.

Ein langer goldgelber Sandstrand zieht sich vor dem Hotelgrundstück entlang, von unserem Bungalow aus können wir die Wellen rauschen hören. Die Kinder sind begeistert und wollen ins Meer springen. Prima, denke ich und hoffe auf ein bisschen Entspannung nach dem doch recht anstrengenden Großstadttrip. Lesen am Strand oder einfach nur in der Sonne liegen, während die Kinder beschäftigt sind, das wäre schön. Beglückt schauen wir auf das einladend glitzernde Meer, doch irgendwie ist es seltsam, dass kaum Menschen am Strand, geschweige denn im Wasser zu sehen sind ... und im nächsten Augenblick entdecken wir das große Schild am Ufer: Im Meer können drei Quallenarten vorkommen, unter anderem eine der giftigsten und tödlichsten Arten der Welt – die Würfelqualle. Ein Teil des Strandes ist unter Wasser halbkreisförmig mit einem Netz abgegrenzt. Diese Maßnahme scheint jedoch auch nicht hundertprozentig zu schützen, denn es liegen einige kleinere Quallen auf dem trockenen Meeresboden vor dem abgezäunten Bereich. Merlin und Freddi stehen am Ufer und schauen auf die verendeten Tiere. Wir sind sprachlos, können erst gar nicht fassen, was wir sehen. Dann gebe ich den Kindern zu verstehen, dass wir hier nicht schwimmen gehen können. Denn mit dem Wissen, dass eine ausgewachsene Würfelqualle ein Kind in fünf Sekunden töten kann, möchte ich nicht, dass irgendeiner von uns ins Wasser geht. Nach dem Anblick der toten Quallen sind sie aber zum Glück gar nicht mehr so erpicht darauf, sich sofort in die Fluten zu stürzen.

Flo und ich machen uns im Internet schlau, weil wir damit einfach nicht gerechnet hatten und auf unseren bisherigen Asienreisen nie mit tödlichen Quallen in Berührung gekommen waren. Eine Möglichkeit, trotzdem ins Wasser gehen zu können, ist das Tragen eines Ganzkörper-Schwimmanzuges. So etwas haben wir natürlich nicht dabei. Bei der weiteren Recherche erfahren wir, dass die Würfelqualle bisher hauptsächlich in Australien beheimatet war, sich seit einigen Jahren jedoch immer weiter ausbreitet und nun teilweise auch an den Küsten Malaysias (und leider auch schon im Golf von Thailand) umherschwimmt. Der Hauptgrund dafür ist die Erwärmung der Meere. Dadurch gibt es mehr Plankton und die Quallen können schneller wachsen und sich vermehren. Ganz im Gegensatz zu den Meeresschildkröten, die in den wärmeren Gewässern nicht mehr gut überleben können und deren Population deshalb zurückgeht. Außerdem gehören die Schild-kröten zu den wenigen Fressfeinden der Würfelqualle, sodass sich die Quallen nun noch weiter ausbreiten können. Der Klimawandel fordert seinen Tribut.

Wir erklären Freddi und Merlin, was wir herausgefunden haben, und die beiden verstehen das sofort. Sie wissen, dass es um unser Klima nicht gut bestellt ist, da wir zu Hause auch oft über solche Themen sprechen. Es ist vor allem Merlin, der sich große Sorgen macht.

„Mama, gibt es dann irgendwann nur noch ganz viele Quallen und keine Meeresschildkröten mehr?", fragt er. „Das fände ich ganz schön doof. Schildis gehören doch zu meinen Lieblingstieren!"

Wir diskutieren darüber, was das für den Tourismus in dieser Region bedeutet. Ganz ehrlich, ich glaube, wir wären nicht nach Langkawi gereist, wenn wir uns vorher besser informiert hätten. So ein schönes klares Meer, und dann können wir dort nicht angstfrei hineingehen?

Am nächsten Morgen spazieren wir nach dem Frühstück am Strand entlang, um wenigstens vom Land aus die Umgebung zu erkunden. Es ist gerade Ebbe, am Ufer schauen immer wieder Krebse aus ihren Löchern heraus und verschwinden ganz schnell wieder, wenn sie die Vibration unserer Schritte spüren. Auf dem trockenen Meeresboden liegen unzählige angespülte Seesterne, Meeresschnecken und Muscheln.

„Schau mal Mama, das sieht aus wie ein Oktopus, ein Baby-Oktopus. Er ist noch ganz klein."

Freddi zeigt auf ein lebloses Tier mit mehreren Armen, das auf dem trockenen Sand liegt. Sofort versucht er, den kleinen Oktopus mit der Schaufel aufzuheben, die er auf den Spaziergang mitgenommen hat. Eilig saugt sich das Tier daran fest, es lebt also noch.

„Merlin, hol' schnell Wasser mit deinem Eimer!"

Beide Kinder sind ganz aufgeregt. Der Oktopus braucht eine ganze Weile, um sich zu erholen, nachdem Freddi ihn vorsichtig in das kühle Nass des Eimers gesetzt hat. Die Kinder hocken vor dem Eimer und beobachten das Tier lange. Es ist schön zu sehen, wie sehr sie sich freuen, dass sie es vor dem Austrocknen bewahren konnten. Dann tragen sie es zurück ins Meer.

Jeden Tag in der Sonne liegen und im Wasser planschen, das war eigentlich der Plan. Aber Flo und ich merken schnell, dass die Rechnung ohne das Meer nicht aufgeht. Der Pool in der Anlage ist zwar schön, aber nach kurzer Zeit wird es den Kindern (und auch uns) langweilig. So wagen wir auch schon früher als geplant unseren ersten Ausflug, den wir an der Rezeption unseres Resorts buchen.

Ein einheimischer Fahrer bringt uns in einem klapprigen Toyota auf die Nordostseite der Insel. Dort startet eine Bootstour durch den *Kilim Geoforest Park*, ein Naturschutzgebiet aus Karstformationen, die im Laufe von Jahrmillionen durch geologische Prozesse entstanden sind. Am Treffpunkt warten schon andere Touristen, die dann mit uns in ein kleines Motorboot einsteigen. Es ist schon Nachmittag, und die Sonne steht tief. Das Meer schillert in rötlichen Farbtönen und liegt ganz ruhig da, während wir langsam durch die ungewöhnlich aussehenden Schluchten tuckern. Rechts und links ragen Felsen aus Karbonatgestein hoch aus dem Wasser heraus und geben immer wieder den Blick auf dunkle Höhleneingänge frei. Üppige Mangrovenwälder säumen die Ufer. Auf unserem Boot fährt Sam mit, er ist unser Guide für diese Tour. Man merkt ihm seine Begeisterung sofort an. In englischer Sprache erklärt er uns auf humorvolle

Art alles über dieses einzigartige Ökosystem. Als wir an den Mangrovenwäldern vorbeischippern, macht er uns auf die Langschwanzmakaken aufmerksam, die dort heimisch sind. Ohne ihn hätten wir sie fast übersehen. Wir erfahren einiges über ihre soziale Interaktion untereinander, über Gesichtsausdrücke und Körpersprache. Er warnt uns davor, jetzt etwas zum Essen herauszuholen, denn die Affen warten nur darauf, dass sie gefüttert werden. Sie würden aufs Boot springen und sich nehmen, was sie kriegen können. Das erinnert mich an die *Batu Caves* in *Kuala Lumpur*. Sicherheitshalber hält der Kapitän einigen Abstand vom Ufer.

„Haltet den Mund geschlossen, wenn ihr den Affen nahe kommt. Zeigt ihnen auf keinen Fall die Zähne – das könnten sie als Bedrohung auffassen und aggressiv werden", erklärt uns Sam.

Ich übersetze für die Kinder, und natürlich können sie nicht widerstehen und müssen es sofort ausprobieren. So breit es geht, grinsen die Beiden in Richtung der Makaken ... aber nichts passiert. Wahrscheinlich ist es für die Affen einfach lustig, zwei Kindern mit Grinsegesichtern in die Augen zu schauen. Oder vielleicht ist unser Boot nur weit genug entfernt.

Wir schippern weiter und halten an einem großen Höhleneingang. Dort drinnen soll es Fledermäuse zu sehen geben. Aber erst einmal wimmelt es hier von ausgehungerten Stechmücken, die wie wild umherschwirren und sich sogleich auf ihre Beute stürzen wollen. Ihr unangenehmes Surren lässt mich wie wild umherspringen und mit den Armen in der Luft herumfuchteln. Zum Glück verteilt Sam Mückenspray in großen Behältern an die Touristen. Als ich die Dose bekomme und mich einsprühe, atme ich aus Versehen etwas davon ein und muss husten. Ich kann gar nicht mehr aufhören zu husten und ärgere mich über das giftige Zeug. Es fühlt sich im Hals mehr als ungesund an. Bevor ich Freddi und Merlin damit versorge, sprühe ich erst etwas davon auf meine Handfläche und reibe dann die Flüssigkeit auf die Haut der Kinder, damit sie nicht ganz so viel Gift abbekommen.

Sam bittet uns, leise zu sein, wenn wir in die Höhle gehen. Ansonsten würden wir die Fledermäuse aufscheuchen, und sie würden allesamt über unsere Köpfe hinweg aus der Höhle herausfliegen. Unsere Schritte hallen dumpf, als wir hineintreten und uns die rutschigen Steintreppen in Richtung Dunkelheit hinuntertasten. Sam leuchtet mit seiner Taschenlampe zur Höhlendecke. Und tatsächlich. Hunderte von kleinen Fledermäusen hängen mit dem Kopf nach unten an den Felswänden.

Die Kinder glucksen verhalten vor lauter Freude über diesen Anblick – so etwas sehen sie zum ersten Mal. Das Licht sind die Tiere anscheinend schon gewohnt, denn sie bewegen sich überhaupt nicht, hängen einfach nur da, während die ganze Touristengruppe geduckt unter ihnen durch die dunkle Höhle schleicht.

Unser letzter Halt ist ein Restaurant auf dem Wasser, in dem wir zu Abend essen. Eigentlich ist es nur eine schwimmende Holzplattform mit Überdachung, und darunter stehen Möbel aus weißem Plastik. Hinter dem schwimmenden Restaurant erhebt sich dichter Dschungel, Vogelrufe dringen durch die Urwaldbäume und hallen wider. Wir lassen uns auf die wackeligen Stühle fallen und blicken auf das gegenüberliegende Ufer mit seinen Mangrovenbäumen. Die Kinder haben diese lange Tour bisher mit Begeisterung und ohne Murren mitgemacht. Das ist bei weitem nicht immer so, und ich freue mich jetzt sehr darüber. So waren Flo und ich nicht ständig damit beschäftigt, Streitigkeiten zu schlichten, Langeweile zu vertreiben, Unwohlsein zu beseitigen oder Snacks auszugeben. Wir konnten den Ausflug selbst genießen.

Eigentlich müssten beide Jungs jetzt richtig Hunger haben – aber beim Anblick des malaiischen Buffets frage ich mich, ob sie das Essen überhaupt anrühren werden. Das Gemüse besteht aus einer undefinierbaren grünen Masse und am Fleisch sind noch die Knochen zu sehen. Einheimische Frauen in langen Gewändern und mit Kopftüchern bedeckt schöpfen uns die Speisen auf die Teller. Ich bin schon auf das Gemecker der Kinder gefasst, aber es kommt keines. Nichts von wegen: „Bäh, hier esse ich nichts, das sieht ja eklig aus!" Sie probieren, passen sich an und scheinen sogar beeindruckt zu sein von dem asiatischen Flair und dem Restaurant auf dem Wasser. Während wir essen, schaukelt es wie auf einem Schiff, die Wellen plätschern gegen die Holzplanken.

Die letzten Strahlen der Abendsonne werfen ein diffuses Licht über den Dschungel, und kurz darauf bricht die Nacht über uns herein. Wir befinden uns inmitten der Natur auf dem Wasser im Nirgendwo, umgeben von Dunkelheit und lautlos umherschwirrenden Fledermäusen. Und Gedanken an zu Hause sind schon lange in weite Ferne gerückt.

Krank auf Reisen
29. Dezember 2022 in Malaysia . 27 °C

Mir geht es nicht so gut, mein Hals ist stark entzündet. Vielleicht habe ich mich bei Flo angesteckt, der sich inzwischen zum Glück schon wieder erholt hat. Und vermutlich hat das giftige Mückenspray sein Übriges dazugetan. Vorausschauend hatte ich vor der Abreise noch ein paar Corona-Tests besorgt, denn jetzt brauche ich einen. Der Test ist positiv. So ein Mist. Ich habe hohes Fieber. Ärgerlicherweise ist die Batterie von unserem Fieberthermometer leer, ich hätte das vor der Reise vielleicht nochmal checken sollen. Ich schicke meine drei Jungs alleine raus, bin zu nichts fähig. Flo geht mit den Kindern zur Apotheke und bringt mir malaiische Halstabletten mit. Diese speziellen Batterien für das Thermometer gab es leider in keinem der Läden zu kaufen. Meine Jungs bringen mir Essen aufs Zimmer und bekommen Aufträge wie: „Ich bräuchte drei Zwiebeln für mein Zwiebelsäckchen, könnt ihr das mal vom Hotel besorgen?" Oder: „Freddi, kannst du mir vom Frühstück zwei Tütchen Salz zum Gurgeln mitbringen? Und Servietten! Ich hab' keine Taschentücher mehr." Und zum allergrößten Überfluss bricht dann beim Essen ein großer Teil von einem meiner Backenzähne ab. Was soll das denn jetzt? Ich bin erstaunt und gleichzeitig mehr als froh, dass ich keine Zahnschmerzen habe. Denn mit Halsentzündung und Corona kann ich nicht zum Zahnarzt gehen. Dennoch muss etwas gemacht werden, weil der scharfkantige Zahnrest in meine Zunge schneidet. Mein Fieber fühlt sich sehr stark an, aber ohne Fieberthermometer weiß ich gar nicht, wie hoch es wirklich ist.

Als sich mein Kopf trotz reichlich Ibuprofen auch nach der dritten Nacht noch sehr heiß anfühlt, sucht Flo im Internet nach einem Arzt. Es gibt ein Klinikum, zu dem wir dann direkt ohne Termin hinfahren. Ich komme sofort dran, es sind keine anderen Patienten zu sehen. Vermutlich gehen die Malaien woanders zum Arzt und dies ist eine Klinik für Touristen. Ich habe eine Superinfektion, Bakterien haben sich in meinem Hals angesiedelt. Mit der Rechnung zusammen bekomme ich auch gleich Antibiotika und andere Medikamente ausgehändigt.

Naja, da wir hier im Meer sowieso nicht schwimmen können, nehmen wir es gelassen. Etwas anderes können wir im Moment auch nicht tun. Die Kinder haben intensive Papa-Zeit, und ich kann mich ausruhen, um schnellstmöglich wieder gesund zu werden.

Während ich also auf dem Zimmer verweile und mir mit Schlafen und Lesen die Zeit vertreibe, erkundet Flo mit den Kindern die Insel und knüpft dabei Kontakte zu Einheimischen und dem Hotelpersonal. Eine ältere Malaiin, die für die Organisation der Ausflüge zuständig ist, teilt Flo ihre Geschichte aus der Zeit der Corona-Pandemie mit. Sie erzählt, dass 80 % der Inselbevölkerung ab 2020 keine Arbeit mehr hatten, da keine Touristen mehr ins Land gelassen wurden. Hier gibt es weder eine Sozialversicherung noch andere staatliche Hilfen, und so entschied sie mit knapp 60 Jahren, Fischerin zu werden. Wie fast alle Einheimischen konnte sie nicht schwimmen, also kaufte sie sich ein Netz, mit dem sie vom Strand aus fischen konnte. Nach wenigen Tagen fing sie genug Fische und Meerestiere, um sich selbst zu ernähren, verkaufte den Rest an Nachbarn und konnte so ihren Lebensunterhalt bestreiten. Inzwischen hat sie das Netz an den reichen chinesischen Besitzer des Hotels weiterverkauft. Jetzt arbeitet sie wieder in ihrem alten Job als Rezeptionistin. Doch wo früher sieben Angestellte waren, ist sie nun alleine und weiß nicht, wie sie das alles schaffen soll.

Während Flo mir von dieser Geschichte berichtet, spüre ich einen Anflug von schlechtem Gewissen. Sie hält mir deutlich vor Augen, wie gut es uns als Familie eigentlich geht und wie selten uns bewusst wird, wie privilegiert wir sind. Unser Zuhause ist Teil einer Gesellschaft, die uns sozial auffängt, mit freiem Zugang zu Bildung und Gesundheitsversorgung. Uns stehen unzählige Möglichkeiten zur Verfügung – Dinge, die uns so leicht als selbstverständlich erscheinen.

Zeit für einen Jahresrückblick

31. Dezember 2022 in Malaysia . 28 °C

Heute ist Silvester. Im Resort findet ein großes Fest mit Buffet, Clown, Live-Band, traditionellen Tänzen, Tombola und Feuershow statt. Doch während die Menschen im Garten lachen und tanzen, und die Party in vollem Gange ist, fühle ich mich immer noch hundsmiserabel. Das Fieber hat mich fest im Griff, und es ärgert mich maßlos, dass ich im Bungalow festhängen muss, während meine drei Jungs draußen feiern. Ich hätte so gerne mit ihnen zusammen das neue Jahr begrüßt, denn es wird bestimmt eines der schönsten und aufregendsten Jahre meines Lebens werden.

„Schade, dass du nicht dabei sein kannst, Mama", bedauert auch Freddi.

Ich nehme ihn fest in den Arm und wünsche ihm mit Papa und Merlin eine tolle Silvesterfeier. Dann lege ich mich wieder ins Bett und meine Gedanken wandern zurück in das vergangene Jahr, das geprägt war von all den Planungen und Vorbereitungen für unsere große Reise. Es war eine recht anstrengende Zeit für Flo und mich. Ständig ging es darum, To-Do-Listen abzuarbeiten und Termine zu vereinbaren und wahrzunehmen.

Der erste Schritt war die Kontaktaufnahme mit der Schule von Freddi. Wir erzählten den Lehrern und dem Grundstufenleiter von unseren Plänen und wollten wissen, wie sie zu unserem Vorhaben stehen, denn die Befreiung vom Unterricht schien uns die größte Hürde zu sein. Als wir erleichtert erfuhren, dass die Schule keine Einwände haben würde, begannen wir allmählich mit dem Vereinbaren von Impfterminen beim Tropeninstitut, bei der Kinderärztin und bei unserer Hausärztin. Dann kamen die Termine beim Bürgeramt wegen der neuen Reisepässe für die Kinder. Danach brauchten wir bei einem anderen Amt Termine für die Beantragung von internationalen Führerscheinen. Flo teilte seinem Geschäftspartner seine Pläne mit, und ich beantragte ein Sabbatical bei meinem Arbeitgeber. Ich arbeite zum Glück bei einem sehr arbeitnehmerfreundlichen freien Träger mit einer tollen Geschäftsführung. Ein Sabbatical hatten bereits andere Mitarbeiter vor mir gemacht. Meine Kollegin in der Verwaltung arbeitete einen Vertrag für mich aus, bei dem ich – wenn ich während der Monate vor der

Abreise genügend Überstunden ansammle – sogar einen großen Anteil meines Gehalts weiter ausbezahlt bekommen würde.

Wir führten Gespräche mit dem Vorstand und den Erziehern der Kita, um sicherzustellen, dass Merlin nach unserer Rückkehr wieder in seine alte Kita zurückgehen kann. Beim Jugendamt musste der Kitagutschein gekündigt und gleichzeitig neu beantragt werden, denn sonst hätten wir den Platz in der Kita nicht sicher wiederbekommen. Dazu brauchten wir wieder sämtliche Arbeitgebernachweise, um zu beweisen, dass wir nach der Reise wieder eine Ganztagsbetreuung in der Kita benötigen würden. Ein Antrag auf einen Kitagutschein wäre eigentlich frühestens sechs Monate vor Kitaeintritt bewilligt worden. Zum Glück hatte die Mitarbeiterin der Kitagutscheinstelle ein Einsehen und stellte uns den neuen Gutschein ausnahmsweise schon zehn Monate vor Kitaeintritt aus.

Gleichzeitig buchten wir die ersten Flüge, die ersten Unterkünfte und reservierten einen Camper für Neuseeland. Diverse Verträge für z. B. Fitnesscenter, Mobiltelefon, Festnetztelefon, Öko-Kiste und Zeitschriftenabos mussten rechtzeitig gekündigt werden. Ich besorgte nach und nach Reiseutensilien wie Sonnencreme, Medikamente, Mückenschutzmittel, Stromadapter und Packsäcke. Auch wenn es ein ordentliches zusätzliches Gewicht bedeutete, leisteten wir uns einen dekadenten Luxus: Mit ins Gepäck kamen je vier Taucherbrillen plus Schnorchel. Diese wollten wir uns nicht jedes Mal irgendwo ausleihen müssen, wenn wir an einladenden Orten sein würden.

Ich verbrachte viel Zeit damit, alle wichtigen Unterlagen zu digitalisieren und sie mir selbst per Mail an eine extra dafür eingerichtete E-Mail-Adresse zu schicken. Denn was wäre, wenn uns wichtige Dokumente wie Reisepässe, Impfnachweise, Führerscheine oder die Kreditkarte während der Reise abhandenkommen würden? So hätten wir wenigstens auf Kopien davon Zugriff. Außerdem war es gut, alle Passwörter dabei zu haben. Sei es fürs Onlinebanking, für die Corona-App, booking.com, AirBnB oder gar für Netflix. Flo kümmerte sich um die Einrichtung eines Nachsende- und Digitalisierungsauftrags für die Post. Außerdem besorgte er die ersten Visa und checkte die Einreisebestimmungen für jedes Land, das wir eventuell bereisen wollten. In Hinblick auf Corona hatten wir Glück. Fast nirgends war mehr ein negativer PCR-Test oder ein Impfnachweis vorzuweisen. Die einzige Pflicht war es, eine Maske im Flugzeug zu tragen. Wir waren heilfroh, dass dieses Jahr alles wieder lockerer gehandhabt wurde. Noch vor einem Jahr hätten wir uns nicht vorstellen können zu verreisen.

Einige Wochen vor der Abreise trafen wir uns mit Freddis Lehrern, um zu besprechen, welche Fächer und Inhalte wir auf der Reise behandeln würden und wie das Ganze in der Praxis ablaufen sollte. Danach fotografierte ich alle relevanten Schulbücher ab und machte daraus PDF-Dateien, welche wir auf unserem Laptop speicherten. Letzte Kontrolltermine für uns alle beim Zahnarzt mussten ausgemacht werden, und Flo kümmerte sich darum, dass unser Auto verkauft wurde. Da der Markt an Gebrauchtwagen zu der Zeit boomte, konnten wir einen guten Preis heraushandeln und durften das Auto sogar noch bis zur letzten Woche behalten. Außerdem fand Flo über »eBay Kleinanzeigen« eine Familie, der wir unser Aquarium vermachen konnten, denn für fast ein Jahr wollten wir keinem unserer Freunde die Pflege der Pflanzen, Fische, Garnelen und Schnecken aufbürden. Garnelen und Schnecken vermehren sich rasend schnell, und alle paar Wochen musste ein Teil dieser Tiere herausgefischt und an andere Aquariumsbesitzer weiterverkauft werden. Das bringt zwar ein paar Extra Euros, bedeutet aber auch eine Menge Arbeit.

Unsere Wohnung wollten wir zuerst untervermieten, entschieden uns aber nach langem Abwägen doch dagegen. Den bereits geschlossenen Vertrag mit einer auf Langzeitvermietungen spezialisierten Hausverwaltungsfirma kündigten wir kurz vor Antritt der Reise wieder. Unsere Zimmerpflanzen wurden auf mehrere Orte verteilt. Viele wanderten in Flos Büro, wo es während unserer Abwesenheit ausgesehen haben muss wie im Dschungel.

In den letzten Monaten vor der Abreise potenzierten sich die zu erledigenden Dinge stark, und neben unseren beruflichen und alltäglichen Herausforderungen fühlten wir uns irgendwann zunehmend erschöpft. Am Ende lief ich wie ein Ziehaufmännchen umher, um vor dem Abflug alles noch rechtzeitig fertig zu bekommen. Außerdem wollte ich bei der Arbeit so viele Überstunden wie möglich ansammeln, sodass die Auszahlung des Gehaltsanteils gesichert war. Und natürlich hatte auch Flo außerordentlich viel in seiner Firma zu tun. Er musste zwei neue Mitarbeiter finden, die seine Aufgaben während seiner Abwesenheit übernehmen konnten. Diese mussten natürlich eingearbeitet werden, bevor er sich aus dem Staub machte. Er hatte tatsächlich vor, die Arbeit während des Sabbaticals komplett ruhen zu lassen, um mit seinen Gedanken voll und ganz bei seiner Familie sein zu können. Ich glaube, dass Flo diese Entscheidung nicht leicht gefallen ist, umso mehr schätze ich es, dass er sie genau so getroffen hat. Rückblickend bin ich mir sicher, dass es für unsere Art zu reisen gar nicht anders gegangen wäre.

Einige Wochen vor Beginn der Reise hatte Merlin eine recht schwierige Phase mit immer wiederkehrenden, sehr anstrengenden Schrei-Attacken, die sowohl zu Hause als auch in der Kita auftraten. Wir erkannten ihn plötzlich gar nicht wieder. Ihm wurden schon Kleinigkeiten schnell zu viel, sodass er sich nicht anders zu helfen wusste, als aus vollem Halse loszuschreien. Vor allem beim Anziehen kam es immer wieder zu Konflikten. Entweder waren die Socken zu eng oder zu klein oder zu locker und passten einfach nicht. Die Hose war zu lang, der Pullover zu groß, die Ärmel hatten nicht die richtige Länge, denn sie durften auf gar keinen Fall über das Handgelenk rutschen. Die Schuhe waren zu eng geschnürt. Machten wir sie lockerer, war es auch nicht gut, machten wir sie wieder enger, wurde die Stimmung noch schlechter. Wir probierten geduldig oft mehrere Kleidungsstücke aus, bis wir merkten, dass es gar nicht um die Kleidung ging. Wir forschten nach, was ihn sonst so auf die Palme gebracht haben könnte. War er müde? Hatte er einfach nur Hunger? Oder gab es zu viele Reize? Wir redeten und versuchten ihn abzulenken, aber es brachte nichts. Wenn er erst einmal in dem Schreianfall gefangen war, war es ganz schwer, ihn da wieder rauszuholen. An zwei Tagen kamen wir gar nicht aus dem Haus, weil Anziehen unmöglich war. Wir versuchten ihm emotional Halt zu geben, fühlten uns aber zunehmend hilfloser. Ein vierjähriges Kind kann noch nicht gut reflektieren und erklären, was es belastet. Irgendwann, auch durch Gespräche mit den wunderbaren Erzieherinnen unserer Kita, ging uns ein Licht auf. Er freute sich zwar sehr auf die Weltreise, kämpfte aber mit unbewussten Ängsten, weil er ja gar nicht wusste, was da auf ihn zukommen würde. Es fehlte ihm ganz einfach an innerer Sicherheit.

Also fingen wir an, ihm Fotos zu zeigen: Fotos vom ersten Hotel in *Kuala Lumpur*, Fotos vom Resort auf *Langkawi* und Fotos vom bereits gebuchten Camper in Neuseeland. Wir beschrieben ihm die ersten Ziele der Reise, die wir schon geplant hatten. Denn da wir den Camper schon ein halbes Jahr vorher buchen mussten (sonst wäre er ausgebucht gewesen), hatten wir Hotels und Flüge ebenfalls schon gebucht. Die konkrete Planung reichte bis zu dem Zeitpunkt, zu dem wir den Camper übernehmen würden. Nachdem wir Merlin also immer wieder detailliert von unseren Plänen berichtet hatten, wurden die

Schrei-Attacken allmählich zur Erleichterung aller Beteiligten weniger.

Freddi hingegen schien keine Verunsicherung wegen der bevorstehenden Reise zu spüren. Er freute sich im Stillen und bereitete sich auf kreative Art und Weise auf die Reise vor. Er stöberte in Atlanten und malte unendlich viele Weltkarten. Anfangs malte er sie von den Atlanten ab, später malte er sie aus dem Kopf. Danach zeichnete er die Reiserouten ein, die er bevorzugen würde. Oder er malte Karten, in die wir Eltern unsere Lieblings-Reiserouten einzeichnen sollten.

Flos Reisevorbereitung zeigte sich eher pragmatisch und vorausschauend. Er erstellte einen Plan für die Route, die wir in Neuseeland mit dem Camper nehmen würden. In eine Excel-Tabelle wurden alle Stationen eingetragen, die wir anfahren würden, inklusive der Sehenswürdigkeiten, die wir auf der Reise nicht verpassen durften. Den Campingplatz im *Abel Tasman National Park* buchte er schon vor, da während der Recherchen klar wurde, dass es dort kurzfristig höchstwahrscheinlich keine freien Plätze mehr geben würde.

Meine Vorbereitung bestand neben dem Packen darin, mir verschiedene Reise-Podcasts anzuhören. Besonders begeistert war ich von »Reisen Reisen« mit Michael Dietz und Jochen Schliemann. Die beiden erzählen so enthusiastisch, bildhaft und humorvoll von ihren Reisen, dass ich immer sofort an den Ort wollte, von dem sie gerade berichteten. Ich fand es sehr inspirierend, ihren Geschichten zu lauschen und freute mich jedes Mal, wenn ich eine Folge über ein Land fand, das wir auch bereisen wollten. Außerdem meldete ich mich bei verschiedenen Facebook-Gruppen an, zum Beispiel bei der Gruppe »Weltreise/Langzeitreise mit Kindern«, und stöberte ein bisschen in den Beiträgen. Es konnte nicht schaden, ein paar Anregungen und Informationen zu Themen rund um das Reisen mit Kindern zu erhalten.

Und da sind wir nun: In der schwülwarmen Hitze Malaysias auf einer kleinen exotischen Insel, mitten am Anfang unserer großen Reise. Corona, die bakterielle Entzündung und mein Zahnproblem werden wir auch noch überstehen. Und dann geht es richtig los, denke ich. Zum Glück sind wenigstens die Kinder topfit. Entweder haben sie sich nicht angesteckt oder sie zeigen einfach nur keinerlei Symptome.

Die Schule beginnt

02. Januar 2023 in Malaysia . 28 °C

Das neue Jahr hat begonnen, und in Berlin fängt heute nach den Weihnachtsferien wieder die Schule an. Ab sofort bekommen wir jeden Montag einen Schwung an Aufgaben per WhatsApp geschickt. Ein Teil ist der Wochenplan mit allen Hausaufgaben, die Freddis Klassenkameraden in der Heimat auch erledigen müssen. Der zweite Teil sind alle Aufgaben, die seine Lehrer mit der Klasse im Unterricht behandeln. Diese stammen hauptsächlich aus seinen Schulbüchern und Arbeitsheften, manchmal auch aus zusätzlichen Arbeitsblättern, die uns dann per Mail zur Verfügung gestellt werden. Im Vorfeld hatten wir mit Freddis Klassenlehrer und dem Co-Klassenlehrer besprochen, dass wir auf der Reise die Fächer Mathematik, Deutsch, Englisch und Gesellschaftswissenschaften bearbeiten würden. Sport, Kunst, Lebenskunde und Musik würde Freddi auf der Reise nebenbei und jeweils landestypisch lernen und mitbekommen. Außerdem sollte es Teil seiner Deutschaufgaben sein, dass Freddi aus jedem Land eine Postkarte an die Klasse schreibt, gerne auch mit ein paar Informationen über den Ort, an dem er sich gerade aufhält.

Jetzt geht's also los. Ich hole die Arbeitshefte aus dem Koffer und klappe den Laptop auf, auf dem die abfotografierten Schulbücher in PDF-Form liegen. Und natürlich haben wir auch ein leeres Heft mit Karos, ein leeres Heft mit Linien und einen Blankoblock dabei. Außerdem eine dicke Federtasche mit Füller, Killer, Bleistiften, Buntstiften, Filzstiften, Kleber, Spitzer und Geodreieck. Genau wie in der Schule. Wir haben die ganze Woche Zeit, um die Aufgaben zu erledigen, und spätestens am Samstag müssen wir Fotos davon an die Lehrer zurückschicken. Im Anschluss bekommt Freddi ein kurzes Feedback. Außerdem soll er sogar Klassenarbeiten aus der Ferne mitschreiben und am Ende ein ganz normales Zeugnis bekommen. Es ist wirklich beachtlich, dass unsere Lehrer diese zusätzliche Arbeit auf sich nehmen. Was wäre das für ein Aufwand, wenn wir Eltern die Aufgaben selbst heraussuchen müssten? Zuerst müssten wir recherchieren, welcher Schulstoff im zweiten Halbjahr der vierten Klasse überhaupt relevant ist. Dann müssten wir auswählen, welcher Stoff für Freddi wichtig ist, und Arbeitsblätter finden oder uns selbst ausdenken, wie wir Freddi den Stoff näher bringen. Und dann würde wahrscheinlich die Motivation ganz schnell in den Keller gehen, auch bei uns Eltern – weil wir niemanden hätten, der das Ganze kontrolliert.

Jetzt wird es also ernst für Freddi. Es überrascht mich, dass er sich sogar auf das Schooling on the Road freut, vor allem auf die Aufgaben in Englisch. Wahrscheinlich hat er inzwischen erkannt, wie wichtig es ist, Englisch sprechen und verstehen zu können, wenn man auf Reisen ist.

Hier in unserem Bungalow steht sogar ein wunderschöner hölzerner Schreibtisch, wie passend. Ich ziehe mir einen Stuhl heran, setze mich neben meinen Großen an den Tisch und erkläre ihm, was gemacht werden muss.

„Ok, Freddi, wir fangen mit Englisch an. Seite 40 im Workbook. Und wenn Du danach noch Energie hast, schaffen wir vielleicht auch noch ein bisschen Mathe. Danach gibt's ein Eis, abgemacht?"

„Okay", sagt Freddi und nimmt voller Motivation den Stift in die Hand.

Mit den vertrauten Schulheften fällt ihm der Einstieg leicht, aber ich merke schnell, dass ich neben ihm sitzen bleiben muss. Er ist ein Meister im Stuhlkippeln und lässt sich auch gerne mal von einer umherschwirrenden Fliege ablenken. Im Moment kann er sich konzentrieren, so scheint es ihn nicht zu stören, dass sein Bruder und Papa draußen im Pool planschen oder am Strand spielen. Ich bin gespannt, wie sich das entwickeln wird. Auf jeden Fall werden wir ab jetzt jeden Tag ein bisschen Schule machen, erst hier in unserem Bungalow und dann an anderen Orten. Wie viel Zeit wir am Stück pro Tag dran sitzen müssen, um den ganzen Wochenplan zu schaffen, müssen wir noch herausfinden. Zusätzlich hatten sich auch beide Großelternpaare und sein bester Freund Leo gewünscht, aus jedem Land eine Postkarte von Freddi geschickt zu bekommen. Er hat also einiges zu tun.

Dass Freddi auf so einer aufgeschlossenen und weltoffenen Schule ist, empfinden wir als großes Glück. Schon bevor der Entschluss zu dieser Reise feststand, hatte ich zum Thema Schulbefreiung immer wieder ausführlich recherchiert. Ich hatte einige Berichte darüber gelesen, wie schwierig oder unmöglich es ist, in Deutschland eine Schulbefreiung zu bekommen. Im Gegensatz zu vielen anderen Ländern, in denen es oft nur eine Bildungspflicht gibt, gibt es in Deutschland eine physische Anwesenheitspflicht in der Schule. Und die wird sehr ernst genommen. Die Schulbehörde des jeweiligen Bundeslandes oder die Schulleitung der betreffenden Schule muss einem Antrag auf Schulbefreiung zustimmen. Da es jedoch bundesweit keine einheitliche Regelung gibt und jedes Bundesland unterschiedlich verfährt, gibt es in Deutschland keinen gesetzlich verankerten Anspruch auf Schulbefreiung. Daher ist es schwierig, rechtlich gegen eine Ablehnung vorzugehen. Klappt es nicht, das Kind für eine bestimmte Zeit vom Unterricht befreien zu lassen, hat man nur noch die Möglichkeit, seinen Wohnsitz aus Deutschland abzumelden. Denn wenn der Wohnsitz des Kindes nicht mehr in Deutschland ist, entfällt auch die Schulpflicht. Bei dieser Option ist jedoch zu beachten, dass nicht nur der Anspruch auf Kindergeld verloren geht, sondern auch der Familienversicherungsschutz in Deutschland erlischt.

Nach einschlägiger Recherche zeigte sich, dass in Berlin beim Thema Schulbefreiung toleranter verfahren wird als in anderen Bundesländern. Am Ende unseres ersten Gesprächs sagten die Lehrer, dass sie keine Einwände hätten und sich bei Freddi durchaus vorstellen können, dass er solch einer Herausforderung gewachsen sein würde. Daraufhin schickten wir einen schriftlichen Antrag auf Schulbefreiung an unsere Schulleiterin. In diesem Antrag begründeten wir, warum unsere Weltreise für Freddis Persönlichkeitsentwicklung und seine Bildung gut und wertvoll ist. Zum Beispiel, dass wir unsere Familienbande durch die gemeinsam erlebte Zeit stärken wollen. Dann natürlich, dass das Reisen sein Selbstvertrauen stärken wird, da er sich immer wieder neu einstellen muss auf die anderen Umgebungen, Lebensformen, Traditionen und Kulturen. Außerdem hätten wir vor, durch einige englischsprachige Länder zu reisen, was Freddis Sprachkenntnissen in Englisch auf jeden Fall weiterhelfen würde. Zudem schrieben wir, dass wir uns zutrauen, Freddi den Unterrichtsstoff während der Reise selbst zu vermitteln, und dass wir alle Anforderungen erfüllen wollen, die die Schule an uns stellt, damit Freddi wieder Anschluss an seine alte Klasse findet. Wir hatten mit viel größeren Hürden gerechnet, aber es lief dann alles ganz reibungslos. Und wir hatten großes Glück, denn im Land Berlin liegt es im Ermessen der Schulleitung, ob ein Kind offiziell von der Schule beurlaubt wird oder nicht. Unsere Schulleiterin schrieb zurück, dass sie uns als Schule in unserem Vorhaben gerne unterstützen würde und dass wir das Schreiben mit der Befreiung vom Unterricht demnächst bekommen würden. Sie würde sich um alles Weitere in Zusammenarbeit mit dem Schulamt kümmern.

Den Antrag auf Schulbefreiung stellten wir ungefähr ein Jahr vor der Abreise, aber bis wir das Schreiben erwartungsvoll in den Händen hielten, dauerte es noch einige Monate. In der Zwischenzeit mussten wir – in vollem Vertrauen, dass es schon klappen würde – die ersten Flüge und auch den Camper buchen, denn sonst wäre es immer teurer geworden. Drei Monate vor Abflug fanden wir dann die Bescheinigung zur Befreiung vom Unterricht in Freddis Lernplaner vor, unter anderem mit folgenden Worten:

„Wir freuen uns, diese einmalige Chance für Frederick unterstützen zu können. Bitte informieren Sie sich rechtzeitig bei den Klassen- und Fachlehrkräften über die geplanten Unterrichtsinhalte und arbeiten daran eigenverantwortlich mit Ihrem Sohn. Nichtsdestotrotz muss ich Sie darauf hinweisen, dass wir keine zusätzlichen Fördermaßnahmen einleiten werden, um versäumte Unterrichtsinhalte nachzuarbeiten. Wir sind dennoch sicher, dass Frederick diese Herausforderung mit Ihrer Unterstützung, vor allem durch die pädagogischen Erfahrungen, bewältigen wird.

Ich bin der festen Überzeugung, keine Schule kann Ihrem Kind die Wissensvermittlung geben, die Sie ihm mit dieser Reise ermöglichen. Wir freuen uns schon jetzt auf Fredericks Erzählungen.“

Als ich diesen Text las, hatte ich Tränen in den Augen. Nachdem ich im Vorfeld recherchiert hatte und wusste, dass viele Schulen Vorbehalte haben, hätte ich nie gedacht, dass unsere Schule unserem Vorhaben so positiv gegenübersteht. Natürlich ist es wichtig, Grundkenntnisse in Mathematik, Deutsch und den anderen Fächern zu vermitteln, keine Frage. Und genau das werden wir auf der Reise auch tun. Aber eine Reise um die Welt geht weit über die Lernerfahrungen hinaus, die Kinder aus Büchern machen können. Durch ganzheitliches und erfahrungsbasiertes Lernen können Zusammenhänge viel besser verstanden werden und bleiben nachhaltiger im Gedächtnis. Dass unsere Schulleitung das genauso sieht und Freddis Klassenlehrerteam uns während der gesamten Reise so engagiert unterstützt, dafür sind wir unendlich dankbar.

Schnorchelausflug
04. Januar 2023 in Malaysia . 28 °C

Inzwischen bin ich wieder vollständig genesen und habe den Besuch beim Zahnarzt, bzw. einer Zahnärztin, auch schon hinter mich gebracht. Es wurde ein Röntgenbild von meinem Backenzahn angefertigt und festgestellt, dass der Nerv nicht beschädigt ist. Puuuhh, nochmal Glück gehabt. Der scharfkantige Zahnrest wurde abgefeilt, und ich bekam eine Füllung mit dem Hinweis, mir zu Hause eine Krone machen zu lassen. Ich hatte ehrlich gesagt ein bisschen Sorge, da ich nicht wusste, wie professionell ein Besuch beim Zahnarzt in Malaysia ablaufen würde. Hätte ich doch lieber erst in Singapur zum Zahnarzt gehen sollen? Aber ich wurde eines Besseren belehrt, die Ärztin machte auf mich einen sehr kompetenten Eindruck. Und ich bin extrem erleichtert, dass das Thema – hoffentlich bis zum Ende der gesamten Reise – erledigt ist.

Da ich endlich wieder gesund bin, machen wir an den letzten Tagen noch den einen oder anderen Ausflug. In Malaysia und besonders auf *Langkawi* gibt es keine klassischen Taxis. Stattdessen fährt man hier mit »Grab«, was die Kinder passend zur maritimen Umgebung „die Krabbe" nennen, und das dem hiesigen »Uber« ähnelt. Mit den einheimischen Fahrern zu fahren, ist immer ein Erlebnis, denn sie sind nicht nur gesprächig, sondern auch sehr humorvoll. Wie der Zufall es will, war einer von ihnen früher sogar Chefkoch in unserem Resort, arbeitet jetzt aber bei der Wasserrettung und fährt »Grab« nur nebenbei. Während der Fahrt erzählt er uns, dass er an unserem Hotelstrand schon Leichen geborgen hat, weil Touristen von der Strömung mitgerissen oder von einer tödlichen Qualle berührt wurden. Zum Glück läuft die Kommunikation auf Englisch, sodass die Kinder nicht viel mitbekommen.

An einem anderen Tag fahren wir mit einem sehr jungen Fahrer. Wir unterhalten uns ein wenig und der Fahrer versucht zu erraten, aus welchem Land wir kommen.

„Germany, right?", sagt er und tippt auf seinem Handy herum.

Plötzlich dröhnt »Cheri Cheri Lady« von Modern Talking aus den Autolautsprechern. Flo und ich können uns das Lachen kaum verkneifen. Dann bittet er uns, auf YouTube nach einem Song zu suchen, der typisch für Berlin ist. Flo sucht Kalkbrenner mit »Sky and Sand« aus, was dem Fahrer so gut gefällt, dass er den Song sofort laut aufdreht. Uns gefällt der Humor und die Lockerheit der Malaien. In ausgelassener Stimmung fahren wir über die Insel bis zur Tauchschule, bei der wir eine Tour durch den Meeresnationalpark *Pulau Payar* gebucht haben. Während die Taucher in die Tiefe gehen, können wir uns die Unterwasserwelt schnorchelnderweise von oben anschauen.

Wir haben lange überlegt, ob wir diesen Ausflug trotz der Quallen wagen sollen, aber nun sind wir schon mal hier und die Andamanensee ist bekannt für ihre wunderschönen bunten Korallenlandschaften unter Wasser. Es wäre zu schade, sich das entgehen zu lassen. In der Tauchschule leihen wir uns lange Neoprenanzüge aus, um uns vor den Quallen zu schützen. Merlin macht das zum ersten Mal und freut sich vor allem auf die Ausrüstung.

„Wow, Mama, ich werde aussehen wie ein echter Schnorchler!“

Ganz aufgeregt quetscht er sich in seinen Neoprenanzug und zieht sich danach mühsam die Flossen über. Dann werden die schweren Tauchflaschen auf das Boot geschleppt und kurz drauf düsen wir los. Laut gurgelt und zischt das Wasser unter dem mächtigen Schiffsmotor, es spritzt nach rechts und links. Die Kinder dürfen ganz vorne sitzen. Andächtig schauen sie während der Fahrt auf das Meer. Es leuchtet wunderschön in allen Türkisschattierungen.

Als wir am ersten Tauchspot Anker werfen und vom Boot aus in die Tiefe schauen, sind wir fast ein bisschen enttäuscht. Das Wasser scheint hier nicht so klar zu sein, wie wir erwartet hatten. Und beim Hineinspringen merken wir es dann: Irgendwas piekt, es verursacht unangenehme Stiche an den Stellen der Haut, die nicht durch Kleidung bedeckt sind. Und als wir genau hinschauen, sehen wir kleine Lebewesen im Wasser schwimmen. Transparente Organismen, die aussehen wie spiralförmige Fäden, die sich zuckend vorwärts bewegen, vielleicht Plankton? Die Sicht ist überaus schlecht. Trotzdem schwimmen wir ein Stück vom Boot weg und versuchen, auf dem Meeresgrund etwas zu erkennen. Merlin macht das für das erste Mal richtig gut, aber immer wieder kommt Wasser in seinen Schnorchel, sodass er sich verschluckt und ich ihm helfen muss, den Schnorchel wieder vom Wasser zu befreien. Mehrmals jault er laut auf vor Schmerzen, weil ihn etwas sticht. Ich selbst merke es auch, es ist wirklich unangenehm.

„Aua, aua, aua, Mama, das tut an meinem Hals weh! AUA!!!“, schreit er plötzlich wie am Spieß und gerät in Panik.

Er schlägt wild um sich und ist wie von Sinnen. Ich bin zum Glück direkt neben ihm und packe ihn unter den Armen, um ihn zum Boot zu schleppen. Es ist eine gewaltige Herausforderung, ihn im Wasser wieder zu beruhigen, denn er dreht und wendet sich so heftig, dass ich selbst große Mühe habe, über Wasser zu bleiben. Und die ganze Zeit über heult er lautstark vor Schmerzen. Mit letzter Kraft schaffe ich es, Merlin die Leiter nach oben aufs Boot zu hieven.

„Ich gehe hier nie wieder ins Wasser!", sagt er.

Verständlich, wäre mir als Kind bestimmt ganz genauso gegangen. Er wimmert laut und hält sich die schmerzende Stelle. Ich schaue nach, die Haut am Hals ist ein bisschen gerötet, vielleicht hat ihn eine Qualle gestochen? Zum Glück lässt das Brennen nach ein paar Minuten wieder nach, und Merlins Wimmern wird leiser. Eine andere Touristin ist auch schon aufs Boot zurückgeklettert. Auch sie wurde von etwas Undefinierbarem gestochen, ich erkenne einen roten Striemen auf ihrer Haut. Sie ist sich ziemlich sicher, dass es ein kleiner „Jellyfish" war, eine Qualle. Gut, dass wir jetzt wieder im Boot sitzen und die Quallen anscheinend nicht allzu giftig waren. Auf jeden Fall waren es keine Würfelquallen, sonst ginge es Merlin noch viel schlechter. Mich wundert, dass meine beiden anderen Jungs sich überhaupt nicht von den Stichen stören lassen. Vor allem Freddi will noch nicht aus dem Wasser kommen, denn unser Guide Moshe hat ihm versprochen, dass er hier Riffhaie zu sehen bekommt. Moshe zeigt vollen Einsatz und schnorchelt mit Freddi das gesamte Gebiet ab, bis der Kapitän zum Aufbruch mahnt. Kurz vor der Abfahrt entdecken die beiden tatsächlich noch einen Hai auf dem Meeresgrund. Glücklicher und stolzer habe ich meinen Großen selten gesehen. Ob er denn keine Angst gehabt habe, frage ich ihn.

„Überhaupt nicht", sagt er und ich glaube ihm.

Moshe gibt Freddi den Namen »Shark Boy«.

Kuala Lumpur: Höhleneingang Batu Caves

Petronas Towers bei Nacht

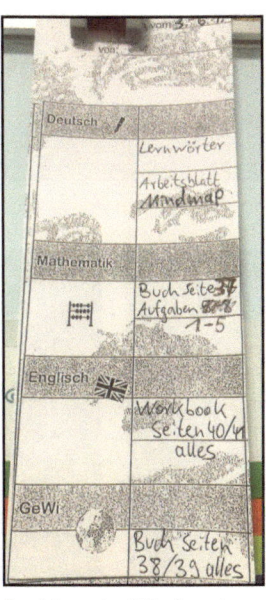

Freddis erster Wochenplan

Schulbeginn auf Langkawi

Wunderschöner Sandstrand auf Langkawi

Warnung vor den Quallen

Atmosphäre auf dem Meer im Kilim Geoforest Park

Fledermaushöhle

Buffet im Restaurant auf dem Wasser

Singapur

Wir sitzen im Flugzeug auf dem Weg nach Singapur, Freddi am Fenster und Merlin auf dem Sitz daneben, beide ganz hibbelig und in voller Vorfreude auf das nächste Abenteuer. Und während das Flugzeug mich in den Sitz drückt und immer höher steigt, denke ich darüber nach, wie froh ich bin, dass Flo und ich uns damals entschieden haben, zu Beginn der Reise erst einmal zwei Wochen auf einer Insel auszuspannen. Trotz meiner gesundheitlichen Einschränkungen konnten wir den Alltag und den Abreisestress mental weit hinter uns lassen. Und auch das Schooling mit Freddi lief sehr gut an. Am Ende unserer Zeit auf *Langkawi* dachte ich, dass ein gewöhnlicher Jahresurlaub jetzt zu Ende wäre. Normalerweise würden wir nun wieder nach Hause fliegen. Wir wären in Gedanken vielleicht schon bei der Arbeit, die nach der Rückkehr auf uns wartete. Und immer, wenn ich daran dachte, spürte ich eine große Freude. Nämlich darüber, dass wir lange nicht nach Hause fliegen würden. Sondern dass wir weiterziehen würden, immer weiter. Eigentlich kommt es mir so vor, als ob unsere große Reise mit der nächsten Etappe erst so richtig beginnen würde.

Und da sind wir, in *Singapur City*. Was für eine Stadt! Eine der teuersten der Welt, denn sie lebt von einer starken Wirtschaft und einem hohen Lebensstandard. Hier wird sehr viel Wert auf Ordnung und Sauberkeit gelegt, und das ist wirklich eine der auffälligsten Besonderheiten im Vergleich zu anderen ostasiatischen Großstädten. Während es zum Beispiel in *Kuala Lumpur* mit unübersichtlichem Verkehr chaotisch und laut zugeht, herrscht hier das Gegenteil vor. Es fahren weitaus weniger Autos, und auf unseren Erkundungen durch das Zentrum sind wir überrascht von der guten Gestaltung der Gehwege und Übergänge. Die Stadt kommt uns sehr fußgängerfreundlich vor. Außerdem gefallen uns die vielen Grünflächen, Bäume und Pflanzen, die der Innenstadt ein angenehmes Flair verleihen. Und im Gegensatz zu Malaysia verstehen die Einheimischen hier unser Englisch und wir verstehen sie, es gibt keine Missverständnisse. Englisch ist hier Landessprache.

Die Kehrseite der Medaille sind jedoch strenge Regeln und Gesetze in allen Bereichen. Bei Nichtbeachtung oder Übertretung sind die Strafen überdurchschnittlich hart. Zum Beispiel ist Lügen verboten und wird wie ein Betrugsdelikt geahndet. Es ist verboten, Müll auf die Straße zu werfen, das kann bis zu 1000 Singapur-Dollar (ca. 700 Euro) kosten. Bei einem einzigen Zigarettenstummel beläuft es sich „nur" auf 300 Singapur-Dollar (ca. 200 Euro).

Unsere Unterkunft ist ein riesiger Hotelklotz mitten in der Innenstadt. Das gebuchte Vierbettzimmer befindet sich in einem der oberen Stockwerke, und darin steht ein massiver Schreibtisch, genau am Fenster mit Blick auf die geschäftigen mehrspurigen Straßen unter uns. Trotz der fantastischen Aussicht hat Freddi keine Lust auf Schooling, was er jetzt, da er mit den Aufgaben beginnen soll, mit mürrischer Miene kundtut.

„Manno, schon wieder Schule. Lasst mich in Ruhe!"

Es war zu erwarten, dass er irgendwann nicht mehr so motiviert sein würde, vor allem weil er der Einzige ist, der während der Reise etwas abliefern muss. Außerdem erinnere ich mich noch gut an das Homeschooling in der Corona-Zeit, das meistens auch eher schlecht als recht lief. Ich setze mich zu ihm an den Schreibtisch und versuche zu erklären, dass wir doch eine Abmachung hatten.

„Freddi, die Weltreise konnten wir nur machen, weil Du damit einverstanden warst, dass wir währenddessen Schule machen. Du willst doch die vierte Klasse nicht nochmal machen, oder?"

Natürlich möchte er das nicht. Ich helfe ihm, mit den ersten Aufgaben anzufangen. Diese Hürde war auch zu Corona-Zeiten immer die schwierigste – die Blockade zu überwinden, überhaupt anzufangen. Als Freddi sich dann eingegroovt hat, ist es kein Problem mehr, und er hat die Aufgaben schnell erledigt. Das ist gut, denn wir haben nur bis mittags Zeit, dann sind wir verabredet.

Wir treffen einen alten Freund von Flo, Xongsing, einen waschechten Singapurer, der hier geboren wurde und nun wieder hier lebt. Zwischenzeitlich hat er einige Jahre in Deutschland verbracht, wo er und Flo sich während ihrer gemeinsamen beruflichen Tätigkeit in Bremen kennengelernt haben. Seit über zehn Jahren lebt er nun wieder in Singapur bei seiner Herkunftsfamilie. Er holt uns mit dem Auto seiner Schwester vom Hotel ab und fährt uns durch seine Heimatstadt, was für ein Luxus. Die Kinder freuen sich sehr darüber, dass Xongsing auch ein bisschen Deutsch spricht. Während der Fahrt geben sie bereitwillig Auskunft,

Xongsing möchte alles über unsere Erlebnisse in *Kuala Lumpur* und *Langkawi* wissen. Dann erzählt er über sich, und dass er sich leider kein eigenes Auto leisten kann, obwohl er einen guten Job hat. Der Honda seiner Schwester hat 150.000 Singapur-Dollar (ca. 100.000 Euro) gekostet, inklusive der Berechtigung, ihn zehn Jahre lang zu fahren. Danach kann die Fahrberechtigung gegen viel Geld verlängert werden, was viele aber nicht tun. Sie kaufen sich lieber wieder ein neues Auto, das ist günstiger. Für die meisten Singapurer ist es jedoch ein teurer Luxus, ein eigenes Auto zu besitzen. Sie fahren mit öffentlichen Verkehrsmitteln und dem »Grab«. Jetzt wird uns klar, warum hier viel weniger Verkehr herrscht als zum Beispiel in *Kuala Lumpur*.

Dann verrät Xongsing, wohin er jetzt eigentlich mit uns fährt. Zu einem koreanischen Restaurant mit sehr gutem Essen. Ich schaue rüber zu Flo, um herauszufinden, was er darüber denkt. Die Kinder werden vielleicht nichts essen in einem koreanischen Restaurant. Aber Flo kennt seinen Freund Xongsing, er wird sich nicht von der Idee abbringen lassen, weil er möchte, dass wir möglichst unterschiedliche asiatische Gerichte probieren.

Genauso war es auch schon, als wir ihn vor neun Jahren in Singapur besuchten. Freddi war damals gerade fast ein Jahr alt. Xongsing führte uns in alle möglichen authentischen Restaurants, um uns die kulinarischen Köstlichkeiten Asiens vorzustellen. Freddi trank zu dem Zeitpunkt noch viel aus der Flasche, daher kamen nur Flo und ich in den Genuss des einheimischen Essens. Am besten ist mir noch der Glibbertofu in Erinnerung geblieben, den Xongsing als Einlage in der Suppe schon zum Frühstück gegessen hat. Und eine Stinkefrucht namens Durian, die wirklich schrecklich gerochen hat. Für Flo und mich war der lukullische Ausflug durchaus gewöhnungsbedürftig. Andersherum hatte Xongsing damals in Deutschland Schwierigkeiten, sich an unser europäisches Essen zu gewöhnen. Er hat uns oft zu sich nach Hause eingeladen und für uns asiatisch gekocht. Wir haben das immer sehr genossen, es war wie ein Ausflug in eine andere Welt mitten in Bremen.

In dem koreanischen Restaurant sind wir die einzigen Europäer, ansonsten sitzen hier nur asiatische Gäste beim Mittagessen. Ich schaue auf die Karte. Teigtaschen in allen möglichen Varianten. Lecker. Aber Freddi und Merlin verziehen das Gesicht, als ich ihnen die Karte übersetze. Klar, dachte ich mir schon.

„Es gibt auch so etwas wie Nudelsuppe mit Huhn und Eiern", erklärt uns Xongsing daraufhin.

„Ja ok, wenn es sonst nichts gibt. Aber danach will ich Nachtisch!", kommt prompt von Merlin.

Die Nudelsuppe schmeckt den Kindern einigermaßen, immerhin essen sie etwas davon. Die Teigtaschen hingegen sind köstlich, ich habe noch nie bessere gegessen. Im Anschluss fordert Merlin seinen Nachtisch ein, und Xongsing schlägt vor, nach Chinatown zu fahren. Dort schlendern wir durch die engen Gassen mit ihren typischen roten Lampions, die über den Köpfen der Besucher schweben. Aus den zahlreichen Garküchen dringt köstlicher Essensgeruch, und das Klappern von Geschirr mischt sich mit dem Geplauder der vielen Menschen, die über die Märkte schlendern. An den Straßenständen werden exotische Gewürze, traditionelle Medizin, Kleidung und Souvenirs angeboten. An einem Stand mit Fleischwaren hängen ganze Schweinehälften. Die Kinder staunen über diese fremde, bisher unbekannte Welt. Mit großen Augen laufen sie durch die Straßen und wagen sich in die Geschäfte hinein, um die bunten Regale mit billigem Plastikspielzeug, Schlüsselanhängern, Porzellanfiguren und Holzschnitzereien zu begutachten. Stundenlang hätten sie davor stehen können, um sich alles anzuschauen.

„Los, Kinder, ihr wolltet doch Nachtisch", ruft Xongsing.

Er zeigt auf eine Art Konditorei, in der es asiatische Nachspeisen gibt. Ich lache innerlich auf. So eine Art von Nachtisch haben die Kinder sicher nicht gemeint. Aber ok, mal schauen, was sie sagen.

Der Laden ist berstend voll, Einheimische treffen sich hier zum Schwatzen und Essen, und wieder sind wir die einzigen europäischen Gäste. Wir ergattern den letzten freien Tisch in dem Gewusel an Menschen. Xongsing bringt uns die Karte.

„Das ist ein Ort, an dem es wirklich NUR Nachtisch gibt", erklärt er uns.

Schwarzer Reis mit Papaya, braunes Gelee aus Kräutern, Creme von der Durian-Frucht, süße Bohnensuppe, Eierpudding mit Ingwer und einige andere exotische süße Kreationen stehen auf der Karte. Sogar mit Foto von der jeweiligen Speise. Fasziniert schauen die Kinder sich alles an.

„Was ist das? Und was ist das hier?" Die Kinder zeigen auf die Karte, während Xongsing versucht, all ihre Fragen zu beantworten.

Ich bin überrascht, dass sie nicht enttäuscht von der Fremdartigkeit der Nachspeisen sind. Dank der Fotos macht es ihnen sogar Spaß, sich etwas davon auszusuchen. Schließlich entscheiden wir uns für Sticky Reis mit Mango, eine schwarze Reissuppe mit Kokos-Eis und süßen Kürbiskuchen. Jeder darf mal kosten. Xongsing bestellt, und als die süßen Sachen dann auf dem Tisch stehen, probieren Freddi und Merlin tapfer, halten aber immer wieder inne, denn es schmeckt einfach zu fremdartig. Am Ende essen Flo, Xongsing und ich den ganzen Nachtisch alleine auf.

Da die Geschenke an Heilig Abend sehr rar ausgefallen waren, drängen die Kinder darauf, sich endlich etwas mit ihrem Weihnachtsgeld kaufen zu dürfen. Vor allem merken sie natürlich auch, dass hier – im Gegensatz zur Insel *Langkawi* – wieder eine große Auswahl westlicher Konsumgüter angeboten wird. Xongsing weiß von einem großen Spielzeugladen in der Nähe und bringt uns dort mit dem Auto hin.

Als wir ankommen, entdecken wir, dass es sich um einen »Toys"R"Us« handelt. Die Jungs sind überglücklich, und diesmal fühlt es sich wirklich wie Weihnachten für sie an. Wir verbringen über eine Stunde im Laden, weil sie alles anschauen, alles anfassen und genau begutachten wollen. Ständig muss ich sie daran erinnern, dass die Spielsachen nicht zu groß und zu schwer sein dürfen, denn wir müssen sie die ganze Reise über in unseren Koffern mitschleppen. Außerdem ist Lego tabu, denn die Teile sind zu klein, wir werden mit Sicherheit einige davon verlieren. Immer wieder bringen die Kinder gute Argumente und beteuern, dass sie ja alles selber tragen und auf alles gut aufpassen werden. Und immer wieder müssen Flo und ich auf unserer Sicht der Dinge beharren und sie argumentativ verteidigen. Am Ende sucht sich Freddi einen Hubschrauber und Merlin ein mittelgroßes Spielzeugauto aus. Das passt für alle, und wir kommen zufrieden aus dem Spielwarengeschäft wieder heraus. Glückliche Kinder gleich glückliche Eltern plus glücklicher und sehr geduldiger Xongsing.

Der zweite Singapur-Tag beginnt wieder mit einer Einheit Schule für Freddi. Heute klappt es schon besser, Freddis Widerstand ist kleiner geworden, und er schafft auch relativ viel von dem Stoff, der bis zum Ende der Woche fertig sein soll. Zum Mittagessen treffen wir uns erneut mit Xongsing und erkunden mit ihm die Stadt. Den Abend verbringen wir zusammen in einer bekannten Rooftop Bar auf einem der höchsten Wolkenkratzer Singapurs. Es ist schon dunkel und von hier oben haben wir eine spektakuläre Aussicht auf die beleuchtete Skyline der Stadt, auf die *Marina Bay* und andere markante Wahrzeichen. Freddi ist sehr angetan von den vielen Hochhäusern, die er mit Namen benennen kann. Aus den Lautsprechern dringt atmosphärische Musik, alle Gäste sind schick angezogen. Touristen, aber auch Einheimische genießen die Aussicht von hier oben bei leckeren Drinks und exklusivem Essen, und das milde Klima trägt zu der einzigartig entspannten Atmosphäre bei. Bedauerlicherweise ist Merlin müde und launisch, was er auch lautstark zum Ausdruck bringt. Demonstrativ rutscht er vom Stuhl und tut so, als hätte er überhaupt keine Kraft mehr zum Sitzen. Fast landet er auf dem Boden. Die anderen Gäste gucken bereits zu uns herüber. Ich habe mir schon gedacht, dass das mit den Kindern nicht so einfach wird, denn verständlicherweise finden sie es echt öde, hier oben zu sitzen und die Eltern in (für sie unverständlichem) Englisch reden zu hören, da Xongsing sich auf Englisch einfach besser verständigen kann. Wir Erwachsenen möchten gerne in Ruhe die entspannte Atmosphäre und den Ausblick auf die vielen beleuchteten Hochhäuser genießen. Wir möchten uns mit Xongsing über die letzten Jahre austauschen. Aber jetzt fängt auch Freddi an zu meckern und weiß vor lauter Langeweile nichts anderes zu tun, als seinen Bruder mit Worten zu provozieren. Es ist zwar völlig unpädagogisch in dieser Situation, aber ich weiß mir im Moment keinen anderen Rat als die Handys aus meinem Rucksack zu angeln.

Statt Tablets oder Spielekonsolen hatten wir uns im Vorfeld der Reise dazu entschieden, für jedes der Kinder ein von uns Eltern abgelegtes altes Smartphone (ohne Sim-Karte) mitzunehmen. Diese sind kleiner als andere Geräte und vielleicht nicht ganz so attraktiv zum Spielen. Trotzdem kann man viel damit machen. Merlin schaut sich zurzeit gerne Tierdokumentationen auf YouTube Kids an. Das geht natürlich nur, wenn WLAN verfügbar ist, aber zum Glück gibt es das hier.

Die Kinder sind hellauf begeistert, als sie die Handys in die Hand gedrückt bekommen, und Merlin sucht sich sofort ein Video auf YouTube aus. In voller Lautstärke ertönt eine Tierdokumentation über Wale in Neuseeland. Eigentlich vom Thema her super, aber viel zu laut.

„Merlin, ein bisschen leiser bitte." Ich schaue mich um, alle Nachbarn können mithören.

„Mama, dann höre ich aber nichts mehr."

„Das kann ich mir nicht vorstellen, es ist viel zu laut. Wir wollen uns doch auch unterhalten!"

Es artet in ein Diskutieren und Abwägen aus, aber Merlin bleibt sehr hartnäckig bei seiner Meinung. Leider mag er keine Kopfhörer, weil sie ihm zu sehr auf die

Ohren drücken. Am liebsten würde ich ihm das Handy wieder wegnehmen, aber dann könnte es sein, dass er sich in einen Schreianfall hineinsteigert, und dann wäre der Abend sowieso gelaufen. Also versuche ich noch einmal mit Engelszungen auf ihn einzureden, bis ein einigermaßen akzeptabler Kompromiss (der eher Merlins Wünschen entspricht) über die Lautstärke gefunden ist. Zum Glück geht der scheppernde Sound aus dem Handy im allgemeinen Gemurmel der Gäste ein wenig unter.

Freddis Interesse gilt dem Spiel »Minecraft«. Das braucht kein Internet und zum Glück auch keinen Ton. Er spielt im Kreativmodus und baut akribisch Flughäfen und Hotelanlagen in seinen eigenen virtuellen Welten nach. Ich bin froh, dass die Kinder beschäftigt sind und wir Erwachsenen uns jetzt endlich in Ruhe unterhalten können. Was haben unsere Eltern nur ohne die elektronischen Geräte gemacht? Vermutlich sind sie gar nicht erst auf die Idee gekommen, die Kinder mitzunehmen, um sich mit alten Freunden zu treffen. Geschweige denn, mit Kindern so eine lange Reise zu unternehmen. Das ist ein Privileg der heutigen Zeit, denke ich.

Nach drei intensiven Tagen geht unser kurzer Besuch in Singapur zu Ende. Schade, dass wir uns schon wieder von Xongsing verabschieden müssen, denn wer weiß, wann wir uns das nächste Mal wiedersehen.

Blick auf die Marina Bay

Schreibtisch mit Aussicht

Essen im koreanischen Restaurant

Vollgepackte Spielzeugstände in Chinatown

WALNUT PASTE 生磨核桃糊	WATER CHESTNUT W SWEET CORN	GLUTINOUS RICE BALL IN GINGER SOUP (PEANUT // SESAME) 汤圆 (姜汤)	DRIED BEANCURD W GINGKO AND BARLEY 腐竹白果薏米水	ALMOND W EGG WHITE 杏汁蛋白
302 $4.30	$3.80	209 $4.00	206 $4.50	208 $6.00
PEANUT PASTE 生磨花生糊	GREEN BEAN SOUP 绿豆汤	RED BEAN LOTUS 红豆莲子	ALMOND BLACK GLUTINOUS RICE 杏仁黑糯米	BIRDS NEST 冰糖炖官燕
204 $3.80	213 $3.30	214 $3.80	216 $4.30	218 $35.00
CHENG TNG 清汤	BLACK GLUTINOUS RICE 黑糯米	BLACK GLUTINOUS RICE w ICE CREAM 黑糯米冰淇淋	DURIAN MOCHI 榴莲麻糬	MANGO STICKY RICE 芒果糯米饭
15 $3.80	220 $3.30	225 $5.50	217 $6.00	412 $8.00
PAPAYA WHITE FUNGUS 木瓜炖白木耳	LONGAN PEACH GUM 龙眼雪耳炖桃胶	LEMONGRASS JELLY 香茅果冻	CANTONESE DUMPLING 广东咸肉粽	CHEE CHEONG FUN 潇肠粉
9 $5.50	223 $5.50	222 $5.50	401 $7.00	408 $3.00
YAM CAKE 芋头糕	CARROT CAKE 萝卜糕	PUMPKIN CAKE 南瓜糕	3 COLOUR CAKE 三色糕	味香园 甜品 Mei Heong Yuen Dessert
3 $3.60	404 $3.60	405 $3.60	406 $3.60	Pictures are for illustration only

Asiatische Nachtische

In der Rooftop Bar mit Xongsing

Schulaufgaben am Flughafen

Aotearoa

Endlich geht für Freddi ein lang ersehnter Wunsch in Erfüllung. Wir fliegen mit Air New Zealand, einer seiner Lieblingsfluggesellschaften. Sie steht in dem Buch mit den Beschreibungen aller wichtigen Fluglinien der Welt, welches er auf die Reise mitgenommen hat. Was ihm an den Flugzeugen von Air New Zealand besonders gut gefällt, ist die stilvolle Bemalung. Unser Jet ist ganz in Schwarz gehalten und am Heck prangt ein weißes Farnblatt, eines der Wahrzeichen Neuseelands. Ich finde auch, dass es eine der schönsten Flugzeugbemalungen ist, die ich bisher gesehen habe.

Wir wappnen uns mit warmen Socken, Kissen und Ohrstöpseln für den Flug nach *Auckland*, denn er geht über Nacht und dauert zehn Stunden. Als wir unsere Sitze gefunden und die Jungs sich geeinigt haben, wer diesmal wo sitzen darf, warten wir nur noch auf die obligatorische Vorführung für die Sicherheitsvorkehrungen an Bord. Und dann staunen wir, denn diesmal sind es nicht die Flugbegleiter, die uns zeigen, wie man den Sicherheitsgurt anlegt und wo die Notausgänge sind. Auf den Monitoren an den Vordersitzen startet von selbst ein Video. Gespielt von Schauspielern maorischer Abstammung, aufwendig gefilmt in der üppig grünen Landschaft Neuseelands, unterlegt mit hollywoodreifer Filmmusik. Das Video hätte im Kino als Vorfilm zu „Herr der Ringe" laufen können, so bildgewaltig wirkt es auf mich. Eingebettet in die Maorische Legende von »Tiaki« werden uns Fluggästen nicht nur die Sicherheitsbestimmungen an Bord erklärt, sondern auch die Einfuhrbestimmungen für Lebensmittel und tierische Produkte zum Schutz der endemischen Flora und Fauna Neuseelands. Die Botschaft der Maori ist klar und unmissverständlich:

„Wer durch Aotearoa, Neuseeland, reist, ist Teil dieser Geschichte. Wir alle haben die Verantwortung, dieses einzigartige Land zu schützen."

Eindrucksvoller hätte man das den Besuchern dieses Landes nicht vermitteln können, denke ich und würde mir das Video am liebsten gleich noch einmal anschauen. Mich berührt der Klang des Namens, den die Maori ihrem Land gegeben haben: Aotearoa. Ins Deutsche übersetzt bedeutet es wörtlich „Land der langen weißen Wolke". Der Legende nach sollen die ersten polynesischen Entdecker diese Wolken gesehen haben, während sie auf Neuseeland zusegelten und daraus auf Land geschlossen haben.

An ausreichend Schlaf ist während des langen Nachtflugs leider wieder nicht zu denken. Früh am Morgen kommen wir in *Auckland* an und müssen uns dann noch den ganzen langen Tag wacker auf den Beinen halten. Wir sind erschöpft und stehen irgendwie neben uns. Mir fällt wieder ein, was ich vor vielen Jahren einmal gehört habe und sehr passend finde: Wenn man so weite Strecken fliegt, ist der Körper zwar am neuen Ort, aber die Seele braucht noch ein paar Tage, bis sie angekommen ist. Genauso fühle ich mich. Irgendwie noch nicht ganz da. Meinen drei Jungs geht es bestimmt ähnlich. Wie schon bei der Ankunft in *Kuala Lumpur* wirken die Kinder überdreht und laut und sind emotional schwer einzufangen.

Wir haben ein günstiges Hotel nah an der Innenstadt gebucht. Doch leider ist unser Zimmer noch nicht fertig, als wir einchecken wollen. Die Wartezeit verbringen wir in der Lobby, denn wir sind so schlapp, dass wir nicht einmal die Kraft haben, rauszugehen und uns in der Stadt umzusehen. Freddi und Merlin wälzen sich auf den Sitzbänken, sie sind todmüde, können aber einfach nicht still sitzen und sich ausruhen. Sie wirken gereizt, so als würden sie jeden Moment einen Streit anfangen. Flo und ich versuchen sie mit ‚Ich sehe was, was du nicht siehst' abzulenken, aber das funktioniert nur kurz, und außerdem haben wir selbst weder Lust noch Energie, den Alleinunterhalter zu spielen. Als das Zimmer nach einer gefühlten Ewigkeit endlich bezugsbereit ist und wir das Gepäck in das kleine Hotelzimmer schieben, erklärt uns Merlin, dass er am liebsten wieder zurück nach Berlin fliegen würde. Er hätte jetzt genug vom Reisen und wolle sich ausruhen. Ich höre seine Worte zwar, hoffe aber, dass dieser Wunsch einfach nur das Resultat seiner Müdigkeit ist und denke nicht weiter darüber nach. Freddi steigt währenddessen übermütig auf eins der Betten und fängt an, wie wild darauf herumzuhüpfen. In voller Lautstärke singt er ein selbstausgedachtes Lied. Sein Singen geht langsam in ein Kreischen über, und ich bitte ihn, damit aufzuhören, aber er macht einfach weiter, als hätte er mich nicht gehört. Merlin stimmt nun auch in das Gegröle mit ein.

„Jetzt reicht's aber! Hört sofort auf, das ist zu laut und wir haben hier Nachbarn", ruft Flo mit strenger Stimme, aber auch seine Worte prallen förmlich von der Wand ab. Und anstatt damit aufzuhören, fallen Merlin und Freddi übereinander her und beginnen miteinander zu raufen. Bis einer heult, denke ich resigniert. Flo spricht erneut ein Machtwort mit erhobener Stimme, aber nur mit mäßigem Erfolg. Ich bin froh, dass wir die nächsten sechs Wochen nicht in einen Flieger steigen müssen. Diese Jetlags scheinen Körper und Geist überhaupt nicht gut zu tun.

Wir haben uns vorher gar keine großen Gedanken darüber gemacht, was wir in *Auckland* überhaupt unternehmen wollen. Für uns ist die Stadt eher ein Zwischenstopp auf dem Weg zu unserem Camper. Freddi wünscht sich, den *Sky Tower* zu besichtigen, und obwohl Flo und ich nach den hohen Gebäuden in *Kuala Lumpur* und *Singapur* nicht schon wieder Lust auf Höhe verspüren, willigen wir ein. Diese Aktivität erfordert nicht viel Recherche, der Weg dorthin ist kurz und die Kinder finden es spannend. So ähnlich denken allerdings auch viele andere Touristen, denn auf der Aussichtsplattform ist kaum Platz zum Treten. Dafür überrascht uns der Blick von oben mit interessanterer Aussicht als gedacht.

„Schau mal Papa, die grünen Hügel hinter der Stadt sehen ja toll aus. Und das da hinten, ist das ein Vulkan?"

Freddi liebt Geografie und Länderkunde und kann schon jetzt mehr Namen von Städten, Ländern und Meeren aufsagen, als ich mir je merken könnte. Flo nutzt die momentane Aufmerksamkeit und erklärt Freddi noch ein paar Daten und Fakten zu Neuseeland. Zum Beispiel, dass Neuseeland genau auf der Grenze zweier tektonischer Platten im Feuerring liegt und das Land daher reich an Vulkanen ist. Oder dass mehr als ein Drittel der neuseeländischen Bevölkerung in *Auckland* lebt. Und dass auf beiden Inseln zusammen nur etwa fünf Millionen Einwohner leben, weniger als die Einwohnerzahl im Großraum Berlin. Tatsächlich, so wenige? Das verblüfft selbst mich.

„Außerdem ist das ganze Land von wilder Natur bedeckt. Und der Mensch ist nur ein ganz kleiner Teil davon."

Wenn ich Flo so erzählen höre, bekomme ich schon jetzt Sehnsucht nach den unberührten Naturlandschaften, in die wir bald eintauchen werden.

Doch auch am zweiten Tag macht uns der Jetlag noch stark zu schaffen. Auf Sightseeing hat niemand von uns Lust. Zwei Ladungen Wäsche müssen dringend gewaschen und irgendwo im Zimmer aufgehängt werden. Seit Beginn der Reise haben wir unsere Klamotten nur einmal in eine Wäscherei gebracht. Das war auf *Langkawi*. Da ich zu Hause aber sehr spartanisch gepackt hatte, um alles in unsere zwei großen Gepäckstücke zu bekommen, sind die drei T-Shirts pro Person schon wieder verschwitzt und mit Flecken versehen. Kleinere Kleidungsstücke könnte ich auch von Hand im Waschbecken waschen, aber das möchte ich eigentlich nur im Notfall tun. Zu meiner Erleichterung gibt es hier eine Waschmaschine mit Münzautomat, das ist in Hotels nicht selbstverständlich. Die feuchten Sachen hänge ich einfach über die Bügel in den großen Kleiderschrank, und im Bad an jeden Haken, den ich finden kann.

Um die Schule brauchen wir uns vorerst keine Sorgen zu machen, denn den Wochenplan für diese Woche hat Freddi schon fertig. Kurz vor dem Abflug saßen wir noch am Gate auf dem Boden, Freddi im Schneidersitz mit seinem Heft vor sich, um noch schnell die Hausaufgaben in GeWi zu erledigen. Ich war erleichtert, denn so konnte ich noch vor dem Boarding Fotos davon an die Lehrer schicken, sodass wir jetzt wieder ein paar Tage zum Durchschnaufen haben. Die Lust auf Schule hält sich mittlerweile stark in Grenzen, denn der Jetlag beeinträchtigt die kognitive Leistungsfähigkeit stärker als gedacht. Eigentlich sollte Freddi noch eine Klassenarbeit in Mathematik nachschreiben, die seine Mitschüler diese Woche geschrieben haben. Ich bin mir sicher, dass er im Moment sehr schlecht abschneiden würde. Also versuche ich, das auf später zu verschieben, und bin wieder einmal froh, wie entspannt Freddis Klassenlehrer ist, der auch Mathematik unterrichtet. Nachdem ich ihm geschrieben hatte, dass wir gerade erst in Neuseeland angekommen sind, stellte er uns völlig frei, wann wir Freddi die Klassenarbeit schreiben lassen.

In *Kuala Lumpur* kam mir die Zeitverschiebung gar nicht so dramatisch vor, aber hier in *Auckland* fühle ich mich in den ersten zwei Tagen schon fast ein bisschen deprimiert. Das kann bei mir leicht passieren, wenn ich zu wenig geschlafen habe. Aber nicht nur meine, die Stimmung in der ganzen Familie ist ziemlich schlecht. Die Kinder wirken immer noch hyperaktiv, eine seltsame Mischung aus großer Müdigkeit und nicht genügend körperlicher Auslastung. Das Einschlafen abends fällt ihnen schwer. Immer wieder eskalieren Streitereien zwischen ihnen, und wir Eltern haben schlechte Nerven und nicht genug Energie, um gut damit umzugehen. Außerdem ist unser Zimmer extrem klein. Es besteht eigentlich nur aus zwei schmalen Doppelbetten, zwischen denen man sich kaum bewegen kann.

Nun ja, im Camper wird es vermutlich noch enger sein. Das kann ja heiter werden. Um uns die Zeit zu vertreiben, bummeln wir durch die Fußgängerzone von der Innenstadt bis zum Hafen. Am Straßenrand und auf den Bänken sitzen einige Obdachlose, manche murmeln vor sich hin, andere wirken einfach nur deprimiert. Freddi und Merlin bemerken das auch. Sie beobachten einen Mann, der immer im Kreis läuft und laut vor sich hinredet.

„Was ist mit dem Mann los?", will Freddi wissen.

Ich versuche zu erklären, dass er vermutlich kein zu Hause hat und es ihm nicht gut geht. Gleichzeitig erkenne ich bestürzt, dass es sich um einen Maori handeln muss. Sein kräftiger Körperbau und die dunkle tätowierte Haut lassen darauf schließen. Die anderen Männer haben ein ähnliches Aussehen. Ich erkläre den Kindern, dass die Maori die Ureinwohner Neuseelands sind, und dass sie eine lange Phase der Unterdrückung durch die europäischen Kolonialmächte in Neuseeland durchleben mussten.

„Ihnen wurde ihr Land weggenommen, und sie sollten auf einmal so leben, wie die europäischen Siedler, die ihr Land so schön fanden und dort Häuser bauten und für immer dableiben wollten."

Plötzlich sind beide Kinder ganz still, was nicht oft vorkommt. Meine Worte scheinen sie zum Nachdenken gebracht zu haben. Dass die Maori noch heute unter den Folgen der Kolonialisierung leiden, stimmt mich allerdings ebenso nachdenklich. Ich hatte zwar davon gelesen, aber es jetzt ‚in echt' zu sehen, bedrückt mich sehr. Gleichzeitig fällt mir auf, dass hier in Neuseeland nicht nur Englisch, sondern auch Maori gesprochen wird. Straßennamen oder andere Bezeichnungen stehen zuerst auf Maori und dann auf Englisch da. Flo erklärt uns, dass Maori inzwischen offiziell als zweite Amtssprache anerkannt ist und vom Staat gefördert wird. Dass das Video über die Sicherheitsmaßnahmen von Air New Zealand eine maorische Legende erzählt und mit maorischen Schauspielern gedreht wurde, zeigt den Stolz der Neuseeländer auf die Geschichte und Kultur der Maori. Es sieht so aus, als ob die kulturelle Bereicherung durch die Traditionen, die Sprache und die Lebensweise der Maori in Neuseeland sehr begrüßt und gelebt wird. Doch jetzt frage ich mich, ob das wirklich ausreicht. Sind die Maori dadurch in der neuseeländischen Gesellschaft wirklich integriert und sind ihre Werte überhaupt mit den westlichen Werten zu vereinbaren?

Wir laufen weiter und kommen an den vielen einladenden Souvenirläden vorbei, die sich rund um den Hafen befinden.

„Können wir bitte hier reingehen? Bitte, bitte, bitte!" Freddi springt aufgeregt vor dem Eingang eines der Geschäfte auf und ab.

Flo und ich lassen uns überreden und wir betreten den Giftshop, wohl wissend, dass das auf eine Diskussion hinauslaufen könnte. Aber ich schaue mir selbst gerne die schönen Dinge an, die es hier zu kaufen gibt. Kiwi-Figuren aus Bronze, silbrig-grün schimmernde Paua-Muscheln, filigran gearbeitete Holzschatullen. Freddi fällt sofort ein Ständer mit Plüschtieren ins Auge.

„Wow, schaut mal, wie cool diese Echse ist!" Schon hält er eines der kuscheligen Tiere fest in den Händen. „Können wir sie kaufen, bitte? Sie ist so niedlich!"

Flo und ich schauen uns an, und ich sehe, dass wir beide das gleiche darüber denken.

„Nein Freddi, ich will nicht, dass wir jetzt am Anfang der Reise schon Souvenirs kaufen", versuche ich in möglichst ruhigem Ton zu erklären.

Ich führe das übliche Argument an, nämlich dass wir die Sachen dann die ganze Reise lang mitschleppen müssten. Aber Freddi mag das nicht hören, er argumentiert und fleht. Als ich nicht einlenke, stampft er laut mit den Füßen auf.

„Nie darf ich was haben, nie! Ihr seid so gemein!" schreit er, stopft die Echse zurück in den Ständer und rennt aus dem Laden.

Er ist am Boden zerstört und er tut mir leid, denn ich weiß, wie sehr er Reptilien mag. Trotzdem, es bleibt dabei, heute wird nichts gekauft! Wir haben sowieso schon sehr eng gepackt, sodass die zwei großen Gepäckstücke eigentlich schon zu knapp für unser ganzes Hab und Gut sind.

Meine Stimmung ist jetzt ähnlich mies wie Freddis. Ich fühle mich körperlich und geistig erschöpft und sehne mich nach Ruhe und auch ein bisschen nach dem Alleinsein. So viel haben wir seit unserer Abreise aus Deutschland schon erlebt. Eigentlich sollten wir glücklich sein, denke ich. Wir erfüllen uns hier doch gerade unseren Lebenstraum. Aber wahrscheinlich spüren wir gerade unser erstes kleines Reisetief.

Das rollende Schiff

15. Januar 2023 in Neuseeland . 21 °C

Heute sieht die Welt schon wieder anders aus. Schon lange im Voraus haben wir uns alle immer wieder überlegt, wie es wohl werden wird, und uns riesig gefreut bei der Vorstellung, mit einem Camper fünf Wochen lang durch ein unbekanntes Land am anderen Ende der Welt zu fahren. Ein Bus bringt uns zum Vermieter, bei dem wir schon von Deutschland aus unser Fahrzeug reserviert haben. Unzählige Wohnmobile stehen in der großen Halle, es wimmelt von ausländischen Touristen, die Fahrzeuge abgeben oder abholen wollen. Als wir endlich an der Reihe sind, lächelte uns die Dame am Schalter freundlich an.

„Guten Tag. Ich habe gute Nachrichten für Sie", beginnt sie mit einem strahlenden Lächeln. „Wir haben ein Upgrade für Sie. Statt des kleinen Wagens, den Sie gebucht hatten, steht Ihnen jetzt ein viel größerer zur Verfügung."

Ich sehe Flo an. Sein Gesichtsausdruck verdunkelt sich und ich weiß, was er jetzt denkt. Akribisch hatte er zu Hause recherchiert und abgewogen. Er hatte extra einen Camper ausgesucht, der zwar klein war, aber für uns vier noch Platz hatte. Er wollte sich nicht dem Stress aussetzen, fünf Wochen lang mit einem riesigen Fahrzeug in einer fremden Gegend unterwegs zu sein. Die Dame von der Autovermietung merkt, dass Flo verstimmt ist. Sie versteht überhaupt nicht, dass wir mit dem Angebot nicht glücklich sind.

„Dieses Upgrade kostet Sie nichts extra", erklärt sie geduldig. „Ein anderes Fahrzeug haben wir leider nicht."

Flo seufzt und unterschreibt den Vertrag, grummelt dann aber noch eine ganze Weile vor sich hin. Von einem der Mitarbeiter bekommen wir eine ausführliche Einweisung, während es uns allen schon vor Aufregung im Bauch kribbelt, als wir das Fahrzeug von innen inspizieren. (Mit Ausnahme von Flo vielleicht, ihm wird wohl eher etwas flau im Magen sein, wenn er daran denkt, wie er dieses Riesenschiff heil vom Fleck bekommen soll.)

Nachdem die Koffer eingeladen sind und jeder seinen Platz eingenommen hat, geht es endlich los. Es rattert und knattert in allen Ecken. An das Geruckel und die Lautstärke während des Fahrens müssen wir uns wohl erst noch gewöhnen, aber Flo lenkt das Riesenschiff dann ganz hervorragend durch den Linksverkehr. Natürlich ist er am Anfang gestresst, das merke ich immer daran, dass er ganz still wird und mit zusammengekniffenen Augen starr vor sich auf die Straße schaut. Aber ich habe großen Respekt davor, denn ich selber würde mich gar nicht trauen, mit so einem Monstrum in einem fremden Land auf der linken Seite zu fahren.

Als erstes Ziel steuern wir einen Supermarkt an. Wir müssen einkaufen, und zwar richtig viel. Und das machen wir dann auch im »Countdown«, einer Supermarktkette á la »Kaufland« oder noch größer. Ich finde es jedesmal spannend, in einem fremden Land in einen Lebensmittelladen zu gehen. So viele tolle Sachen, die so anders aussehen, als zu Hause.

„Mama, schau, hier gibt es riesige Donuts zu kaufen. Und Muffins mit Schoko drauf, lecker! Können wir welche mitnehmen?“

„Und guck, wie viele Sorten an Gummibärchen. Die sehen ganz anders aus als bei uns, viel bunter!“

„Ich will Eis! Haben wir im Camper ein Tiefkühlfach?“

„Oh Papa, hier gibt es auch Spielzeugautos!“

Glücklich rennen die Jungs zwischen den Regalen hin und her, und wir müssen sie ständig ermahnen, nicht so wild zu sein. Sie freuen sich wie zwei junge Welpen. Nach einer Ewigkeit kommen wir mit einem riesigen Berg an Lebensmitteln wieder heraus. Anschließend dauert es nochmal recht lange, bis wir die vielen Dinge irgendwo im Camper verstaut haben. Es darf nichts lose rumstehen, denn sonst liegt alles nach der nächsten Kurve unten. Die Koffer packe ich auch gleich aus und verstaue die Sachen in den zahlreichen Klappen und Schubladen. Die leeren Gepäckstücke parken wir in der Dusche, die wir höchstwahrscheinlich sowieso nicht benutzen werden. Auf diese Weise haben wir uns einen praktischen Abstellraum geschaffen. Es gibt auch eine Toilette, aber die wollen wir eigentlich auch nur im Notfall benutzen, weil man immer wieder ausleeren und Chemie nachkippen muss.

Reisen mit Camper ist eine Wissenschaft für sich. Gut, dass wir in der Vergangenheit schon einmal eine Tour mit so einem Gefährt gemacht haben, denn so wissen wir zum Beispiel, wie die Versorgungssysteme zu bedienen und nachzufüllen sind. Erfreulicherweise müssen wir nicht jede Nacht umbauen, denn einen Vorteil hat unser riesiger Camper: Er ist sogar für sechs Personen ausgelegt. Die hintere Sitzbank können wir dauerhaft zum Doppelbett umgebaut lassen, und ein weiteres Doppelbett befindet sich im Alkoven über der Fahrerkabine.

Merlin sitzt hinten in seinem Kindersitz, der auf der Sitzbank vor dem Tisch befestigt ist, während ich mich neben ihn setze. Freddi, dem beim Fahren immer schlecht wird, ist überglücklich, dass er vorne neben Flo sitzen darf.

„Wollt ihr Musik hören? Oder lieber ein Hörspiel?"

„Musik!" kommt einstimmig aus den Mündern der Kinder. Aus unserer Bluetooth-Box dringt nun der Sound, den ich zu Hause extra für die Reise auf mein Handy geladen habe. Ein bunter Mix aus deutschen und internationalen Songs. Vor allem aber die Lieder der Alben mit dem Titel »Unter meinem Bett«, die Freddi und Merlin sehr mögen. Die Texte sind zwar für Kinder geschrieben, aber die Songs hören sich gar nicht wie Kinderlieder an. Sie klingen eher nach Pop, Rock, Hip-Hop und sogar Punk. Flo und ich hören sie auch gerne.

In dieser entspannten Fahratmosphäre verlassen wir schnell den Großraum *Auckland*. Und dann geht es endlich durch die lang ersehnte grüne Hügellandschaft auf dem *Thermal Explorer Highway* in Richtung Süden. Auf den ersten Blick fühlt sich Neuseeland an wie zu Hause, und für einen Moment frage ich mich, warum wir um die halbe Erdkugel geflogen sind, wenn die Landschaften und auch die Menschen wie in Europa aussehen. Die Strecke, auf der wir gerade unterwegs sind, erinnert uns an die Gegend rund um den Bodensee, wo Flo und ich geboren und aufgewachsen sind. Aber bei genauerem Hinsehen werden die Unterschiede natürlich deutlich, denn die Vegetation hat noch einige Besonderheiten zu bieten. Hier wachsen Pflanzen, die wir sonst noch nirgends auf der Welt gesehen haben, denn die Tier- und Pflanzenwelt Neuseelands ist zu 80 % endemisch. Typisch für Neuseeland sind Farne, von denen es an die 200 verschiedene Arten gibt, und Baumfarne, die sogar über 20 Meter hoch werden können. Der junge, noch aufgerollte Farn wird »Koru« genannt und ist in Neuseeland ein wichtiges Symbol für Frieden und Hoffnung. Wir entdecken Palmen und Urwaldbäume, die sonst eher in subtropischen Gebieten zu finden sind. Beeindruckend ist außerdem die landschaftliche Mischung. Berge, Küstengebiete, Seen, Wälder und vulkanische Regionen scheinen in einem Land vereint zu sein. Die ganze Fahrt lang schaue ich fasziniert aus dem Fenster und kann mich gar nicht sattsehen an der schönen Naturlandschaft.

Nach zwei Stunden sind wir an unserem ersten Ziel angekommen, dem Ort *Rotorua*, der für seine geothermalen Quellen, Schlammlöcher und Geysire bekannt ist. Die erste Nacht wollen wir auf einem Freistehplatz verbringen, Wildcamping sozusagen. Wir stehen auf einem großen Parkplatz mit öffentlichen

Toiletten direkt am *Lake Rotorua*. Nebenan ist ein großer Spielplatz mit Klettermöglichkeiten, Schaukeln und Rutschen. Ein Geruch von faulen Eiern hängt in der Luft, es riecht wirklich fürchterlich. An der Stelle, wo unser Camper steht, stinkt es zum Glück nicht ganz so stark. Auf Maori-Sprache heißt *Rotorua* auch ‚Übelriechender Ort'. Merlin findet das ziemlich lustig, und ich erkläre ihm, dass die maorische Sprache sehr eng mit der Natur verbunden ist, weil die Maori sie sehr schätzen.

„Na klar, in der Natur leben ja auch so viele Tiere, die ich mag", sagt Merlin. Er möchte später mal Tierschützer werden, wenn er groß ist. Da wäre er hier in Neuseeland mit den vielen endemischen Tieren genau richtig, denke ich.

Bei Freddi steht heute endlich die Klassenarbeit in Mathematik an, die mir sein Lehrer schon letzte Woche per WhatsApp auf mein Handy geschickt hatte. Flo muss sie zuerst auf ein Blatt Papier abschreiben, denn wir haben natürlich keinen Drucker und werden hier wohl so schnell auch keinen Copyshop oder ähnliches finden. Mathe ist nicht Freddis Lieblingsfach, von daher ist er überhaupt nicht begeistert, als Flo ihm erläutert, dass er nun erst einmal die Arbeit schreiben muss, bevor wir gemeinsam die Gegend erkunden können. Mit grimmigem Gesichtsausdruck sitzt er am kleinen Campingtisch und hält die Arme vor dem Körper verschränkt.

„Das ist so unfair! Wieso muss ich denn hier auch Klassenarbeiten schreiben? Ich will jetzt auch sofort aussteigen und Spaß haben!", kommt es wütend aus ihm heraus.

„Freddi, ich kann dich gut verstehen. Aber denk daran, wie toll es ist, dass wir zusammen hier in Neuseeland sind", sage ich. „Stell dir vor, du müsstest die Klassenarbeit in Berlin schreiben, in deinem kalten Klassenzimmer."

Und dann denke ich, wie großartig es von seinen Lehrern ist, dass sie uns so ein Vertrauen entgegenbringen. Woher wollen sie denn wissen, dass wir Freddi nicht dabei geholfen haben? Aber wir Eltern wissen auch, dass wir uns damit nur selbst etwas vortäuschen würden. Ich finde solche Lernzielkontrollen während unserer Reise sehr wichtig. So können wir sehen, wie gut Freddi den Stoff verstanden hat und ob er den Anschluss an die fünfte Klasse wirklich schaffen kann.

Nachdem Flo alle Aufgaben abgeschrieben hat, macht er es sich mit einem Buch auf dem hinteren Bett bequem, während Freddi am Tisch sitzt und schreibt. Damit sie genug Ruhe haben, gehe ich mit Merlin raus, auf den Spielplatz und an den See. Zu unserem Erstaunen schwimmen auf dem Wasser schwarze Schwäne, und nachdem Merlin alle Spielgeräte durchprobiert hat, hockt er sich an den Rand des Sees und versucht die exotischen Tiere anzulocken.

Freddi braucht ziemlich lange für die Aufgaben, einige schafft er dann auch gar nicht. Es sind die Mal- und Geteiltaufgaben, die ihm nicht so leicht von der Hand gehen. In der Schule hätte er wahrscheinlich längst abgeben müssen. Wir schicken ein Foto von der gemachten Klassenarbeit und schreiben dem Lehrer ehrlich, wie lange Freddi dafür gebraucht hat.

Als wir im Anschluss durch das Dorf bummeln, sind wir verwundert, dass die Straßen so verlassen wirken. In einem Reisemagazin hatte ich gelesen, dass *Rotorua* ein recht touristischer Ort sein soll. Aber wir haben fast das Gefühl, durch eine Geisterstadt zu gehen. Doch dann erblicken wir einen Pizza-Imbiss, der einladend geöffnet ist.

„Können wir hier essen? Ich habe so einen Hunger auf Pizza!", ruft Merlin, während er schmachtend auf den Aufsteller mit den abgebildeten Speisen schaut. Pizza haben wir in der Tat lange nicht gehabt, und da die Inhaber aus Italien kommen und ihre Rezepte mitgebracht haben, schmeckt es auch hervorragend. Der Koch scherzt mit den Kindern und wir erfreuen uns an dem englisch-italienischen Dialekt, der uns gedanklich ein Stück in unsere europäische Heimat versetzt.

Direkt gegenüber bemerken die Kinder einen Souvenirshop. Heute sind wir alle besser gelaunt als vorgestern in *Auckland*, und so erhebe ich keinen Einspruch, als die Kinder Anstalten machen, in den Laden hineinzugehen. Nach kurzer Zeit kommt Freddi hüpfend und singend aus dem Geschäft wieder herausgerannt. Er hat die gleiche Echse als Kuscheltier entdeckt, die er schon in *Auckland* gesehen hatte. Flo und ich müssen sofort mitkommen und sie uns ansehen.

„Schaut mal, genau DIE wollte ich haben. Und hier gibt es ja noch so viele andere Tiere. Hör mal, die machen Geräusche, wenn man auf sie draufdrückt."

Er hält einen Kuschel-Kiwi in der Hand, der fröhlich vor sich hin piepst. Die Tiere scheinen alle von derselben Marke namens »Sounds of New Zealand« zu sein, und als ich sie mir genauer anschaue, erkenne ich, dass es Tiere sind, die in Neuseeland endemisch sind, die es also nur hier gibt. Sie sehen allesamt sehr naturgetreu aus und machen realistische Tiergeräusche. Diesmal lässt Freddi nicht locker.

„Ich trage die Echse auch selber die ganze Reise über herum. In meinem Rucksack gibt es noch genug Platz, Mama. Wirklich!"

Also gut.

„Und ich will diesen Gecko haben", ruft Merlin und zeigt auf ein anderes grünes Tier.

Flo und ich lassen uns erweichen. Es ist schön, die Kinder so glücklich zu sehen, und ihre Stimmung erinnert uns an Weihnachten und Geburtstag gleichzeitig. Die beiden Tiere werden sofort wie neue Familienmitglieder in die Gemeinschaft der anderen Kuscheltiere aufgenommen.

Am Abend sitzen wir in unserem Camper, essen unser Abendbrot und spielen danach zusammen eine Runde UNO. Es wird schon langsam dunkel draußen und außerdem ungewohnt kühl. Wir beobachten einen Mann in Uniform, der auf dem Parkplatz herumgeht und sich die Fahrzeuge anschaut. Uns ist ein bisschen unheimlich zumute, als er sich in unsere Richtung wendet. An unserem Camper läuft er vorbei, aber beim Auto nebenan klopft er und spricht mit dem Besitzer. Flo vermutet, dass er kontrolliert, ob das Auto ‚self-contained' ist. In Neuseeland darf man über Nacht nur wild campen, also auf (extra ausgewiesenen) Parkplätzen stehen, wenn das Fahrzeug über eine anerkannte Toilettenanlage sowie über Abwassereinrichtungen verfügt. Neuseeland hat in diesem Bereich sehr strenge Vorschriften zur Gewährleistung des Umweltschutzes. Das Fahrzeug des Nachbarn sieht eher aus wie ein größerer PKW, aber nicht wie ein Campingwagen, doch anscheinend erfüllt er die gesetzlichen Vorgaben, denn er darf bleiben.

Etwas gerädert wache ich am nächsten Morgen auf. Die Matratze ist ziemlich dünn und unbequem. Vielleicht muss ich irgendwas Weiches darunterlegen, um sie besser zu polstern, Handtücher oder so. Dafür schmeckt unser erstes Camper-Frühstück hervorragend. Es ist das erste Mal seit unserer Abreise, dass wir nicht in einem Hotel frühstücken, sondern ‚zu Hause' und einfach nur das, was wir uns im Supermarkt selbst ausgesucht haben: Cornflakes, Joghurt, Muffins und Donuts. Und natürlich Kaffee.

Danach packen wir alles wieder fallsicher zusammen und fahren eine kurze Strecke südwärts zu den *Waikite Valley Hot Pools*. Ein Thermalbad mit heißen Pools, an das ein Campingplatz angeschlossen ist, auf dem wir die nächsten zwei Nächte verbringen werden. Es gibt hier Strom, Internet, Toiletten und Duschen. Ein Luxus! Eine zusätzliche Annehmlichkeit besteht darin, dass wir die Pools kostenlos nutzen dürfen. Sie befinden sich im Freien, und einige davon bieten einen Panoramablick auf die umliegende wildbewachsene Berglandschaft. Alle sind unterschiedlich warm – oder besser gesagt heiß – und werden mit Quellwasser befüllt, das sogar noch abgekühlt werden muss, denn es hat eine Temperatur von über 60 °C. In der kälteren Jahreszeit ist es sicherlich sehr erholsam, darin zu verweilen. Heute liegt die Lufttemperatur bei 27 °C, und ich finde es eher unangenehm, noch in ein heißes Becken zu steigen. Aber wir sind ja nur heute hier und wollen das Baden im Wasser echter neuseeländischer Thermalquellen natürlich ausprobieren. Den Kindern scheinen die Temperaturen von 40 °C und mehr nichts auszumachen, sie probieren jedes Becken aus und planschen darin länger, als ich es selbst aushalten würde. In Deutschland wäre es aus Sicherheitsgründen bestimmt verboten, Kinder in so heißem Wasser baden zu lassen.

Ganz in der Nähe liegt das Naturschutzgebiet *Waimangu Volcanic Valley*, welches wir am darauffolgenden Tag besuchen. Der letzte Ausbruch des Vulkans *Mount Tarawera* fand 1886 statt, und das Gebiet ist als das jüngste geothermische System bekannt, das zu den aktivsten der Welt zählt. Wir folgen den wildbewachsenen Pfaden, die sich vor uns auftun. Rechts und links brodelt und dampft es. Kochendes Wasser sprudelt aus der Erde, und ein intensiver Schwefelgeruch liegt in der Luft. Wir kommen an knallgelb gefärbten Erdlöchern und an Schlammtümpeln vorbei und machen dann Rast an einem heiß blubbernden Bach. Die Wege sind mit Holzzäunen gesichert und überall stehen Schilder mit dem Hinweis, dass Eltern auf ihre Kinder achten müssen. Das tun wir natürlich, aber die Kinder sind schon von sich aus ganz vorsichtig. Sie hocken sich ganz nah an die abgesperrten Stellen, beobachten den Dampf über dem brodelnden Wasser und wundern sich darüber, dass es an diesem Ort unter der Erde so heiß ist.

„Was ist, wenn der Vulkan ausgerechnet jetzt wieder ausbricht, während wir hier sind?", wollen sie wissen. Tja, dann wäre unsere Weltreise wohl zu Ende.

Die Wanderung dauert recht lange, und natürlich klagen die Kinder bald über müde Beine. Mit Unterbrechungen für mehrere Pausen erreichen wir einen See. Es ist ein Kratersee, der durch den Vulkanausbruch entstanden ist. Er besteht aus Regen- und Schmelzwasser von den umliegenden Hängen. Mit einem kleinen Boot kann man sich darauf umherschippern lassen. Erst überlegen wir noch, ob wir wirklich jede touristische Attraktion mitnehmen sollten, aber dann siegt doch die Neugier. Wann kann man sich denn schon mal einen Kratersee aus solcher Nähe anschauen?

Nach einer Rundtour mit englischem Kommentar hält das Boot an einem Felsvorsprung an, der eigentlich völlig unspektakulär aussieht. Wir wundern uns über diese Pause, hier passiert doch gar nichts. Doch plötzlich erschrecken wir, als direkt vor unseren Augen eine riesige Wasserfontäne aus dem felsigen Seeufer hoch in die Luft schießt. Wie aus einem unterirdischen Wasserhahn, der zu stark unter Druck steht. Ein lautes zischendes Geräusch ertönt, während sich an der Stelle, an der die Fontäne austritt, dichter Nebel bildet. Bestimmt zwei Minuten lang können wir das Naturwunder beobachten. Und dann, als hätte jemand das Wasser abgedreht, hört es genauso urplötzlich wieder auf. Für einen kurzen Moment kehrt Stille über dem See ein, bis die Touristen vor lauter Erstaunen anfangen, wild durcheinander zu reden. Das war ein Geysir, und der Bootsführer wusste ziemlich genau, zu welcher Zeit dieser Geysir sein heißes Wasser aus der Erde hervorholen und herausschießen würde. Geologie zum Anfassen – die Schule kann einpacken.

Quer durch die Nordinsel

23. Januar 2023 in Neuseeland . 17 °C

Nun sind wir schon eine ganze Woche in Neuseeland unterwegs und zuckeln langsam voran mit unserem Riesenschiff. Immer wieder staunen wir über die einzigartige Landschaft hier auf der Nordinsel. Wenn wir an grünen Hügeln mit Kuh- oder Schafherden vorüberfahren, fühlen wir uns fast in das deutsche Voralpenland versetzt. Oft kommen wir uns aber auch vor wie in den Tropen angesichts der riesigen Urwaldbäume und Palmen. Es fällt uns schwer, diese Gegensätze in unseren europäischen Gehirnen zu begreifen und zusammenzubringen. Das satte Grün und die leuchtenden Farben der Landschaft sind kaum zu beschreiben, man muss es selbst gesehen haben. Und dieses Licht! So kennen wir das von zu Hause gar nicht. Kann es wirklich sein, dass das Licht anders ist, und die Farben hier in Neuseeland intensiver erscheinen, oder stimmt irgendetwas mit unserer Wahrnehmung nicht? Später werden wir erfahren, dass Neuseeland aufgrund seiner geringen Bevölkerungsdichte viel weniger unter Luftverschmutzung leidet. Die beiden großen Inseln liegen mitten im Ozean, und Schadstoffe werden vom Wind schnell weggeblasen. Dadurch wird das Licht weniger gestreut, und das führt wiederum zu einer klareren Sicht und intensiveren Farben.

Wir machen einen Abstecher an die Ostküste nach *Papamoa* und verbringen eine Nacht auf einem Freistehplatz am Strand. Diesen haben wir auf unserer Park4Night-App ausfindig gemacht, die vermutlich jeder versierte Camper kennt. Sie hilft den Reisenden dabei, einen passenden und vor allem legalen Stellplatz für die Nacht zu finden. Das Tolle an der App ist, dass die Stellplätze nach unterschiedlichen Kriterien gefiltert werden können. Beispielsweise kostenpflichtig oder kostenlos, mit oder ohne Stromanschluss, mit oder ohne Entsorgungsstation für Abwasser und Toilettenabfälle. Heute stehen wir auf einem ganz einfachen Parkplatz ohne jegliche Annehmlichkeiten, dafür direkt am Meer. Ich koche Fischstäbchen mit Kartoffeln und blicke währenddessen aus dem Schiebefenster unseres Campers hinaus auf den Ozean, während die Kinder am Ufer spielen. Das Abendlicht färbt den weitläufigen, fast menschenleeren Sandstrand rosa. Herrlich, diese Weite, diese überreichliche Natur und diese Ruhe. Neuseeland hat uns schon in seinen Bann gezogen.

Die darauffolgenden zwei Nächte verbringen wir wieder auf einem Campingplatz, da Energie und Wasser knapp werden und ohne Strom der Kühlschrank warm werden würde. Gut, dass wir gestern schon vorreserviert haben, denn die Campingplätze am Meer sind sehr voll. Kein Wunder, denn wir sind gerade während der neuseeländischen Sommerferien hier. Sie dauern, wie bei uns, sechs Wochen und enden Anfang Februar. Also noch zwei Wochen volle Campingplätze und dann wird es hoffentlich entspannter. Beim Geschirrspülen kommen wir ein wenig in Kontakt mit den ‚Kiwis', wie sich die Neuseeländer humorvoll selbst nennen. Uns fallen ihre entspannte Art und die zurückhaltende Freundlichkeit auf. Mit dem Dialekt komme ich noch nicht so gut klar. Vokale werden oft anders ausgesprochen, sodass zum Beispiel „Fish and Chips" wie „Fush and Chups" klingt. Aber Flo versteht zum Glück das meiste und führt angeregte Gespräche mit den Landsleuten. Einer der Kiwis erzählt ihm belustigt, dass er mit den Entscheidungen seiner Landesregierung nicht immer zufrieden ist. Die Holzproduktion ist eine der wichtigsten Einnahmequellen des Landes, und Neuseeland exportiert viel Holz zu günstigen Konditionen in alle möglichen Länder, zum Beispiel auch nach China. Dort ist die Holzverarbeitung deutlich kosteneffizienter, da die Arbeits- und Produktionskosten wesentlich geringer sind als in anderen Ländern.

„Und so schickt China teures Toilettenpapier, das aus neuseeländischem Holz hergestellt wurde, nach Neuseeland zurück", gibt der freundliche Kiwi Flo mit einem Augenzwinkern zu verstehen.

Da wir wieder am Meer sind – das erste Mal in unserem Leben am Pazifik – wollen Freddi und Merlin natürlich sofort hineinspringen. Das Wasser ist viel kühler als in Malaysia, und die Wellen sehen aus, als hätten sie ordentlich Kraft. Aber es gibt hier so gut wie keine gefährlichen Tiere im Wasser, das haben wir nach unserer Erfahrung in *Langkawi* nochmal ausführlich recherchiert. Vielleicht ein paar Quallen, ok, aber keine Würfelquallen. Die größere Gefahr geht von starken Strömungen aus, die sogar erfahrene Schwimmer auf den offenen Ozean hinausziehen können. Flo erklärt den Kindern, wie man sich in solch einer Situation verhalten sollte: auf keinen Fall gegen die Strömung anschwimmen.

Stattdessen sollte man versuchen, parallel zur Küste zu schwimmen und zu erspüren, wo der Sog aufhört. Dann erst landeinwärts schwimmen. Um Energie zu sparen ist es ganz wichtig, ruhig zu bleiben und nicht in Panik zu geraten. Ich merke, dass ich bei diesem Thema überhaupt nicht entspannt bin und fast schon selbst in Panik gerate, wenn ich nur daran denke. Was ist, wenn es die Kinder plötzlich aufs Meer hinauszieht? Werden sie sich dann an Flos Worte erinnern, und haben sie überhaupt die Kraft, so weit zu schwimmen?

Merlin hat glücklicherweise im Sommer vor dem Start unserer Weltreise schwimmen gelernt. In Berlin sind Schwimmkurse bekanntlich Mangelware, und Eltern mussten schon immer lange auf einen Platz warten. Durch die Corona-Pandemie konnten die Kinder in dieser Zeit nicht schwimmen lernen, und als die Schwimmhallen wieder öffneten, waren die Kurse noch gefragter. Zum Glück konnten wir für Merlin einen Platz in einem Crashkurs in den Sommerferien ergattern. Zehn Tage lang hatte er täglich eine halbe Stunde Unterricht. Inzwischen hat er Seepferdchen-Niveau erreicht und kann sich eine Zeitlang ganz gut über Wasser halten, aber lange Strecken kann er natürlich noch nicht schwimmen. Trotzdem ist das eine riesige Erleichterung für uns Eltern. Diese Reise mit einem Kind zu machen, das nicht schwimmen kann, wäre wahrscheinlich nur halb so vergnüglich. Natürlich sind beide Jungs immer sofort im Wasser, wenn sie das Meer erblicken. Sogar vor der Wucht der Wellen haben sie keinen großen Respekt, während ich schon Angstzustände bekomme, wenn die Welle mir bis über den Kopf reicht. Ich bin sehr froh, dass Flo jedes Mal mit ihnen in die Brandung springt und auf sie aufpasst.

Erfreulicherweise finden die Kinder aber auch am Ufer immer wieder interessante Spielmöglichkeiten. Eine von Freddis Lieblingsbeschäftigungen ist das Bauen von Gebäuden und Städten im Sand. Das hat er schon lange vor unserer Reise gemacht, zum Beispiel auf Spielplätzen oder gerne auch in den Pausen auf dem Schulhof. Inzwischen hat sich sein Interesse etwas weiterentwickelt und er baut ganze Flughäfen mit Start- und Landebahnen, Terminals und Tower. Seine Bauten werden immer komplexer und professioneller. Wir überlegen schon, was er studieren müsste, um später ‚in echt‘ einen Flughafen zu bauen. Vielleicht Bauingenieurwesen, wie sein Papa?

Nach drei unbeschwerten Tagen am Meer packen wir unsere Sachen wieder zusammen und fahren ostwärts zurück ins Landesinnere. Das erste Zwischenziel ist der *Blue Spring*, ein Fluss in malerischer Umgebung, der als eine der reinsten Trinkwasserquellen der Welt bekannt ist. Danach geht es direkt weiter zu den *Waitomo Caves* – unterirdische Höhlen, in denen tausende biolumineszente Glühwürmer wohnen. Und am Abend checken wir schon auf dem nächsten Campingplatz ein.

Während wir Essen kochen, besprechen Flo und ich die weitere Reiseroute, denn nach Neuseeland soll es nach Australien gehen, was nahe liegt, da es nicht so weit von Neuseeland entfernt ist. Aber wo wollen wir eigentlich danach hin? Diese Frage hatten wir bisher noch ganz bewusst offengelassen. Die genaue Strecke sollte sich erst während der Reise herauskristallisieren, denn wir wollten flexibel sein und einfach währenddessen schauen, wo es uns hin verschlägt.

Unsere Gedanken wandern hin und her, Recherchen im Internet werden gestartet und uns rauchen schon die Köpfe vor lauter Möglichkeiten, die sich bieten. Taiwan wäre auf jeden Fall interessant, oder Japan. Das ist von Australien aus bestimmt gut zu erreichen. Oder lieber doch erstmal eine Insel in der Südsee, nach so einem langen Roadtrip? Nur eines wissen wir schon sicher: Auf dem Rückweg wollen wir einen Stop in *New York* einlegen. Freddi hatte uns eindringlich darum gebeten.

Glücklicherweise haben wir auf diesem Campingplatz stabiles und schnelles Internet. Merlin kann endlich mal mit seinem Freund Jakob videotelefonieren. Bei uns ist es gerade Abend, bei Jakob ist es früh morgens. Wir haben genau 12 Stunden Zeitverschiebung. Heute ist Sonntag, und so haben Jakobs Eltern um acht Uhr morgens nicht den Stress, Jakob schnell zur Kita bringen zu müssen, um selbst weiter zur Arbeit zu hetzen. Es ist nicht das erste Mal, dass Merlin über Video telefoniert. Wir hatten vor der Reise in regelmäßigen Abständen über Skype mit Oma und Opa telefoniert, die 800 km weit von Berlin weg wohnen. Merlin kennt es also schon. Aber jetzt fällt es ihm schwer, die beiden Welten in seinem Kopf zusammenzubringen. Er sagt erst kaum etwas und wirkt dann während des Gesprächs fast ein bisschen traurig. Schließlich kommt es doch noch zu einer Unterhaltung zwischen den beiden Kindern, und Merlin erzählt ein wenig über die Tiere in Neuseeland. Trotzdem glaube ich, dass es ihn ziemlich irritiert, über die Distanz zu kommunizieren und sich emotional auf seine Heimat einzulassen, die so weit weg ist. Fast genau auf der anderen Seite der Erde.

Nach dem Abendessen lernen wir eine deutsche Familie mit einem Mädchen und einem Jungen im ähnlichen Alter wie unsere Kinder kennen. Sie freunden sich sofort an und machen zu viert den Campingplatz unsicher. Interessant, wie schnell das geht und wie ausgehungert unsere Kinder nach anderen Kindern sein müssen. Und wie sehr Sprache verbindet. In Deutschland wäre das sicher nicht so schnell gegangen. Vor allem verwundert mich, wie rasch Freddi sich auf die fremden Kinder einlässt, wo er doch in dem Bereich bisher immer Anlaufschwierigkeiten hatte. Diesmal traut er sich sofort, mit ihnen zu sprechen und herumzualbern, und nach kurzer Zeit sieht es so aus, als würden sich die vier schon ewig kennen.

Und die Eltern haben endlich mal einen freien Abend. Das ist großartig und wir genießen die Ruhe, nutzen die Zeit aber auch, um ungestört die möglichen Reiseziele durchzugehen. Von der anderen Familie bekommen wir viele interessante Tipps für Neuseeland, Australien und Indonesien. Sie sind schon ein halbes Jahr unterwegs und haben noch ein halbes Jahr vor sich. Das Mädchen ist genauso alt wie Freddi und setzt einfach ein Jahr mit der Schule aus. Sie wird also nicht on the Road beschult, so wie Freddi. Dadurch kommt die Familie ganz anders voran und kann den Fokus mehr auf das Reisen setzen. Wir beneiden diese Tatsache ein bisschen, denn die Schule wird bei uns immer öfter zum Streitfaktor.

Unsere neuen Bekannten erzählen uns von einer befreundeten Familie, die auch gerade mit Schulkindern in der Welt unterwegs ist. Diese Familie musste ihren Wohnsitz in Baden-Württemberg abmelden, da die Schule einer längeren Reise überhaupt nicht aufgeschlossen gegenüberstand. Dank dieser Information sind wir doch wieder sehr froh über unsere Situation.

In Deutschland herrschen allgemein gesehen die strengsten Gesetze in Bezug auf eine Schulbefreiung. In vielen anderen europäischen Ländern ist es kein Problem, sein Kind vom Schulunterricht befreien zu lassen. Über Neuseeland hatte ich gelesen, dass es hier erlaubt – sogar fast erwünscht – ist, Kinder für eine längere Zeit aus der Schule zu nehmen, um sie während einer Reise selbst zu unterrichten. So lernen und erfahren sie etwas über das ‚richtige‘ Leben. Das funktioniert deshalb so gut, weil Neuseeland zu den Ländern mit den besten Bildungssystemen der Welt zählt.[1] Neuseeländische Schulen legen Wert auf eine ganzheitliche Bildung, die nicht nur akademische Fähigkeiten, sondern auch soziale, emotionale und kulturelle Aspekte berücksichtigt. Ich stimme voll damit überein, denn was ist in der heutigen Welt wichtig und was sollten Kinder lernen? Nur Faktenwissen sicher nicht. Für mich klingt es so, als könnte sich unser

---

1 Hasel, Verena Friederike: „Der tanzende Direktor", Kein & Aber, 2023.

Bildungssystem langfristig einiges vom Neuseeländischen abschauen.

Auf Anraten der anderen deutschen Familie recherchiert Flo nach dem Ticket für die Fähre auf die Südinsel. Geschockt stellen wir fest, dass für die nächsten drei Wochen alles ausgebucht ist. Eigentlich wollten wir schon übermorgen auf die Südinsel übersetzen. Mist, wir hätten die Fähre besser bereits vor einigen Wochen buchen sollen, am besten schon aus Deutschland. Aber das hätte unsere zeitliche Flexibilität stark eingeschränkt. Es ist, wie es ist, man kann jetzt nichts machen. Auch das lernen wir auf Reisen: Entspannt bleiben und dem Universum vertrauen. Irgendeine Lösung findet sich immer.

Der Rezeptionist des Campingplatzes recherchiert mit und führt sogar einige Telefonate für uns. Mich rührt seine Freundlichkeit und Hilfsbereitschaft sehr. Am Ende der Recherche findet er einen Platz für uns, jedoch leider erst in zwei Wochen, sodass wir nicht mehr viel Zeit zum Umherreisen auf der Südinsel haben. Der Abgabetermin des Campers ist fix und auch den Weiterflug nach Australien haben wir gestern gebucht. Doch glücklicherweise gibt es das Ticket auch in Form eines Flextickets, welches man umbuchen kann. Um einen früheren Platz auf der Fähre zu ergattern, müssen wir jeden Morgen um acht Uhr im Online-Buchungssystem nachschauen, ob kurzfristig ein Platz frei geworden ist. Wenn ja, müssen wir wahrscheinlich sofort startklar sein, denn dann kann es schon in wenigen Stunden losgehen.

Ein paar Gedanken zum Reisen

26. Januar 2023 in Neuseeland . 23 °C

Inzwischen sind wir schon etwas mehr als einen Monat unterwegs, Wahnsinn. Die Zeit vergeht schnell, aber dann auch wieder nicht. Ein paar Freunde, und auch wir selbst, haben uns schon gefragt, ob es sich noch wie Urlaub anfühlt oder schon wie Weltreise. Wir wussten es selber lange nicht. Ich habe die ganze Zeit gewartet auf dieses Hochgefühl, von wegen: „Wow, jetzt machen wir unseren Traum wahr, es fühlt sich jeden Tag einfach nur super an!", aber so ein dauerhaft euphorisches Gefühl wollte sich bis jetzt noch nicht einstellen. Es schleicht sich eher langsam an. In stillen Momenten bin ich unglaublich glücklich und dankbar darüber, dass wir das hier mit der Familie machen können und dass noch so viele Wochen vor uns liegen. Es ist ein großes Privileg, das wird mir jeden Tag aufs Neue bewusst.

Aber wie fühlt es sich an? Am ehesten fühlt es sich für mich wie ein sehr langer Roadtrip an. Es fühlt sich weit weg von zu Hause an. Durch die Zeitverschiebung fühle ich mich stark abgekoppelt von der Heimat. Wenn wir in Neuseeland wach sind, schlafen die Menschen in Deutschland. Wenn ich morgens nach dem Aufstehen mein Handy anschalte, kommen die Nachrichten und E-Mails des Tages (der Nacht) rein und mir wird bewusst, dass unsere Familienangehörigen und Freunde jetzt ins Bett gehen.

Die Kinder haben ab und zu schon Heimweh gehabt. Sie vermissen vor allem ihr Zimmer zu Hause und ihre Kuscheltiere. Ich vermisse mein Bett. Die Nächte im Camper finde ich nicht so erholsam. Ich schlafe inzwischen oben bei Freddi im Alkoven. Zu Beginn haben Flo und ich auf dem unteren Doppelbett geschlafen und die Kinder zusammen oben. Es gab jedoch jeden Abend Theater, weil die Kinder nicht zur Ruhe kamen, sich gegenseitig geärgert oder hochgepusht haben. Einer lag immer auf der Seite des anderen oder hatte seinen Fuß da, wo er nicht sein sollte. Seit wir die Kinder in getrennten Betten einschlafen lassen, funktioniert das Ganze wieder ein bisschen besser.

Einerseits genießen wir die viele freie Zeit zusammen mit den Kindern, wir albern herum und lachen viel zusammen. Das kam zu Hause im Alltag leider oft viel zu kurz. Aber um ehrlich zu sein, sind wir auch hier auf der Reise oft genervt und angespannt. Neben dem eigentlichen Reisen und Entdecken muss immer wieder etwas organisiert, recherchiert und für die nächsten Etappen vorgeplant werden. Daher hängen wir abends oft an unseren Handys oder am Laptop. Die Kinder mögen das natürlich nicht, da sind sie ganz sensibel. Eltern, die zwar körperlich anwesend sind, geistig aber nicht, die sind eigentlich gar nicht da. Recht haben sie. Sie streiten momentan viel, wollen von uns ungeteilte Aufmerksamkeit. Und irgendwie habe ich den Eindruck, dass sich alle noch nicht so hundertprozentig auf der Reise angekommen fühlen. Wir haben uns noch nicht daran gewöhnt, jetzt für längere Zeit zu viert unterwegs zu sein. Es gibt noch keine Routine, und vielleicht wird es die auch nie geben. Uns fehlt eine Alltagsstruktur. Gleichzeitig merken wir, dass es keinen Rückzugsort für jeden Einzelnen gibt. Auch abends haben wir Eltern keine Zeit für uns, denn meistens gehen wir mit den Kindern zusammen ins Bett, weil sie einfach so lange wach sind, und wir dann auch müde werden.

Oft bleiben wir nur ein oder zwei Nächte an einem Ort und ziehen dann weiter. Die Campingplätze reservieren wir schon am Tag vorher, um keine Überraschung zu erleben und abends nicht noch weitersuchen zu müssen. Wir nehmen uns vor, nicht mehr als drei Stunden zu fahren, um zum nächsten Ort zu gelangen. Dank Flos Excel-Liste klappt das auch ganz gut. Ich bin froh, dass er das noch zu Hause in Deutschland recherchiert hat, denn sonst müssten wir uns täglich auch noch um die kurzfristige Planung kümmern, und dann bliebe gar keine Zeit und Muße mehr für uns als Familie und für all die Entdeckungen unterwegs.

Unter der Woche ist Schooling angesagt, und oft fällt es Freddi schwer, von Spaß auf Ernst umzuschalten, sich hinzusetzen und sich zu konzentrieren, während sein Bruder draußen spielen darf. Meistens wird dann erst einmal diskutiert, bevor sich Freddi darauf einlässt. Mit dem Schooling verbringen wir unter der Woche täglich circa zwei Stunden, und im Moment machen wir es noch ganz gewissenhaft. Ursprünglich dachten wir, dass Freddi das während der Fahrt im Camper machen kann und wir die Zeit auf diese Weise gut nutzen können. Aber es ruckelt viel zu stark, Schreiben ist unmöglich. Also suchen wir neben den fast täglichen Fahrten immer nach einem guten Zeitfenster, sodass Freddi noch fit genug zum Lernen ist, und wir danach noch einen Ausflug machen können. Die Tage sind daher sehr vollgepackt. Aber wir sind ja auch so unglaublich weit gereist, um etwas vom Land zu sehen!

Wir haben vor einigen Tagen bereits weitere Flüge und Unterkünfte gebucht und bezahlt, denn nach unserem Aufenthalt hier in Neuseeland soll es ja ins benachbarte Australien weitergehen. Ich frage mich oft, ob es für das Klima ok ist, soviel zu fliegen, und bekomme dann ein schlechtes Gewissen, weil es so riesige Distanzen sind. Flo bucht die Flüge, wenn möglich, mit CO2-Ausgleich, aber natürlich ist das auch nur ein Tropfen auf den heißen Stein. Die Bedenken wollen nicht so schnell weichen.

Aber wenn wir nicht fliegen würden, bekämen wir einen großen Teil der Erde gar nicht zu sehen. Reisen bildet und Reisen verbindet. Wenn wir die Welt kennenlernen und sehen, wie die Dinge woanders laufen, können wir ein besseres Verständnis für andere Menschen, Kulturen, Lebensweisen aufbringen. Und wir überdenken unsere eigenen Gewohnheiten, sehen das eigene System in einem anderen Licht. Wir lernen zu schätzen, wie gut es uns geht. Und wir kommen aus der eigenen Komfortzone heraus, denn Reisen, so wie wir das machen, ist nicht gleichzusetzen mit Urlaub. Im Urlaub will man sich um nichts kümmern, man will sich entspannen und erholen, man will sich nicht mit Unbequemlichkeiten beschäftigen. Reisen ist jedoch etwas anderes, es ist anstrengend. Als Reisender muss ich immer wieder Energie aufbringen, um mich mit stets neuen Gegebenheiten in einer unbekannten Umgebung zurechtzufinden. In einer Sprache, die nicht meine ist. Noch ein Grund mehr, mein schlechtes Gewissen zu begraben.

... und auch wegen der hohen Ausgaben kein schlechtes Gewissen zu haben. Es ist natürlich sehr kostspielig, die vielen Flüge, Unterkünfte und Automieten zu bezahlen, und öfter als zu Hause Essen zu gehen. Und es schmerzt, wenn wir genauer über diese Summen nachdenken. Aber Flo und ich sagen uns immer wieder, dass wir doch genau dafür gearbeitet und gespart haben, und dass diese Reise jetzt der Ausgleich für die letzten anstrengenden Jahre ist. Jetzt nehmen wir uns Zeit füreinander und geben das Geld für etwas aus, das Flo und mich schon immer verbunden hat: Reisen und die Freiheit leben, neue Perspektiven einnehmen und über den Tellerrand schauen. Was kann schöner sein, als das mit den Kindern gemeinsam zu tun? Ihnen die Welt zu zeigen, Neues und Unbekanntes zu entdecken? Das Geld ist gut investiert.

Ohne Kinder hätten wir bestimmt einen strafferen Plan, wir würden mehr oder anderes in kürzerer Zeit sehen. Doch so wie früher geht es nicht mehr. Mit Kindern müssen wir mehr vorausplanen, können uns nicht so treiben lassen, wie es uns gefällt. Die Art zu Reisen – wie früher, nur zu zweit – ist in vielerlei Hinsicht eingeschränkt. Wir dürfen nicht zu schnell reisen, müssen dafür sorgen, dass auch die Kinder Spaß haben, sonst haben wir mehr Stress als Abenteuer. Zugegebenermaßen: Hier auf die Bremse zu treten, fällt Flo und mir schwer.

Nun ja. Das ist auch eine Erfahrung, die wir jetzt erst machen.

Entlang der Westküste

27. Januar 2023 in Neuseeland . 16 °C

Und weiter geht es, die Westküste entlang, immer weiter nach Süden in Richtung *Wellington*. Die Landschaft sieht hier schon wieder ganz anders aus, rauer, wilder und nochmal üppiger bewachsen. Lange schwarze Sandstrände, gefärbt von der Vulkanasche, ziehen sich an der Küste entlang. Wir wollen zum Strand in *Tongaporutu*, zu den bekannten Felsformationen *Three Sisters* und *Elephant Rock*. Im Vorfeld hatte Flo herausgefunden, dass es nur bei Ebbe möglich ist, zu den interessanten Gesteinsstrukturen zu gelangen.

Als wir ankommen, sind wir noch zu früh dran. Mindestens vier Stunden sollten wir noch warten, bis das Wasser niedrig genug steht. Eine gute Gelegenheit, nach dem Picknick noch ein paar Sporteinlagen zu machen. Das Sitzen im Camper ist nicht gerade hilfreich, wenn man von Zeit zu Zeit mit Rückenschmerzen zu kämpfen hat. Flo wollte sich auf eine so lange Reise gut vorbereiten und suchte sich ein halbes Jahr vor der Abreise einen Physiotherapeuten, der ihm verschiedene Übungen nach Maß beibrachte. Kleine Hilfsmittel wie ein Theraband und eine Mini-Faszienrolle gehören deshalb auch zu unserem Reisegepäck. Während Flo und ich unsere Übungen machen, erledigt Freddi ein paar Aufgaben für die Schule. Englisch ist noch offen, und das macht er glücklicherweise ganz gerne. Merlin sammelt währenddessen Stöcke, eine seiner Lieblingsbeschäftigungen.

Und dann macht sich Unruhe breit, wir haben keine Lust, noch zwei Stunden zu warten, bis die Ebbe da ist. Wir beschließen es jetzt zu wagen. Nur mit Badesachen bekleidet waten wir durch das knietiefe Wasser. Der Untergrund fühlt sich lehmig und glitschig an. Ich kann nicht sehen, worauf ich laufe, taste mich mit bloßen Füßen vorwärts und versuche, das Gleichgewicht zu halten. Wellen schlagen gegen die Felswände links von uns, während die Ebbe meine Beine nach rechts hinaus aufs Meer zieht. Wer weiß, wie stark die Strömung noch wird? Ich glaube, ich habe mehr Angst als die Kinder, versuche sie mir aber nicht anmerken zu lassen. Mein Herz schlägt schnell, die drei anderen sind mir schon weit voraus.

„Wartet, es ist so rutschig hier!", rufe ich über das Rauschen des Wassers hinweg.

„Immer vorsichtig laufen, dann passiert nichts. Wir schaffen das!", ruft Flo.

Seine stoische Ruhe gibt mir etwas Selbstsicherheit zurück. Das Wasser wird jetzt immer tiefer, ich muss aufpassen, weil ich den Rucksack mit den Snacks trage. Flo hat Merlin auf dem Arm, und Freddi scheint wie immer angstfrei zu sein, das bewundere ich sehr an ihm. Er geht einfach immer weiter, obwohl das Wasser ihm schon bis zur Hüfte reicht. Er scheint sogar Spaß an der Herausforderung zu haben. Also gehe ich auch immer weiter hinterher, in Richtung des unberührten schwarzen Sandstrandes, der vor uns liegt. Ich erkenne schon die *Three Sisters*, drei monumentale Felsen, die am Ufer stehen und vom Wasser umspült werden. Als ich sehe, dass meine Jungs den ersten Fuß auf trockenen Boden setzen, macht sich Erleichterung in mir breit. Ich schaffe es auch, und uns alle überkommt ein Gefühl von Zusammengehörigkeit als Familie.

„Das war endlich mal ein richtiges Abenteuer", freut sich Freddi und rennt übermütig über den weiten Sandstrand auf die drei felsigen Schwestern zu.

Wir genießen die Ruhe am Strand, machen Fotos von den malerischen Felsformationen, planschen im Wasser und spielen Fangen. Hätten wir die zwei Stunden noch abgewartet, wäre es hier bestimmt nicht so einsam gewesen. Ein paar Menschen folgen uns nach, aber insgesamt fühlt es sich an, als wären wir ganz alleine mitten in der Wildnis.

Am Abend fahren wir zu einem Campingplatz bei *New Plymouth*. Der ist ziemlich voll und eng, Camper und Zelte stehen dicht an dicht. Wir fühlen uns ein bisschen unwohl, weil die Nachbarn direkt in unsere Fenster schauen können. Da es hier in der Nähe eine Pizzeria gibt, möchten wir heute mal nicht selber kochen. Wir waren schon so lange nicht mehr in einem richtigen Restaurant, dass wir uns jetzt wieder sehr drauf freuen. Die Kinder ziehen sich ihre schicksten Hemden an und kämmen sich sogar die Haare.

Während wir zur Pizzeria laufen, erzählt mir Flo eine leider nicht so schöne Beobachtung, die er bei der Camper-Familie gegenüber gemacht hat. Ein Mädchen in Merlins Alter wollte nicht das essen, was auf dem Tisch stand und weigerte sich auch nach mehreren Aufforderungen standhaft. Daraufhin wurde seine Mutter wütend und trat das Mädchen so kräftig in den Po, dass es vorwärts fiel und mit dem Gesicht auf dem Boden aufschlug. Niemand aus der Familie half ihm daraufhin auf.

Ich bin schockiert. Allein davon zu hören, bereitet mir ein beklemmendes Gefühl, und an das Gehörte zu denken, lässt mich lange nicht los. Wenn man im

Bereich des Kinderschutzes tätig ist und die Feinzeichen kennt, kann man sehr schnell und unabhängig von der Sprache erfassen, ob ein Kind Hilfe braucht. Manche Situationen können richtiges Kopfkino auslösen. Was muss dieses Kind schon alles erlebt haben? Was hätte ich gemacht, wenn ich das beobachtet hätte? Dann fallen mir ein paar andere Beobachtungen zu dem Thema ein, denn vor einigen Tagen habe ich beim Einkaufen eine Szene mitangesehen, die mir ebenfalls viel Kopfzerbrechen bereitet hat. Eine Mutter war mit ihren beiden Töchtern im selben Supermarkt beim Einkaufen. Die größere Tochter schob mechanisch den Einkaufswagen vor sich her, mit starrem Blick und eingefrorenem Lächeln im Gesicht. Sie hatte beide Beine gebrochen, zumindest steckten beide Beine in einer Art Prothese. Das kleinere Mädchen war noch ein Baby. Es fing an zu quengeln, doch augenblicklich wurde es von seiner Mutter gepackt, geschüttelt und in aggressiv lautem Ton zurechtgewiesen. Auf der Stelle gab die Kleine keinen Laut mehr von sich und wirkte wie erstarrt. Ein Zeichen dafür, dass es bereits aufgegeben hatte, seine Bedürfnisse zu zeigen. Mich wehte eine große Hilfebedürftigkeit der beiden Kinder an. Ich fühlte mich schlecht, nichts tun zu können. Was hätte ich der Mutter sagen sollen? Schon in Deutschland wäre es schwierig gewesen, auf so eine Situation zu reagieren, weil ich die Hintergründe nicht kenne. Aber hier, als Touristin in einer Sprache, die ich nicht gut spreche, fühlte ich mich regelrecht machtlos dem gegenüber.

Heute auf der Fahrt ist mir am Straßenrand ein Schild aufgefallen mit der Aufforderung, häusliche Gewalt zu melden. Auf Toiletten hängen Hinweisschilder für Betroffene von häuslicher Gewalt, mit Telefonnummern von Einrichtungen, an die man sich wenden kann. Es drängt sich der Eindruck auf, als habe Neuseeland ein größeres Problem mit innerfamiliärer Gewalt. Vielleicht ist es aber so groß, wie in anderen Ländern auch, nur wird hier mehr darüber aufgeklärt?

Da mir das Thema nicht aus dem Kopf geht, google ich nach mehr Informationen. In der Tat hat Neuseeland im Vergleich zu anderen Industrieländern eine der höchsten Raten häuslicher Gewalt. Vor allem in Maori-Familien ist dies weit verbreitet, oft in Verbindung mit Drogen- oder Alkoholmissbrauch. 2019 versprach die Premierministerin Jacinda Ardern, sich für die Eindämmung von Missbrauch und Vernachlässigung von Kindern einzusetzen. Zum Beispiel existiert seit April 2020 ein bis dahin einzigartiges Gesetz zum verbesserten Schutz von Opfern häuslicher Gewalt. Arbeitgeber können Betroffenen helfen, indem sie bestimmte Maßnahmen ergreifen, wie z. B. die Verlegung des Arbeitsortes oder die Änderung der E-Mail-Adresse. Opfer häuslicher Gewalt bekommen außerdem zusätzliche zehn Tage bezahlten Urlaub. So bekommen sie die Möglichkeit, schnell den Partner zu verlassen, in Sicherheit zu gelangen und ein neues Zuhause zu finden.[2] Aus meiner Erfahrung in der Arbeit mit Familien in der Jugendhilfe weiß ich, dass Betroffene sich scheuen, mit jemand anderem über ihre Situation zu sprechen. Äußere Strukturen sind wichtig, doch es braucht noch mehr, um sich aus gewaltbehafteten Abhängigkeiten befreien zu können. Trotzdem freue ich mich zu lesen, dass hier in Neuseeland sogar auf nationaler Ebene etwas getan wird, um das Stigma zu überwinden, mit dem viele Betroffene zu kämpfen haben. Es wäre schön, wenn sich Deutschland daran ein Beispiel nehmen würde. Zumindest könnten solche staatlichen Regelungen Betroffenen helfen, den ersten Schritt zu gehen, um ihre Situation und vor allem die Situation ihrer Kinder (nachhaltig) zu verbessern.

In der Gegend um *Whanganui* verbringen wir die nächsten Tage. Es regnet plötzlich in Strömen, und so beschließen wir, uns mit einem Uber in die kleine Stadt bringen zu lassen. Es wäre zu umständlich, mit dem Riesenschiff in die Stadt zu fahren und einen Parkplatz zu suchen.

Nach reiflicher Überlegung machen wir eine wichtige Besorgung. Wir kaufen einen zusätzlichen Koffer. Jetzt im Camper spielt es noch nicht so eine Rolle, weil wir alle Utensilien irgendwo untergebracht haben und nicht ständig ein- und auspacken müssen. Aber auf der weiteren Reise werden wir ständig packen müssen, und ich weiß jetzt schon, dass der Platz nicht ausreichen wird. Es kommen immer mal wieder ein paar neue Dinge dazu. Letztens haben wir wärmere Pullover kaufen müssen, da es hier im Sommer doch kälter ist als angenommen. Außerdem gibt es im Camper nur zwei riesige Bettdecken, nämlich Doppelbettdecken für zwei Personen. Das funktioniert bei uns aber nicht, hier braucht jeder seine eigene Decke. Also haben wir vor Kurzem für die Kinder noch zwei zusätzliche kuschelige Fleecedecken gekauft. Und da die Decken nun Teil des Familienhausstands geworden sind, wollen die Kinder sie auf keinen Fall irgendwo zurücklassen, nur weil es am nächsten Reiseziel vielleicht viel wärmer ist und sie dort höchstwahrscheinlich nicht mehr gebraucht werden.

---

2 https://www.justice.govt.nz/family/family-violence/

Wellington

Einen Tag später hängen immer noch graue Wolken am Himmel und lassen es zeitweise kräftig schütten. Wir stehen jetzt kurz vor *Wellington* auf einem Parkplatz mit Strom, Toiletten und sogar Internet. Was will man mehr?! Wir hatten kurz überlegt, nach *Wellington* hinein zu fahren und uns dort umzuschauen. Aber nö, wir haben keine Lust auf eine Sightseeingtour bei Sauwetter, dann lieber im gemütlichen Camper bleiben und dem gleichmäßigen Prasseln auf das Autodach zuhören. Trotzdem kommt es mir fast wie vertane Zeit vor, heute gar nichts mehr zu machen. Den ganzen Tag auf dem öden Parkplatz rumhängen, obwohl wir hier ganz nah an Neuseelands Hauptstadt sind? Morgen können wir vielleicht auf die Südinsel übersetzen, und dann haben wir *Wellington* gar nicht gesehen. Und was kann man den ganzen Tag in diesem beengten Camper machen?

Diese Gedanken mache ich mir umsonst. Die Kinder raufen mit Papa auf dem hinteren Doppelbett, bis der Camper ordentlich schaukelt. Wir spielen UNO und Dobble Kids, und zwischendurch trinken wir Bier und Tee. Eine Runde Netflix beschert uns Eltern ein wenig Ruhe, denn dank des kostenlosen Internets flimmert die begehrte Zeichentrickserie mit den »Oktonauten« über den Bildschirm des Laptops, während die Jungs bäuchlings auf dem Bett davorliegen und gucken. Ich glaube, im Nachhinein ist es für unsere emotionale Verfassung sogar ganz gut, mal gezwungen zu sein, keinen Ausflug mehr zu machen. Die Batterien mussten schon länger mal wieder aufgeladen werden, und wahrscheinlich hätten wir uns so einen Abhäng-Tag ohne das schlechte Wetter gar nicht selbst erlaubt.

Außerdem können wir die Zeit prima für die Schule nutzen. Ein bisschen schwierig nur, dass es keine Möglichkeit gibt, mit Merlin nach draußen zu gehen, damit Freddi Ruhe für das Schooling hat. Dazu ist der strömende Regen einfach zu unangenehm. Aber ich hatte vor der Abreise noch schnell ein paar Übungshefte in den Koffer geworfen, die wir damals noch aus Freddis Vorschulzeit übrig hatten. Darin bearbeitet Merlin seit ein paar Tagen die Übungen zum Nachzeichnen der Buchstaben und Zahlen. Er möchte nämlich auch Schule machen, genauso wie der große Bruder. Und für Freddi scheint das gut zu funktionieren, denn seitdem

Merlin auch dabeisitzt und lernt, fällt es ihm selbst nicht mehr so schwer, mit den Aufgaben anzufangen. Die Blockade hat sich ein wenig gelöst. So sitzen die beiden nun gemeinsam an dem kleinen Tisch und schreiben konzentriert in ihre Hefte. In dieser Woche hält sich die Fülle an Aufgaben in Grenzen, denn die Winterferien stehen vor der Tür und das erste Schulhalbjahr ist damit zu Ende.

Währenddessen guckt Flo wie jeden Tag im Onlinebuchungssystem nach freigewordenen Tickets, aber die Seite lädt gar nicht mehr. Das Online-Portal ist zusammengebrochen und telefonisch ist niemand erreichbar. Von anderen Gästen des Campingplatzes erfahren wir, dass eine Fähre ausgefallen ist und jetzt alle Passagiere umgebucht werden müssen. Weiter im Norden, wo wir gerade herkommen, soll gerade ein heftiges Sturmtief wüten, mit starken Regengüssen und Überschwemmungen und gesperrten Straßen. Zum Glück scheinen wir dem Unwetter ein paar Tage voraus zu sein.

Am Nachmittag fahren wir zum Fährterminal und fragen direkt vor Ort, ob es noch ein zeitnahes Fährenticket für uns gibt. Die Angestellten sind überaus freundlich, trotz der herausfordernden Situation wegen der ausgefallenen Fähre. Es gäbe noch Tickets für die Überfahrt, gleich heute Nacht. Das ist schon mal super, denke ich. Allerdings hatte ich gehofft, dass es entweder morgens oder am Nachmittag einen Platz für uns gibt. Beim »Reisen-Reisen«-Podcast haben Jochen und Michael so euphorisch von der Überfahrt zur Südinsel geschwärmt, dass wir jetzt voller Vorfreude sind. Die Fahrt durch die Meeresstraße zwischen den beiden Inseln soll spektakuläre Ausblicke auf die umliegende Landschaft bieten, vor allem auf die *Marlborough Sounds*. Aber in der Nacht sieht man davon natürlich nichts.

Und wieder fallen uns die Anteilnahme und die Hilfsbereitschaft der Menschen hier auf, denn die Dame am Schalter bemerkt, dass wir mit zwei kleinen Kindern unterwegs sind. Sie spricht mit einem anderen Mitarbeiter und guckt dann nochmal in ihrem Computer nach. Kurz darauf bietet sie uns nun doch ein Ticket für tagsüber an. Übermorgen Nachmittag geht es los. Das Universum hat unseren Wunsch erhört, wie großartig!

Also schauen wir uns noch in aller Ruhe *Wellington* an und besichtigen das *New Zealand Museum Te Papa*. Unsere Kinder rennen normalerweise schnell durch Museen hindurch, aber in diesem hier finden sie die Ausstellungen über Neuseelands Geschichte, Natur und Kunst so interessant, dass sie sich länger als erwartet in den einzelnen Abteilungen aufhalten. Vor allem die endemische

Tierwelt hat es ihnen angetan. Und am Ende gehen die Besucher nicht einfach wieder aus dem Museum hinaus, wenn sie alles gesehen haben. Nein – der unausweichliche Giftshop wartet natürlich noch auf uns, inklusive der Kuscheltiere der Marke »Sounds of New Zealand«, die es scheinbar überall hier im Land zu kaufen gibt. Und natürlich spekulieren die Kinder darauf, sich noch eines der Tiere aussuchen zu dürfen, denn die gibt es ja nur hier in Neuseeland. Ich gebe zu, ich finde sie selber toll und kann ihre Begeisterung gut verstehen. Merlin hat sich sofort in den Neuseelandfalken verliebt. Mit Piepsestimme raunt er ihm in sein nicht vorhandenes Ohr, dass er ihn mit seinem »Wellington Green Gecko« bekannt machen wird, der im Camper auf ihn wartet. Währenddessen schaut Freddi fieberhaft nach einem Kiwivogel, aber zu seinem Leidwesen gibt es hier keinen einzigen. Also mag er erstmal kein Tier haben, denn irgendwo wird ja noch ein Kiwi aufzutreiben sein.

Die Atmosphäre in der Innenstadt erinnert uns ein bisschen an Berlin. Ein quirliger Mix aus Touristen, Einheimischen und Studenten bevölkert die Straßen. Die Menschen laufen in auffälligen Klamotten umher und tragen unkonventionelle Frisuren. Überquellende Mülleimer und beschmierte Hauswände zeugen von einem lebendigen, wenn auch etwas verwahrlosten Stadtbild.

In der Cuba Street, einer Einkaufsstraße mit Geschäften, Cafés und Restaurants suchen wir nach einem weiteren Giftshop, der Tiere von »Sounds of New Zealand« verkauft. Wir finden einige Läden, aber keiner davon hat einen Kiwi im Angebot. Dann folgt eine Fahrt mit dem Cablecar, ein Besuch im Botanischen Garten und Kaffeetrinken am Hafen. Die Beine werden uns schon schwer und Merlin hat schlechte Laune, weil er langsam nicht mehr kann.

Freddis Klassenlehrer hat uns per WhatsApp sein Halbjahres-Zeugnis geschickt. In Berlin hat sich die Familientradition entwickelt, dass wir am Abend des Zeugnistags in ein Restaurant zum Essen gehen, um das gebührend zu feiern. Natürlich darf Freddi das Restaurant aussuchen, und meistens möchte er zum Italiener gehen. So auch diesmal. Also suchen wir – Google Maps sei Dank – einen möglichst authentischen Italiener in *Wellington*s Innenstadt heraus. Alle freuen wir uns auf einen entspannten Abend mit leckerem Essen. Wir sind ziemlich erschöpft von der heutigen Stadtbesichtigung, und Merlin schleppt sich mit letzter Kraft hinter uns her zu der kleinen Seitenstraße, wo das Restaurant sein soll. In *Kuala Lumpur* hatten wir ja Pech, da gab es den Italiener leider nicht mehr, den uns Google ausfindig gemacht hatte. Aber hier in *Wellington* haben wir Glück. Und er hat offen! Kaum sind wir drin, fragt uns die Bedienung, ob wir reserviert hätten. Haben wir leider nicht und müssen prompt wieder gehen, da scheinbar alles ausgebucht ist. Wie ärgerlich.

Wir sind noch nicht wieder ganz aus der Tür heraus, als Merlin von einem ausgewachsenen Wutanfall übermannt wird. Er beginnt laut zu schreien. Ich fühle mich stark an die Zeit vor unserer Abreise erinnert, als es Merlin nicht gut ging und wir Erwachsenen es nicht schafften, ihn aus einem Schreianfall wieder herauszuholen. Da Merlin gar nicht mehr aufhört, stimmt nun auch Freddi in das Geschrei mit ein und tritt demonstrativ mit dem Fuß gegen eine Parkbank am Straßenrand. Mir wird heiß und kalt gleichzeitig, aber ich verstehe schon, was los ist. Wenn unsere Kinder richtig Hunger haben, können sie ihre Emotionen nicht mehr kontrollieren. Man nennt es auch „hangry" sein, eine Kombination der Wörter „hungry" (hungrig) und „angry" (wütend). Außerdem sind sie müde und erschöpft und hatten sich so sehr auf eine richtige italienische Pizza gefreut. Deeskalation ist jetzt dringend angesagt, denn Flo und mir ist die ganze Situation mehr als unangenehm. So unangenehm, dass ich nicht mal schaue, ob es hier Leute gibt, die schon zu uns rüber gucken. Außerdem müssen wir uns selbst stark unter Kontrolle halten, um nicht auch laut zu werden. Wichtig ist jetzt, dass wir uns alle beruhigen und überlegen, wo wir schnell etwas zu essen herbekommen. Nach einer schier endlosen Viertelstunde, viel Zureden und Zusammenreißen werden unsere Köpfe langsam wieder klarer. Schließlich landen wir am anderen Ende der Straße bei »Sal's Pizza«, einem Imbiss, den wir schon aus *Auckland* kennen und der nur Pizza anbietet. Vielleicht hätten wir gleich hierher kommen sollen.

Eines werden wir uns ab jetzt hinter die Ohren schreiben: Nie wieder mit hungrigen Kindern auf der Suche nach einem Restaurant durch die Stadt laufen! Oder vorher reservieren.

Ankunft auf der Südinsel

01. Februar 2023 in Neuseeland . 19 °C

Die Überfahrt auf die Südinsel dauert normalerweise drei Stunden, aber im Nachhinein kann ich die Zeit gar nicht richtig einschätzen, weil leider nicht alles so läuft, wie wir es uns erhofft hatten.

Nachdem Flo sehr souverän unseren großen Camper auf die Ladefläche der Fähre manövriert hat, bahnen wir uns den Weg durch die Menschenmassen in die oberen Decks des Schiffes. In der Lounge ergattern wir den letzten freien Tisch für vier Personen und bestellen Kaffee und Apfelsaftschorle. Aus den Lautsprechern ertönt die Durchsage, dass alle Kinder an Board an einem Ausmalwettbewerb teilnehmen können. Der oder die Beste in jeder Altersklasse (unter 7 und über 7 Jahre) würde dann auch etwas gewinnen. Man solle in den Giftshop auf Deck 3 kommen und könne sich Stifte und Ausmalvorlagen abholen. Was für eine tolle Idee, finde ich. Flo holt mit den Kindern zusammen die Materialien ab, und Freddi und Merlin fangen sofort an. Freddi malt aus, Merlin malt mit meiner Hilfe auf der Rückseite etwas anderes, nämlich den Tui, einen neuseeländischen Vogel. Eine halbe Stunde nach Abgabe der Bilder kommt die Durchsage, natürlich auf Englisch:

„Frederick Ruess from Berlin won today's competition. He can choose a gift from the gift shop."

Freddis Augen glänzen als er die Durchsage versteht, und vor Begeisterung klatscht er laut in die Hände. Er freut sich riesig.

„Mama, ich hab' gewonnen, ich hab' gewonnen!"

Aber Merlin ist am Boden zerstört, denn sein Name wurde nicht erwähnt.

„Wieso hat Freddi gewonnen und ich nicht?" Merlins Stimme klingt schon ganz schrill, und ich befürchte Schlimmes.

Wir eilen zum Giftshop, von dem sich Freddi etwas aussuchen darf. Noch ist Merlin relativ ruhig, aber ich sehe schon die Härte in seinem Gesicht, er wird sich bald nicht mehr kontrollieren können. Flo fragt den netten Mann vom Giftshop, ob er auch das Bild mit dem neuseeländischen Vogel gesehen hätte. Dieser schaut Merlin an und versteht die Situation sofort. Er gibt uns einen weiteren Gutschein, damit Merlin sich auch etwas aussuchen kann. Ich umarme den Mann innerlich, so eine bemerkenswerte Freundlichkeit! Aber sein Entgegenkommen hilft leider nicht mehr, Merlin ist schon außer sich vor Wut und Enttäuschung. Er fängt laut an zu schreien – und natürlich ziehen wir nun jede Menge Blicke auf uns. Als ich Merlin in den Arm nehmen möchte, rennt er schreiend vor mir weg. Mir ist die Situation sehr unangenehm, vor allem gegenüber dem netten Mann aus dem Giftshop. Flo geht es genauso. Hilflos blicken wir auf unser kreischendes, um sich tretendes und völlig verzweifeltes Kind, bevor wir die Kraft und Geduld aufbringen, Merlin emotional wieder einzufangen. Es dauert eine gefühlte Ewigkeit, bis Merlin sich wieder beruhigt hat. In wenigen Minuten wird die Fähre schon in den Hafen von *Picton* auf der Südinsel einlaufen. Die beeindruckenden Ausblicke auf die spektakulären *Marlborough Sounds* haben wir somit wohl leider verpasst. Vergessen werden wir diese Überfahrt jedoch trotzdem nicht.

Unsere erste Nacht auf der Südinsel verbringen wir auf einem kleinen Naturcampingplatz in der Nähe von *Picton*. Die Stimmung hat sich inzwischen wieder deutlich gebessert. Flo und ich können auf bequemen Sofas am Campingplatz sogar in Ruhe ein »Tui« – ein neuseeländisches Bier – trinken, während die Kinder noch schnell in den Pool springen, bevor die rotgoldene Sonne hinter den Hügeln verschwindet.

Als wir am nächsten Tag durch den Ort spazieren, kommt uns *Picton* klein, aber fein und vor allem sehr touristisch vor. Gäste aus vielen unterschiedlichen Ländern schlendern die Einkaufsstraße mit den unzähligen Souvenirläden entlang. Flo und ich sind überhaupt nicht erfreut über die vielen Shops, denn die Kinder sind gar nicht mehr aus ihnen herauszukriegen. Jedes Mal müssen wir ihnen aufs Neue klarmachen, dass wir jetzt nichts kaufen werden. Allerdings darf Freddi sich ja noch ein Kuscheltier von den »Sounds of New Zealand« aussuchen. Ok, aber Merlin hatte seines ja schon. Mit seinen vier Jahren versteht er das noch nicht, und die Familienstimmung beginnt schon wieder zu kippen. Irgendwie müssen wir schnell aus diesem touristischen Dorf rauskommen. Nur möchte Freddi jetzt oder nie seinen Kiwi finden. Er argumentiert, dass es auf der Südinsel so bald keine größeren Orte mehr geben wird, um Kuscheltiere zu shoppen. Ich denke, da hat er recht. Also gut, wenn wir jetzt nicht für längere Zeit einen schlechtgelaunten Freddi dabeihaben wollen, werden wir wohl in den sauren Apfel beißen müssen.

In beinahe jedem Geschäft fragen wir nach, ob sie einen Kiwivogel auf Lager haben, aber alle Kiwis sind ausverkauft. Die anderen Tiere wären noch reichlich vorhanden. Freddis Stimmung verdüstert sich, aber auch Flo und ich werden langsam mürrisch. Zum Glück für die ganze Familie findet er in einem der letzten Läden ein Kiwi-Kuscheltier, das er sofort in sein Herz schließt. Ich bin erleichtert. Jetzt kann die Fahrt endlich weitergehen. Aber Merlin ist sauer und will auch etwas haben. Puuuh! Kindererziehung ist echt nicht leicht. Wir bleiben hart (armer Merlin) und lassen ihn wüten. Schnell ab in den Camper und losgefahren ... mit der Zeit wird er sich schon beruhigen.

Der grobe Plan sieht vor, dass wir von *Picton* aus zum *Abel Tasman National Park* fahren und danach die Westküste entlang nach Süden bis zum *Milford Sound*, ein Highlight, auf das Flo und ich uns schon lange freuen. Später soll es an der Ostküste entlang wieder nach Norden bis zur Stadt *Christchurch* gehen, wo wir in drei Wochen den Camper wieder abgeben müssen.

Unsere Wetter-App verrät uns, dass es im *Abel Tasman National Park* die nächsten Tage regnen soll. Das ist sehr schade, denn hier befindet sich der einzige Campingplatz, den wir von Deutschland aus schon vorreserviert hatten. Da wir mit dem Camper ja flexibel sind, versuchen wir, die Reservierung um eine Nacht nach hinten zu verschieben. Und wir haben Glück, es klappt. Auf der anderen Seite der Insel soll das Wetter freundlicher sein und so machen wir einen Abstecher an die Ostküste nach *Kekerengu*, einem kleinen Ort am Meer in der *Marlborough*-Region.

Während der Fahrt staunen wir über die unglaubliche Schönheit der Natur. Hier auf der Südinsel beeindrucken uns die Landschaften noch mehr, als auf der Nordinsel. Das Gebiet wirkt noch dünner besiedelt, rauer und naturbelassener. Felsige Steilküsten prägen das Landschaftsbild, immer wieder unterbrochen von pechschwarzen Sandbuchten. Hinter ihnen ragen sattgrüne bewaldete Berge in die Höhe. Interessanterweise leuchtet das Meer trotz des schwarzen Sandes so blau wie in der Karibik. Nirgendwo sind Menschen zu sehen, nur Natur, Natur, Natur. Zum Baden ist der Ozean leider zu rau, die Wellen zu gewaltig. Aber am Strand gibt es für die Kinder jede Menge interessante Dinge zu tun. Zum Beispiel wurden einige Tipis aus dem massenhaft angeschwemmten Treibholz gebaut, und die Kinder haben jetzt Spaß daran, sie zu erweitern oder umzubauen.

Auf dem steinernen Teil des Strandes liegen vom Meer angeschwemmte Portugiesische Galeeren, eine giftige Quallen-Art, die aussieht wie kleine blaue

Plastiktüten. Von unserem Sohn »Dr. Merlin« erfahren wir, dass es streng genommen keine Quallen sind, sondern Seeblasen. Im Moment guckt er auf seinem Handy oft Naturdokumentationen über Australiens giftigste Tiere und kann sich alle Details merken. Damit er die Videos auch während einer langen Fahrt anschauen kann, lade ich sie ihm aufs Handy herunter, wenn zufällig gerade irgendwo unbegrenztes Internet verfügbar ist.

Auf dem Weg zurück in Richtung *Abel Tasman National Park* fällt uns erneut die einzigartige Landschaft auf. Manchmal sind die Hügel mit Urwald bedeckt und wirken wie vor tausend Jahren. Aber schon nach der nächsten Kurve ist der Einfluss des Menschen deutlich zu erkennen. In den Tälern (nicht auf den Hügeln wie bei uns in Europa) wachsen Weinreben auf weitläufigen Flächen. Der gute neuseeländische »Sauvignon Blanc« kommt von hier. Wieder nach der nächsten Kurve blicken wir auf Anhöhen, die komplett mit Nadelwald bedeckt sind oder gerade abgeholzt wurden. Häufig sieht man riesige Lastwagen mit frischen Holzstämmen auf der Ladefläche, die sich über einsame Landstraßen quälen. Und am Straßenrand bemerken wir immer wieder „Roadkill" – überfahrene Tiere. Oft sind es Possums oder Kaninchen, manchmal auch Greifvögel. In Neuseeland gibt es keine großen Raubtiere wie Füchse oder Wölfe, die die Populationen von kleineren Säugetieren kontrollieren könnten. Daher vermehren sich Possums und Kaninchen stark.

Im Museum in *Wellington* lernten wir, wie intensiv vom Menschen in die Natur eingegriffen wird, um die Einzigartigkeit der endemischen Pflanzen- und Tierwelt zu bewahren. Bis zur Ankunft der Briten gab es keine Landsäugetiere in Neuseeland, das einzige Säugetier war die Fledermaus. Die britischen Einwanderer schleppten auf ihren Schiffen Ratten, Frettchen und Possums ein, welche sich daraufhin stark vermehrten und zu einer erheblichen Bedrohung für die einheimischen Vögel wurden. Heute werden täglich 68.000 Vögel in ganz Neuseeland durch diese Raubtiere getötet. Um diesem Problem zu begegnen, führte die Regierung umfassende Programme zur „Predator Control" (Raubtierbekämpfung) ein. Dazu gehört zum Beispiel das Aufstellen von Fallen, das Auslegen von Giftködern oder das Einführen von Krankheiten, die spezifisch auf bestimmte Raubtierarten abzielen. Auch die Pflanzenwelt soll durch ähnliche Maßnahmen geschützt werden. Auf der Fahrt fallen uns immer wieder großflächige Bereiche auf, in denen vereinzelt abgestorbene Bäume aus gesunden

Wäldern herausragen. Das sind Kiefern, die damals für den Holzhandel eingeführt wurden und sich seither stark verbreiten. Sie werden mit Absicht vergiftet, da sie die endemischen Pflanzenarten nach und nach verdrängen würden.

Im Vorfeld der Reise hatte ich ein bisschen Sorge, dass es in der wilden neuseeländischen Natur nur so wimmeln würde von Mücken, Spinnen und anderen Insekten. Ich bin überrascht, dass das überhaupt nicht der Fall ist. Wir lernen, dass im Zuge der Kolonialisierung die europäische Honigbiene in das Land eingeführt wurde. Mit ihr kamen auch eingeschleppte Wespen in das Land. Diese gab es hier ursprünglich auch nicht. Die Wespen etablierten sich schnell und haben mittlerweile ökologische Auswirkungen auf einheimische Insekten, mit denen sie um Nahrung und Lebensraum konkurrieren. Es gibt Programme zur Bekämpfung der Wespen, zum Beispiel durch den Einsatz von Ködern und Fallen. Die Neuseeländer nennen das „Wasp-Wipeout". Während Wespen also in Deutschland unter Naturschutz stehen und nicht getötet werden dürfen, ist es hier erwünscht, sie auszurotten.

Dass der Schutz einheimischer Arten in Neuseeland oberste Priorität hat, wird schon bei der Ankunft am Flughafen deutlich. Hier wird stark darauf geachtet, dass keine fremden Organismen ins Land hineingebracht werden. Alle Reisenden müssen eine Zolldeklaration ausfüllen und mitgeführte Waren wie zum Beispiel Lebensmittel, Pflanzen oder tierische Produkte in einer Tabelle ankreuzen. Gegenstände, die intensiv mit Erde oder Meerwasser in Berührung gekommen sind, müssen ebenfalls angegeben werden. An der Zollkontrolle werden Hunde eingesetzt, die darauf trainiert wurden, bestimmte Gerüche von Pflanzen, Früchten, Fleisch oder anderen unerwünschten Substanzen zu erkennen. Nach dem Zufallsprinzip werden Reisende ausgewählt, deren Gepäck genauer unter die Lupe genommen wird – wie zum Beispiel unseres. Zum Glück hat niemand in unserer Familie Angst vor Hunden, denn der Biosecurity-Hund kam (trotz Leine) ziemlich schnell auf uns zugerannt und beschnüffelte uns ausgiebig. Hätte er auf etwas reagiert, wären unsere Koffer einer detaillierteren Inspektion unterzogen worden. Wir wurden aufgefordert, unsere Schuhe anzuheben und die Sohlen zu zeigen. Außerdem hätten uns unsere Taucherbrillen zum Verhängnis werden können, da sie im ostasiatischen Wasser eventuell mit schädlichen Organismen in Berührung gekommen waren. Der Zollbeamte fragte uns tatsächlich, ob wir sie ordentlich mit Frischwasser ausgewaschen haben. Hatten wir natürlich.

Abel Tasman National Park

4. Februar in Neuseeland . 27 °C

Nachdem wir in den letzten Wochen ununterbrochen auf Achse waren, freuen wir uns nun auf die kommenden fünf Tage im *Abel Tasman National Park* – eine Pause vom ständigen Unterwegssein, die ein wenig Erholung verspricht. Die Entscheidung, schon von Deutschland aus einen Platz zu reservieren, war genau richtig, denn als wir an unserem Campground »The Barn« ankommen, ist alles proppenvoll. Das liegt vor allem daran, dass es einer von nur zwei Campingplätzen ist, die im *Abel Tasman National Park* mit einem Fahrzeug zu erreichen sind. Der Nationalpark liegt direkt am Meer und besteht aus einer Mischung aus dichtem Urwald, Fjorden und kleinen sandigen Buchten. Es gibt zwar noch weitere Unterkünfte und Zeltplätze, aber da die Autostraßen irgendwann aufhören, gelangt man dorthin nur per Boot oder zu Fuß. Auf dem *Abel Tasman Coastal Track* lässt sich die gesamte Küste des Nationalparks in fünf Tagen durchwandern. Natürlich nur, wenn man keine kleinen Kinder dabei hat, denn der Weg ist sehr anspruchsvoll.

Wer nicht ganz so abenteuerlustig ist, kann sich mit einem Wassertaxi zu den Buchten bringen und wieder abholen lassen. Das ist zwar teuer, aber alternativlos, wenn man in die unberührte Natur vordringen will. Wir wagen unsere erste lange Wanderung, und ich bin mir ehrlich gesagt nicht ganz sicher, ob wir die Strecke schaffen werden. Flo hingegen macht sich keine Sorgen.

Das Wassertaxi bringt uns zur *Torrent Bay*. Wunderschön sieht es hier aus, das Meer schimmert türkisblau, wie in der Südsee. Und der Strand ist nicht mehr schwarz, sondern hat eine gleißend goldgelbe Farbe. Von hier aus beginnt die Wanderung auf einem Teilstück des *Abel Tasman Coastal Tracks*. Sie führt durch dichten Dschungel entlang der Küste. Heute ist es unglaublich heiß, es fühlt sich an wie 30 °C. Der Weg ist noch weit, zwölf Kilometer haben wir uns vorgenommen. Und das Wichtigste: Wir müssen auf die Zeit achten, denn das Boot holt uns an einer anderen Bucht wieder ab, bei der wir in sechs Stunden rechtzeitig eintreffen müssen. Die Kinder sind voller Energie und freuen sich über die Urwaldatmosphäre mit den Farnen und anderen endemischen Pflanzen, die sie noch nie zuvor gesehen haben. Wir sind fast alleine hier in der Wildnis. Hin und wieder machen wir Pause, trinken etwas, essen einen Snack und blicken auf die Küstenlandschaft, die Strände und das türkisfarbene Wasser. Es ist einfach herrlich, trotz des latenten Zeitdrucks. Dann kommt der Abzweig zu den *Cleopatra Pools*, und wir überlegen, ob wir den Hin- und Rückweg zeitlich schaffen können, ein Umweg von ungefähr einer Stunde.

„Klar doch, wir sind nur einmal hier, wir wagen es!", ermutigt Flo unsere Jungs.

Von den *Cleopatra Pools* hatten Jochen und Michael von »Reisen Reisen« auch erzählt. Dieses Mal lassen wir uns das nicht entgehen, denke ich. Und hoffentlich macht Merlin mit. Bisher klagt noch niemand über müde Beine, und nach zwanzig Minuten kommen wir unversehrt an den natürlichen Wasserbecken an. Der Fluss hat sie geformt und gefüllt, aber hier sind sie nicht heiß, sondern kalt, weil das Wasser aus den Bergen kommt. Einladend liegen sie da, glasklar und friedlich vor sich hin gurgelnd, mitten im Wald. Ein paar Wekas – neuseeländische Laufvögel – picken irgendetwas aus dem Boden. Und ansonsten ist nur noch ein anderes Touristenpaar hier, macht sich aber gerade zum Gehen fertig.

Um zu den Pools zu gelangen, müssen wir in Badebekleidung über den schnell fließenden Fluss und die glitschigen Felsen klettern. Eigentlich habe ich auf die Kletterei keine große Lust, aber die Kinder wollen trotz der Gefahr des Abrutschens unbedingt in den Pools baden.

„Mama, wo muss ich jetzt hintreten? Hilf mir mal."

Gut dass sie mich dazu drängen, denn als wir die Kletterpartie gemeinsam unbeschadet überstanden haben, kommt mir das anschließende Bad in dem klaren Bergwasser großartig vor, frisch und eiskalt. Es tut richtig gut. Als wir nach dem Bad zu unseren abgestellten Rucksäcken zurückkehren, bemerkt Flo gerade noch, wie ein kecker Weka die Flucht ergreift. Offensichtlich hat er sich an unseren Sachen zu schaffen gemacht, denn später stellen wir amüsiert fest, dass er die ganze Packung Reiswaffeln erbeutet hat, die als Snack für die Kinder gedacht war.

Schnell müssen wir weiter, denn die Zeit drängt, in zwei Stunden sollen wir an der anderen Bucht sein, und wir wissen gar nicht, wie weit es eigentlich noch ist. Merlin und Freddi haben Mühe mit der anstrengenden Wanderung, die Beine tun ihnen inzwischen richtig weh. Außerdem hat ständig jemand Hunger oder Durst.

„Wenn wir nicht rechtzeitig am anderen Strand sind, müssen wir im Dschungel übernachten", ruft Flo, während wir weiter voran hetzen.

Das will natürlich keiner von uns. Streckenweise müssen wir barfuß durch einen breiten Fluss waten und uns zwischen glitschigen Steinen einen Weg suchen. Dann geht es weiter auf einem schmalen Trampelpfad durch den Wald.

„Los Kinders, wir schaffen das!", motiviere ich die Kinder, selbst schon völlig außer Atem.

Ich weiß nicht, wie wir uns das eigentlich vorgestellt hatten ... vielleicht muss man manchmal auch ein bisschen naiv sein, um etwas zu erleben.

Am Ende trägt Flo Merlin auf seinen Schultern, und ich rede auf Freddi ein, dass er weiterlaufen soll, auch wenn er Seitenstechen hat. Gemeinsam meistern wir die Herausforderung und kommen schwitzend und stöhnend an der *Anchorage Bay* an. Wir hätten keine fünf Minuten später eintreffen dürfen, das Boot liegt schon abfahrtbereit am Ufer. Aber so wie ich die Neuseeländer jetzt kennengelernt habe, hätten sie bestimmt auf uns gewartet.

Am Abend sind wir alle müde und erschöpft. Zum Glück gibt es in der Nähe unseres Campingplatzes eine Pizzeria, und zum noch größeren Glück habe ich da schon am Morgen reserviert, denn es ist alles voll. Wir haben ja aus der Erfahrung in *Wellington* gelernt. Denn auch wenn wir auf unserer Wanderung so gut wie niemanden getroffen haben, so merken wir hier auf dem Campingplatz sehr deutlich, dass der *Abel Tasman National Park* ein Touristenmagnet ist. Auch ein paar Deutsche lernen wir kennen. Leider keine Kinder in Merlins oder gar Freddis Alter. Klar, die müssen in Deutschland jetzt zur Schule gehen. Obwohl in Berlin gerade eine Woche Winterferien sind. Wir genießen es sehr, momentan keinen Unterricht mit Freddi machen zu müssen, und den kompletten Tag mit Aktivitäten verplanen zu können.

Unglaublicherweise regnet es am zweiten Tag. Das hätten wir am Tag vorher angesichts der vielen heißen Sonnenstunden überhaupt nicht gedacht. Wir machen es uns im Camper gemütlich und kochen später in der Campingplatz-Küche, die hervorragend ausgestattet ist (so wie übrigens fast überall auf neuseeländischen Campingplätzen). Geschirr, Besteck, Töpfe und Pfannen können hier einfach genommen und genutzt werden. Es gibt Wasserkocher, Toaster, Kaffeepressen. Sogar Gewürze stehen zur freien Verfügung auf den Regalen. Allerdings ist heute unglaublich viel los. Wir kommen uns vor wie in einer Wohngemeinschaft von jungen europäischen Rucksackreisenden ohne Kinder, die alle wegen des Regens nicht zu ihren Wanderungen aufgebrochen sind und hier ihre Mahlzeit zubereiten wollen. Unsere Kinder sind laut und laufen in der Küche umher, und eine junge Frau guckt schon so, als fühle sie sich gestört. Nachdem wir unser Essen gekocht haben, verziehen wir uns lieber wieder in den Camper und essen dort.

Hier in der Wildnis gibt es kein unbegrenztes Internet und so wird uns die Zeit seeeeehr lang. Schade eigentlich, dass gerade Ferien sind. Jetzt wäre eine super Gelegenheit, den Wochenplan für die Schule voranzubringen, denn solche Leerzeiten sind selten. Freddi ist allerdings gar nicht traurig darüber. Kurz vor der Abreise aus Deutschland hat er von seinem Klassenlehrer ein leeres Notizbuch geschenkt bekommen, in dem er die Erlebnisse und Erfahrungen unserer Reise festhalten kann. Dort hinein klebt er immer wieder Papierstücke, zum Beispiel Boardkarten, Eintrittstickets, Flyer oder andere interessante Details. Ein paar Worte zur jeweiligen Sehenswürdigkeit schreibt er dann manchmal auch noch dazu. Und heute hat Freddi endlich mal wieder Zeit und Muße, seine Arbeit fortzusetzen. Da sitzt er nun, umgeben von Papierschnipseln, und klebt das Eintrittsticket des *Sky Towers*, der *Waitomo Caves* und ein paar Auszüge aus dem Flyer über das *Waimangu Volcanic Valley* in sein Notizbuch. Unter das Ticket vom *Sky Tower* schreibt er einige Informationen zum Turm, z. B. wie hoch er ist und dass es ein Fernsehturm ist. Ich weiß, dass Freddi nicht so gerne schreibt, aber dieses Büchlein und die Tatsache, dass er es von seinem Lehrer bekommen hat, scheinen ihn zu motivieren, was mich sehr freut.

Merlin kann sich jedoch nicht so lange mit Malen oder Buchstaben-Üben beschäftigen, ihm fehlt die Bewegung, und gegen Abend wird er extrem unruhig. Er geht trotz des nassen Wetters alleine nochmal vor die Tür, um Schnecken zu suchen, neben Schildkröten seine Lieblingstiere. Die kommen ja gerne bei Regen raus, sagt er. Leider findet er keine. Stattdessen freundet er sich mit einer Weka-Familie an. Diese Laufvögel sind ähnlich groß wie unsere Hühner und können richtig frech werden, wie wir bei den *Cleopatra Pools* schon erfahren durften. Merlin findet sogar deren Zuhause unter einem Busch. Dorthin möchte er jetzt Kekse und Reiswaffeln bringen, und es tut mir ein bisschen leid, ihn davon abhalten zu müssen, denn das würde ihnen vermutlich den Magen verderben. Doch Merlin ist so euphorisch und freut sich über den Kontakt zu diesen Tieren.

Es ist schön zu sehen, wie sehr die Kinder eigentlich mit der Natur verbunden sind und dass sie das hier auf dem Campingtrip auch in vollen Zügen ausleben können. Merlin verfügt inzwischen über ein beeindruckendes Wissen über die neuseeländischen Tiere, das er gerne mit der gesamten Familie teilt. Ich finde es manchmal ganz erstaunlich, dass mein Vierjähriger mehr über die Tierwelt weiß als ich, und gleichzeitig bin ich unglaublich froh, dass er sich lieber Dokus auf dem Handy anschaut, als irgendwelche sinnlosen Spiele zu zocken.

In den nächsten Tagen wagen wir noch einen zweiten Wanderausflug, sowie eine abenteuerliche Kajakfahrt auf dem Meer. Irgendwann fragen sich die Kinder, warum so viele Orte nach Abel Tasman oder James Cook benannt sind. Flo erklärt ihnen, dass dies die beiden wichtigsten europäischen „Entdecker" Neuseelands waren. Der Holländer *Abel Tasman* sollte im Jahr 1642 neue Handelsrouten und Gebiete für sein Vaterland erkunden. Er „entdeckte" Neuseeland, doch schon beim ersten Landgang wurden vier seiner Matrosen von den Maori getötet. Daraufhin wagte *Tasman* keine weiteren Erkundungen an Land und kartographierte nur Teile der Inseln vom Meer aus. Da er keine interessanten Handelsgüter fand, geriet Neuseeland lange aus dem Fokus der Europäer. Das änderte sich 1770, als der Brite *James Cook* Neuseeland „wiederentdeckte" und es als perfektes Land für britische Siedler erkannte. Es folgte eine schreckliche Periode der gewaltsamen Vertreibung, Enteignung und Dezimierung der Maori-Bevölkerung. Von ursprünglich 200.000 Maori überlebten am Ende nur noch 70.000. Danach begann die schrittweise Kolonialisierung Neuseelands.

Inzwischen hat die neuseeländische Regierung Maßnahmen ergriffen, um die maorische Kultur zu schützen und zu fördern. Neben der Gleichberechtigung der maorischen Sprache sollen zum Beispiel die *Waitomo Caves*, die wir auch besichtigt haben, dem lokalen Maori-Stamm zurückgegeben werden. Trotz der Bemühungen um Wiedergutmachung müssen die Maori aber für jeden solcher Schritte hart und mit juristischen Mitteln kämpfen.

Die Kinder hören sich Flos Erklärungen sehr aufmerksam an und sind entrüstet über die damaligen Taten der Europäer. Sie haben großes Mitleid mit den Maori, und würden ihnen all das zurückgeben, was früher ihnen gehört hat. Schön, dass sie so denken, denke ich. Wenn es doch nur so einfach wäre. Dazu fällt mir noch ein, dass Flo vor einigen Tagen mit einem Engländer ins Gespräch kam, den wir auf einem Campingplatz auf der Nordinsel trafen. Flo war sprachlos, als der Engländer völlig ironiefrei sagte, er käme aus dem „Mutterland". Im Nachhinein hätte Flo ihm gerne gesagt, dass die Vorfahren der Maori (im Gegensatz zu den Engländern) schon seit 1280 hier sind. Einige von ihnen kamen mit unfassbar einfachen Booten tausende Kilometer von den Polynesischen Inseln, unter anderem den *Cook Inseln* (welch Ironie), über den Pazifik gesegelt. Flo findet, es wird langsam Zeit, dass die Europäer und deren lokale Nachfahren etwas mehr Demut an den Tag legen.

Die Kinder entdecken die Tierwelt

9. Februar in Neuseeland . 15 °C

Was die Kinder hier in Neuseeland wahrscheinlich am meisten erfreut, sind die endemischen Tiere, die sie bisher noch nie gesehen haben und die sie während der Reise langsam kennenlernen. Das Interesse wurde natürlich durch die Kuscheltiere der Marke »Sounds of New Zealand« geweckt, von der sie am liebsten jedes kaufen würden. An den Stofftieren ist jeweils ein kleines Infoheftchen angebracht, auf dem noch weitere neuseeländische Tiere abgebildet sind, die man kaufen kann. Jeden Tag sitzen die Kinder nun über diesem Heft, studieren es genau und überlegen sich, welche Tiere sie schon hier gesehen haben und welche sie in Kuscheltierform noch gerne hätten.

Erst nachdem Freddi in *Rotorua* seine Echse bekommen hatte, lernten wir, dass es keine gewöhnliche Echse ist, sondern ein sogenannter Tuatara (auf Deutsch Brückenechse genannt). Diese Art kommt ausschließlich in Neuseeland vor und galt eigentlich schon als ausgestorben. In freier Wildbahn ist der Tuatara so gut wie nicht anzutreffen, da er nur auf kleinen unbewohnten Eilanden in der *Cook Strait*, der *Bay of Plenty* und der *Bay of Islands* lebt, wo es keine Säugetiere (mehr) gibt, die ihm gefährlich werden könnten. Der Tuatara entwickelte sich schnell zu Freddis liebstem Kuscheltier. Aber auch der Kiwi aus *Picton* gehört zu Freddis liebsten Tieren. Er ist das Nationaltier Neuseelands: Ein Vogel, der nicht fliegen kann und nachtaktiv ist. Im Verhältnis zu seiner Körpergröße legt der Kiwi sehr große Eier, um genau zu sein die größten im Vergleich zu anderen Federtieren. Auch er ist vom Aussterben bedroht und in freier Wildbahn kaum zu sehen. Merlins Neuseelandfalke kommt zwar auch sehr selten vor, aber wir haben ihn tatsächlich schon während der Fahrt aus dem Autofenster heraus erspähen können.

Hier auf dem Campingplatz werden wir immer wieder von einem Vogel mit einer auffallend lauten Stimme überrascht. Sein melodischer Gesang wird gelegentlich von einem unverwechselbaren ‚Klonk'-Geräusch unterbrochen, das sich wirklich urkomisch anhört – wie der Klingelton eines Handys. Es ist ein Tui, er ist so groß wie eine Amsel und hat ein dunkles, schillerndes Gefieder mit einem weißen Kragen um den Hals. Außerdem laufen hier Wekas und Pukekos einfach so frei herum. Diese beiden endemischen Laufvogelarten scheinen sich schon sehr an die Menschen gewöhnt zu haben. Das freut vor allem Merlin, denn er rennt ständig hinter ihnen her und möchte mit ihnen kommunizieren oder sie mit Essen füttern.

Am letzten Abend im *Abel Tasman National Park* entdecken Merlin und Freddi einige Häute von Zikaden an den Baumstämmen und sammeln diese. Sie kleben an der Rinde von Bäumen fest und sind auf den ersten Blick ziemlich unscheinbar. Zwölf Stück können sie finden. Sie sind dünn, transparent und haben die Form der Zikade, die sie hinterlassen hat. Wenn man nicht genau hinschaut, könnte man meinen, das lebendige Tier vor sich zu haben. Merlin möchte diesen außergewöhnlichen Fund gleich für seine Freunde zu Hause dokumentieren, und wir machen ein Video, das wir dann an die Kita senden.

Nach fünf Tagen verlassen wir den *Abel Tasman National Park* schweren Herzens wieder. Wir hatten eine wundervoll entspannte Zeit in der fast unberührten Natur und Flo meinte gerade, dass es sehr schade ist, dass wir nicht länger bleiben können. Genauso sehe ich das auch. Wir sind uns bei Weitem nicht in allem einig, Flo und ich. Aber wenn es darum geht, wo es uns gefällt und wie wir unsere Zeit verbringen möchten, dann ticken wir zum Glück ähnlich. Wir mögen die gleiche Art zu Reisen, die gleichen Länder und Landschaften, die gleiche Art von Abenteuer. Ich glaube, sonst wäre so eine Reise um die Welt (noch dazu mit Kindern) gar nicht so harmonisch. Vermutlich hätte dann jeder das Bedürfnis nach etwas Anderem und wir würden uns die ganze Zeit in die Haare kriegen.

Die Weiterreise führt in Richtung Süden. In der Nähe des Städtchens *Hokitika* halten wir an, um das »National Kiwi Center« zu besuchen. Die Kinder sind ganz aufgeregt und freuen sich riesig, denn hier sehen sie zum ersten Mal einen echten lebendigen Kiwi. Der Raum, in dem die Vögel leben, ist ganz dunkel, und wir müssen sehr leise sein, denn Kiwis sind nachtaktiv und extrem scheu. Da sie nicht fliegen können, kann ich mir gut vorstellen, dass sie sich nicht gegen die Raubtiere wehren können, die ihre Eier und die Jungvögel fressen. Wir lernen hier, dass erhebliche Anstrengungen unternommen werden, um den Rückgang der Kiwi-Populationen umzukehren. Dies beinhaltet Maßnahmen wie die Einrichtung von Schutzgebieten und Zuchtprogramme in Gefangenschaft. Das Gleiche gilt für den Schutz und die Erhaltung der Tuataras. Ein Pärchen von ihnen lebt auch hier im »National Kiwi Center«. Freddi ist selig. Er liebt diese Tiere inzwischen so sehr, dass er bei Google alles über sie herausgefunden hat. Der Tuatara zählt zu den ältesten lebenden Reptilien und existiert bereits seit etwa 200 Millionen Jahren, also seit der Zeit der Dinosaurier. Daher wird er auch als ‚lebendes Fossil' bezeichnet. Er kann bis zu 100 Jahre alt werden.

An dem Terrarium bleibt Freddi sehr lange stehen, um sich die beiden Tuataras anzuschauen. Die regen sich nur sehr, sehr langsam, wie das bei Reptilien üblich ist. Aber das ist Freddi egal. Er beobachtet sie mit großer Aufmerksamkeit, und sein verträumtes Lächeln verrät mir, wie wohl er sich in ihrer Nähe fühlt. Vielleicht wird er eines Tages ja doch nicht Flughafenarchitekt, sondern Reptilienforscher.

Planänderung

10. Februar in Neuseeland . 7 °C

Wir fahren weiter an der Westküste entlang in Richtung Süden bis zur *Bruce Bay*, wo der Regenwald direkt am Meer endet. Auf einem Sandplatz parken wir den Camper und ich beginne ein Picknick für die hungrigen Mäuler vorzubereiten, das wir dann im Freien genießen wollen – mit wunderbarem Blick auf den Ozean. Aber irgendwie scheint das keine gute Idee zu sein, denn schon nach kurzer Zeit kommen unzählige schwarze Minifliegen aus dem Boden gekrochen: Sandfliegen. Sie sehen aus wie sehr kleine Obstfliegen, also völlig unscheinbar, haben aber einen schmerzhaften Biss, der auch noch Tage später einen starken Juckreiz auslöst. Besonders nachts, wenn sich die Haut erwärmt, wird es extrem unangenehm. In den letzten Tagen hatte ich immer wieder Bisse von diesen Quälgeistern, jede Nacht liege ich mindestens eine Stunde wach und möchte mich am liebsten bis unter die Haut kratzen. Und auch die Kinder wälzen sich nachts auf ihren Matratzen, weil der Juckreiz einfach nicht nachlassen will. An der Westküste Neuseelands gibt es viele Gebiete mit Sandfliegen. Wir konnten bis zum Schluss nicht genau herausfinden, warum sie an einer Stelle reichlich zu finden sind und an einer anderen nicht.

Das Essen verlagern wir also lieber wieder in den Camper und schließen die Tür richtig dicht, denn die Miniviecher kommen durch jede kleine Lücke, wenn sie unser Blut riechen. Nach der Stärkung sprüht Flo die Kinder ordentlich mit Insektenmittel ein, denn sie brauchen Bewegung und wollen trotz der stechenden Fliegen im Sand spielen. Dort fließt ein kleiner Fluss vom Landesinneren ins Meer, in dessen kühlem Wasser sie wunderbar sitzen und planschen können. In aller Seelenruhe bauen sie jetzt einen Staudamm aus Stöcken und Steinen und anderen Dingen, die die Natur zu bieten hat. Versunken werkeln sie gemeinsam vor sich hin und scheinen wunschlos glücklich zu sein. Und auch hier ist der Strand wieder menschenleer. Die umgebende Landschaft strahlt eine archaische Ruhe aus, die Zeit scheint stehengeblieben zu sein. Möven ziehen ihre Kreise über dem Meer, und die einzigen Geräusche, die die Stille durchbrechen, sind ihre kreischenden Rufe und das gleichmäßige Rauschen der Wellen.

Auf dem Weg ins Innere der Insel bleiben wir wieder nur eine Nacht am selben Ort. Unsere Reise führt uns in die Nähe des *Franz-Josef-Gletschers*, der nach Kaiser Franz Josef I. von Österreich benannt wurde. Diese Namensgebung irritiert uns sehr, denn sie passt so gar nicht zu diesem Ort. Der Name spiegelt natürlich den kulturellen und politischen Einfluss der europäischen Siedler in Neuseeland wider. In der maorischen Sprache heißt der Gletscher *Ka Roimata o Hine Hukatere* – übersetzt in etwa: „Die Tränen der eiskalten Frau". Wie passend, finde ich. Das dazugehörige Dorf namens *Franz Josef* liegt am Fuße des höchsten Berges Neuseelands, dem *Aoraki* – dem „Berg, der durch Wolken sticht". Natürlich ließen es sich die Europäer nicht nehmen, dem Berg ihren eigenen Namen zu verpassen: *Mount Cook*.

Auf einem wild bewachsenen Naturcampingplatz stellen wir unser Gefährt ab und brechen dann zu einer kleinen Dschungel-Wanderung auf. Nie hätten wir gedacht, dass es Dschungel in der Nähe eines großen Berges mit Gletschern gibt. Neuseeland überrascht uns immer wieder.

Im Anschluss fahren wir durch den *Mount Aspiring National Park* zu den *Blue Pools* und baden in eiskaltem, stechend blauem Bergwasser. Die Nacht verbringen wir inmitten der herrlichen Landschaft auf einem Freistehplatz mit Blick auf das gegenüberliegende Tal. Irgendwann wache ich in tiefster Dunkelheit auf und muss mir im Bett noch einen Pullover und eine Hose überziehen, so kalt ist es. Und am nächsten Morgen rollen wir weiter in Richtung *Queenstown*.

Es ist wunderbar, in einem fremden Land so viele aufregende Entdeckungen zu machen und ständig Neues zu erkunden. Doch jedes Abenteuer hat seinen Preis. Die Tage unterwegs sind anstrengend, und die Kinder werden zunehmend unausgeglichener. Sie nörgeln wegen Kleinigkeiten und fangen an, sich gegenseitig zu beschimpfen. Schon der Start in den Tag beginnt mit Stress. Gleich nach dem Frühstück muss schnell abgewaschen und zusammengepackt werden, damit wir um 10 Uhr abfahrbereit sind. Zu dieser Zeit ist auf den meisten Campingplätzen Check-Out. Dann fahren wir mindestens eine, eher zwei, manchmal auch drei Stunden zum nächsten Zielort. Dort müssen wir wieder auspacken, uns neu orientieren und eingewöhnen. Natürlich wollen wir uns auch etwas Sehenswertes anschauen, dann noch kurz das Schooling einschieben, um bald darauf weiterzufahren.

Obwohl wir mit dem Camper unser Zuhause immer bei uns haben, scheinen die schnellen Situationswechsel die Kinder zu überfordern. Vor allem Merlin tut sich schwer damit. Er wird schnell ungeduldig und bekommt emotionale Ausbrüche. Schon bei Kleinigkeiten fühlt er sich angegriffen oder kritisiert. Wenn wir das merken, ist es jedoch meistens schon zu spät, denn kurz darauf fängt er an zu schreien und zu wüten. Freddi kann das Geschrei kaum ertragen. Als Reaktion darauf fängt er an, seinen Bruder zu provozieren, was die Situation dann immer weiter eskalieren lässt. Es ist anstrengend. Flo und ich versuchen ständig, die Wogen zu glätten und sind dabei selbst schnell genervt von den Streitereien der Brüder. Außerdem beschäftigt uns die Entscheidung über den weiteren Verlauf der Route. In den letzten Tagen haben wir uns von diesem wunderschönen Land schon wieder dazu hinreißen lassen, möglichst viel sehen und erleben zu wollen. Und weil wir eigentlich nur on the Road waren, haben wir auch die Schule immer wieder vernachlässigt. Wir müssen die Reisegeschwindigkeit drosseln und über grundlegende Veränderungen nachdenken.

Schweren Herzens beschließen Flo und ich, eines der größten Highlights der Südinsel auszulassen, den *Milford Sound*. Wir wären hin und zurück drei Tage unterwegs gewesen und hätten dort nur eine zweistündige Bootstour gemacht. Die Kinder hätten sich nach 30 Minuten gelangweilt und es wäre für uns eher anstrengend als aufregend gewesen. (Ich erinnere mich noch mit Grauen an die Überfahrt von der Nord- zur Südinsel). Und so planen wir, im kleinen Ort *Wanaka* eine Pause einzulegen.

Das Dorf liegt am Rande der *Southern Alps*, einer imposanten Bergkette, und direkt an einem großen Bergsee, dem *Lake Wanaka*. Die umgebende Landschaft kommt uns wunderschön, aber völlig surreal vor, als befänden wir uns auf einem ganz anderen Planeten. Hohe teils schneebedeckte Gipfel und faltenlose Seen prägen die Landschaft. Alles ist in Erdfarben gehalten, Ocker, Beige, Terrakotta, dazwischen wieder ein türkis schimmernder See. Es wirkt so ruhig und still, während wir durch diese ungewohnte Landschaft zuckeln. Doch als wir im kleinen Ort *Wanaka* ankommen, treffen wir auf ein lebendiges kleines Dorf – wie eine Oase, und sehr sympathisch und einladend.

Drei Übernachtungen gönnen wir uns hier, und das ist eine der besten Entscheidungen der bisherigen Reise. Heute brennt die Sonne wieder besonders erbarmungslos, es ist um die 30 °C warm, die Luft flimmert. Freddi muss leider recht viel für die Schule nacharbeiten. Gleich nach dem Frühstück setzt er sich an den Tisch im Camper und arbeitet an den Aufgaben für GeWi. Im Moment wird die Zeit des Zweiten Weltkriegs in Berlin behandelt. Welchen Herausforderungen waren die Menschen damals ausgesetzt? Wie kamen sie an Essen, und wie haben die Kinder den Krieg erlebt? Ich sitze neben Freddi und erzähle von meiner Großmutter, die mitten im Krieg ihre beiden Kinder in Berlin großzog und bei Bombenalarm mit ihnen in den Bunkern Schutz suchte. Und auch von der Zeit danach, als sie über die Felder streifte, um vergessene Kartoffeln aus der Erde zu buddeln, damit die Familie etwas zu essen hatte. Während ich darüber spreche, hier in Sicherheit sitzend, in der neuseeländischen Idylle, fühle ich mich fast ein bisschen schlecht. Womit haben wir dieses Glück verdient, dass wir so ein gutes, sicheres und gesundes Leben haben und reisen dürfen, wohin wir wollen?

Währenddessen sitzt Merlin draußen in der Sonne am Campingtisch, den Flo vor unserem Fahrzeug aufgebaut hat. Er malt eine Kiwi-Familie mit Mama, Papa und zwei Kindern.

Freddi bemüht sich, heute besonders schnell fertig zu werden, denn er weiß, dass wir nach dem Schooling zum Baden an den See gehen wollen. Es fühlt sich tatsächlich an wie Sommerurlaub. Das Seeufer ist sandig und das Wasser glasklar und spiegelglatt. Die Menschen liegen am Ufer, picknicken, plaudern miteinander, lesen oder lassen sich in der Sonne brutzeln. In zweiter Reihe stehen ein paar Holzhäuser mit Restaurants und Geschäften, und es gibt einen Stand-Up-Paddelbord Verleiher, bei dem wir uns später ein SUP ausleihen.

„Ihr könnt sagen, wo ich Euch hinfahren soll, und dann bringe ich Euch dahin!", ruft Freddi vom Wasser aus, während er schon auf dem SUP sitzt und das Paddel bereithält. Dieses Spiel spielt er gerne. Er ist der Fahrer eines Wassertaxis und bringt seine Gäste zu beliebten Sehenswürdigkeiten. Zuerst schippert Freddi seinen Bruder umher, aber dann möchte er auch mit mir eine Runde drehen und fragt, wo ich hin will.

„Fahr mich zu dem Baum da ganz weit hinten, siehst Du ihn? Der dort im Wasser steht."

„Aye aye, Sir!" Und schon taucht er die Paddel in den See. Ich sitze im Schneidersitz auf dem SUP und lasse mich von der Sonne bescheinen, während ich eine Hand durch das erfrischende Nass ziehe. Im Hintergrund leuchten die schneebedeckten Berge. Herrlich. Ab und zu schaue ich in die Tiefe des Sees, weit hinunter zum sandigen Boden, so klar ist er. An einer Stelle kurz vor dem Ziel hält Freddi plötzlich an.

„Schwimmpause", sagt er und schubst mich ins Wasser, dass es nur so spritzt.

Yeah, wie erfrischend! Als ich meine Überraschung überwunden habe und wieder auftauche rufe ich: „Du aber auch!", doch Freddi ist schon längst selbst hineingesprungen. Und ich finde es einfach großartig, jetzt in diesem Moment genau hier zu sein, im erfrischenden *Lake Wanaka* am anderen Ende der Welt, zusammen mit meinem Sohn, ganz in der Nähe eines Baumes, der im Wasser wächst.

Von dem Baum im See hatte Flo mir schon erzählt. Er hatte gelesen, dass er einer der meist fotografierten Bäume der Welt ist. Seine Wurzeln stehen tatsächlich im hüfttiefen Wasser. Und mit dem beeindruckenden Hintergrundpanorama kann ich bestens verstehen, dass jeder gerne ein Foto von ihm machen würde.

Gut mit Sonne und Energie aufgetankt fahren wir weiter. Erfreulicherweise hat Freddi für die Schule alles geschafft, was für diese Woche auf dem Plan stand. Er hat sich so angestrengt, dass er in drei Tagen das gesamte Pensum abgearbeitet hat. Das ist großartig, so haben wir wieder richtig viel Zeit für neue gemeinsame Entdeckungen.

Eine Million Jahre altes Eis

17. Februar in Neuseeland . 26 °C

Wir bewegen uns weiter in Richtung *Lake Pukaki*, der seine knallig türkisblaue Farbe dem Schmelzwasser verdankt, das direkt vom *Tasman-Gletscher* über den *Tasman Lake* in ihn hineinfließt. Heute ist wieder Wildcamping angesagt. Vom *Lake Pukaki* trennt uns nur das steinige Ufer, und hinter uns erstreckt sich eine weite Graswildnis, die schon sehr ausgetrocknet erscheint. Immerhin ist jetzt im Februar schon Herbst in Neuseeland. An der Temperatur merken wir das jedoch nicht, denn auch hier bricht die Sonne mit einer Kraft durch, die wir in Europa gar nicht kennen.

Wenn wir die Wahl hätten, würden wir immer zuerst versuchen, Plätze wie diesen hier anzusteuern, mitten in der ungezähmten Natur. Aber unser Kühlschrank schaltet sich nach einer Nacht ohne Strom ab, sodass wir nicht zwei Nächte hintereinander wildcampen können. Daher genießen wir es heute wieder umso mehr. In einiger Entfernung zu unserem Fahrzeug bemerken wir zwei weitere einsame Campingwagen, aber sonst deutet nichts auf die Anwesenheit von Menschen hin. Die Kinder haben Spaß daran, mit den Steinen und Hölzern am Ufer des Sees zu spielen und sich Behausungen aufzubauen.

Während ich meine spielenden Kinder beobachte, wird mir bewusst, dass es vor allem Momente wie diese sind, die unsere Zeit in diesem Land so einzigartig und kostbar machen. Soviel unberührte Natur ganz für uns alleine, das haben wir außerhalb von Neuseeland selten erlebt. Es freut mich, wie glücklich und entspannt Freddi und Merlin wirken. Sie sind ganz konzentriert bei dem, was sie tun, und sie reden und lachen viel miteinander. Und mir scheint, sie leben nur im Hier und Jetzt. Schön, dass sie das noch so können – das, was wir Erwachenden schon verlernt haben.

Und dann denke ich an zu Hause, wo es oft so viel und Wichtiges zu erledigen gab und jeder tagsüber seiner eigenen Wege ging. Zur Arbeit, in die Schule, in die Kita – und erst abends trafen wir uns zu Hause alle wieder. Wir Eltern lebten zwar mit den Kindern zusammmen, lebten aber gleichzeitig auch neben ihnen her. Manchmal hatten wir nur oberflächlich ein Ohr für ihre Sorgen und Nöte, weil uns selbst die Energie fehlte. Hier auf der Reise sind Flo und ich auch manchmal mit den Gedanken woanders, wir sind mit Planen, Packen und Vorbereiten beschäftigt. Trotzdem gelingt es uns hier besser, aufmerksam zu sein, die Perspektive der Kinder einzunehmen und uns auf ihre Stimmungen und Gefühle einzulassen. Und das hilft uns sehr, mit ihnen gut verbunden zu bleiben. Doch dafür braucht es Zeit, Muße und eine gewisse Sorglosigkeit. Im Moment haben wir all das. Ich wünschte, ich könnte diese neu erworbene Fähigkeit einfrieren und bewahren, um sie nach dieser Reise in den deutschen Familienalltag mitzunehmen.

Während ich meinen Gedanken nachhänge, sitze ich mit Flo bei einem Glas Wein am Ufer des Sees mit Blick auf eine weitere phänomenale Bergkulisse, die sich im See spiegelt.

„Das ist mal wieder Neuseeland at it's best!", denke ich.

Nach der dreitätigen Auszeit in *Wanaka* fühlen wir uns alle deutlich erholt. Wir müssen uns einfach immer wieder daran erinnern, wie wichtig Pausen sind. Denn das Ziel war ja nicht nur, möglichst viel von der Welt zu sehen, sondern auch eine entspannte Zeit als Familie zu verbringen. Warum ist das so schwer umzusetzen, sogar während unserer völlig selbstbestimmten Reise?

Nach einem späten Abendessen klettern wir nochmal kurz aus dem Camper ins Freie und legen die Köpfe in den Nacken, um uns den Sternenhimmel anzuschauen. Wir hören die Zikaden zirpen. Es ist stockdunkel, weit und breit keinerlei menschengemachtes Licht zu sehen. Der Himmel ist mit unzähligen Sternen übersät, und wir können sogar ganz deutlich die Milchstraße als leuchtendes Band erkennen. Lange schauen wir nach oben und können uns gar nicht sattsehen an der faszinierenden Unendlichkeit des leuchtenden Universums. Die Kinder stellen viele Fragen zu den Sternenbildern.

„Da Papa, ich habe den ‚Orion' mit seinem Gürtel gefunden, und ‚Beteigeuze'. Krass, wie hell der ist. Aber ‚Orion' steht ja auf dem Kopf!"

Stimmt, ganz anders als zu Hause. Flo erklärt ihm, dass wir hier auf der Südhalbkugel sind und nicht auf der Nordhalbkugel wie bei uns in Europa.

„Er steht auf dem Kopf, weil du ihn aus einer umgekehrten Perspektive siehst."
Aha! Wieder was gelernt, und zwar ‚in echt'.

Für die zweite Nacht am *Lake Pukaki* steuern wir wieder einen Campingplatz an, den einzigen, den es in dieser Gegend gibt. Und dann erwartet uns ein weiteres Naturerlebnis, das nicht jeder Ort der Welt zu bieten hat. Wir machen uns auf den Weg zum gar nicht weit entfernten *Mount Cook National Park*. Schneebedeckte Gipfel, schroffe Felswände und graue Steinwüsten ziehen an unserer Windschutzscheibe vorbei. Unser heutiges Ziel: Der Gletschersee *Lake Tasman*.

Da keine Straße direkt dorthin führt, müssen wir die letzte Strecke durch eine karge Gerölllandschaft zu Fuß zurücklegen. Wir schwitzen auf der halbstündigen Wanderung, das Thermometer zeigt 26 °C an. Als wir endlich am Gletschersee ankommen, bietet sich uns ein völlig unwirkliches Bild. Wir stehen vor einem großen langen See aus milchigblauem Wasser, in dem weiße Eisbrocken in allen Größen und Formen umhertreiben. Und ganz am Ende erkennen wir eine hohe Kante, die unmittelbar im See endet, vermutlich der Gletscher. Die Hitze auf der Haut und der Anblick der gleißend hellen Eisberge versetzen uns in eine geradezu surreale Stimmung, es fällt schwer, diese Gegensätze miteinander in Einklang zu bringen. Ein paar andere Touristen sind auch schon da und warten. Die Bootstour wird von einem Guide geleitet. Auf eigene Faust ist es nicht erlaubt, auf dem See herumzupaddeln, das wäre zu gefährlich.

Schon beim Losfahren herrscht ausgelassene Stimmung an Bord. Unser Guide Jack ist ein humorvoller bärtiger Neuseeländer, der in dieser einsamen Gegend aufgewachsen ist. Er erzählt einen trockenen Witz nach dem anderen, während das Boot über die glatte Wasseroberfläche im Slalom durch die schwimmenden Brocken und Eisschollen hindurch auf den Gletscher zufährt. Zu dem Ort, wo der Gletscher kalbt. Dorthin also, wo Stücke vom Eis des Gletschers abbrechen, ins Wasser fallen und zu schwimmenden Eisbergen werden. In der Mitte des Sees stoppt der Kapitän und fährt ganz dicht an einen etwas größeren Brocken heran, der im Wasser treibt. Es ist völlig windstill und die Sonne hat das Eis bereits angetaut, sodass es rundlich aussieht und glänzt. Im Eis sind winzig kleine Luftblasen eingeschlossen, es schimmert wunderschön hellblau, türkis, durchsichtig-milchig. Jack animiert uns dazu, den schwimmenden Eisklotz zu berühren. Im gleichen Atemzug erzählt er uns, dass diese Aktion hier etwas riskant ist. Es könnte nämlich sein, dass ein großer Eisberg plötzlich aus dem Wasser auftaucht, weil er sich unter Wasser dreht. Das würde man vorher gar nicht kommen sehen, da sich ja ungefähr 80 % eines Eisbergs immer unter Wasser befinden. Ich kriege Gänsehaut. Das wäre ja wirklich richtig gefährlich!

„But no worries", beruhigt er uns daraufhin. „I know the lake like the back of my hand. This chunk of ice here only turned over yesterday, it won't happen that quickly again."

So schnell wird es also nicht mehr passieren, alles klar. Trotzdem gruselt es mich bei dem Gedanken, dass wir mit unserem Boot plötzlich von einem riesigen Eisberg hochgehoben werden könnten. Dann fischt Jack einen kleineren Brocken aus dem Wasser heraus und reicht ihn Freddi.

„Try it, I bet you've never eaten ice cream this old."

Freddi zögert, vermutlich weil er überlegt, ob er Jack richtig verstanden hat. Soll er wirklich diesen Brocken aus dem See in den Mund nehmen? Die anderen Ausflugsgäste schauen ihn schon erwartungsvoll an.

„Try it! It's one million years old!", ermutigt ihn unser Guide.

Viel Zeit zum Überwinden braucht Freddi nun nicht mehr, und schon schlotzt er den Eisbrocken mit großer Hingabe ab und macht dabei ein gespielt erstauntes Gesicht.

„Oh, it's very good, yes, yes! Tasty!" Alle lachen.

Dann fangen auch die anderen Touristen an, die kalten Eisstücke aus dem See zu angeln und daran zu schlecken. Was für ein Erlebnis, in diese surreale Eiswelt einzutauchen und eine Million Jahre altes Eis zu schlürfen!

Als Krönung dieser Tour schippert das Boot ganz langsam parallel zur Gletscherkante entlang, allerdings fährt es nicht näher als 200 Meter heran, aus Sicherheitsgründen. An einer Stelle hält der Kapitän an und bedeutet uns ganz still zu sein. Wir müssen unsere Ohren sehr genau spitzen, aber dann hören wir es: Es knistert und knackt irgendwo tief im Gletscherinneren. Und manchmal knallt es dumpf und hallt dann noch etwas nach. Das sind die Luftblasen aus dem Eis, die zerplatzen, wenn es schmilzt. Und das Geräusch der Brocken, wenn sie abbrechen und ins Wasser fallen. An der Gletscherkante ist es besonders gefährlich, daher die 200 Meter Abstand, erklärt uns Jack. Denn es kann jederzeit ein großes Stück vom Gletscher abbrechen und beim Herunterfallen eine Welle verursachen.

„The largest wave ever measured on this lake was six meters high. "

Sechs Meter hoch? Ein Tsunami auf dem See, wie unvorstellbar! Es schaudert mich, obwohl es heute so heiß ist. Oder vielleicht gerade deswegen, denn der Gletscher schmilzt im Moment munter vor sich hin, unaufhörlich.

Die Gletscherkante ist vom See aus gesehen etwa 50 Meter hoch, aber weitere 250 Meter befinden sich unter der Wasseroberfläche. Jack berichtet, dass der gesamte *Tasman Gletscher* zurzeit noch 27 km lang und 3 km breit ist. Aber allein in den letzten vier Jahren sind etwa 750 Meter abgeschmolzen. Von oben ist inzwischen so viel abgetaut, dass eine fünf Meter dicke Schuttschicht über dem Eis liegt. Sie besteht aus einer Mischung von Sand und Steinen, die einst im Inneren des Gletschers verteilt und eingebettet waren.

Heute brennt die Sonne erbarmungslos auf das verbliebene Eis, und diese hohen Temperaturen sind keine Ausnahme mehr. Flo rechnet vor, dass bei diesem Tempo in spätestens 100 Jahren alles geschmolzen sein wird. Klimawandel live. Das eine Million Jahre alte Eis wird also bald für immer verloren sein.

Neuseeland, wir kommen wieder!

19. Februar in Neuseeland . 16 °C

Unser letzter Tag der Camper-Reise ist angebrochen, morgen geht es direkt und ohne Umwege nach *Christchurch*, wo wir unser lieb gewonnenes Riesenschiff wieder abgeben müssen.

Den Tag verbringen wir auf einem Campingplatz direkt am *Lake Tekapo*, einem großen See in der Nähe vom *Lake Pukaki* und mindestens genauso schön. Wir räumen unser temporäres Zuhause auf und verstauen unsere Siebensachen wieder sorgfältig in unsere (inzwischen) drei Koffer. Auf unserem Platz sind einige Stockenten zu Hause, die eilig in unsere Richtung watscheln, als sie merken, dass neue Campinggäste eingetroffen sind. Natürlich wollen die Kinder sie daraufhin mit allen Essensresten füttern, die wir noch übrig haben. Einer der Campingplatzwärter sieht das. Von Weitem ruft er uns zu, dass wir die Enten gerne mitnehmen können, denn sie würden gar nicht mehr in dem schönen See schwimmen, sondern nur noch hier am Campingplatz abhängen, wo es immer etwas zu Essen für sie gibt. Ich mag den trockenen Humor der Neuseeländer.

Am Nachmittag chillen wir noch ein bisschen am See. Die Kinder bauen Boote aus Stöcken und Blättern, die sie im See schwimmen lassen. Danach trauen sie sich sogar selbst in das eiskalte Wasser. Das Wetter ist heute viel kühler als gestern, und so fällt uns der Abschied vom Camper am folgenden Tag nicht übermäßig schwer. Dennoch überfällt mich eine latente Traurigkeit, denn die Zeit auf Tour war sehr schön und intensiv. Ohne die Fahrt mit dem Camper hätten wir niemals so viel sehen und entdecken können. Die meiste Zeit über konnten wir mitten in der unberührten Natur übernachten. Konnten an Seen, in Wäldern, an Stränden oder nah an den Bergen campen und die Natur hautnah erleben, die Atmosphäre der unbeschreiblich schönen Umgebung vollständig in uns aufsaugen. Außerdem hatten wir unser Zuhause immer dabei, konnten unsere Mahlzeiten selbst zubereiten und selbst bestimmen, wie unser Reisetag aussieht, die Reisegeschwindigkeit anpassen und flexibel den Ort wechseln. Wir konnten Ziele auslassen und auch mal vor dem schlechten Wetter fliehen.

Trotzdem freuen wir uns jetzt auf eine andere Art des Reisens. Flo freut sich darauf, dass er nicht mehr das schwerfällige Fahrzeug steuern und ständig schauen muss, wo es ausreichend große Parkplätze gibt. Die Kinder freuen sich drauf, nicht mehr so viel still sitzen zu müssen während der langen Fahrten. Und ich freue mich auf mehr Platz und ein bequemeres Bett, wobei ich mich am Ende fast dran gewöhnt hatte, mit Freddi im Alkoven auf der harten Matratze zu schlafen.

Und so genießen wir nach dem Abgeben des Campers zwei Nächte in einem Motel mit ‚richtigen‘ Betten, großer Küche und ‚richtigem‘ Bad in *Christchurch*. Interessant, wie sehr man Dinge wieder zu schätzen lernt, wenn man sie für längere Zeit entbehren musste.

Als ich gerade die Kinder fragte, was ihnen in Neuseeland am besten gefallen hat, meinten sie einstimmig: Die vielen Tiere, die es nur hier gibt. Also Kiwi, Tuatara, Weka, Pukeko, Tui, Kea ... Und dann der Sternenhimmel bei Nacht. Auf der Nordinsel mochten sie vor allem die Hot Pools, auf der Südinsel hat ihnen das Fahren mit dem Wassertaxi und die Pause in *Wanaka* am See mit SUP sehr gut gefallen. Freddi meinte noch, er könnte ein ganzes Jahr im Camper verbringen. Aber bitte nicht zu viert, sondern eher zu zweit, oder am besten alleine. Flo und ich hätten neben dem *Milford Sound* auf jeden Fall gerne noch die *Coromandel-Halbinsel* besucht und die nördliche Spitze der Nordinsel bereist. Außerdem gäbe es noch viel über die Maori-Kultur zu lernen, und einige Wandertouren zu machen, die mit den Kindern jetzt noch nicht möglich waren. Neuseeland, wenn es irgendwie geht – wir kommen wieder!

Air New Zealand

Unser Riesenschiff auf einem Freistehplatz

Schooling im Camper

Ein Flughafen auf Sand gebaut

Neuseeländische Hügellandschaft auf der Nordinsel

Waimangu Volcanic Valley

Three Sisters an der Mündung zum Tongaporutu River

Blue Spring: Sauberste Trinkwasserquelle der Welt

Baumfarne und Urwaldbäume

Blue Pools am Makarora River

Regenwald in Gletschernähe bei Franz Josef

Torrent Bay im Abel Tasman National Park

»That Wanaka Tree« - Häufig fotografierter Baum im Wasser

Freihstehplatz am Lake Pukaki

Eine Million Jahre altes Eis

Gletscherkante des Tasman Gletschers

Naturspielplatz am Lake Tekapo

Häute von Zikaden

Tuatara

Australien

22. Februar in Australien . 25 °C

Flugreisetage sind immer aufregend und anstrengend zugleich, und heute ist wieder so ein Tag. Gerade sind wir in *Wellington* zwischengelandet und Freddi steht vor der riesigen Tafel, auf der angezeigt wird, zu welchem Gate wir jetzt müssen.

„Sydney, SYD. Flug QF163. Gate 48", liest er vor.

Reisende drängeln sich durch Grüppchen anderer Reisender hindurch, und ein Gemurmel aus verschiedenen Sprachen und Akzenten wabert durch die große Halle. Zum Glück haben wir genügend Zeit zum Umsteigen und sind selbst nicht sonderlich gestresst. Und das Großartigste ist, dass die Kinder an den Flugtagen immer so begeistert und hellwach sind, dass sie mit Feuereifer bei der Sache sind. Die hektische Atmosphäre, das Warten in der Schlange vor der Sicherheitskontrolle mit der ganzen Prozedur, dann das Warten am Gate – das alles macht ihnen gar nichts aus. Sie sind schon richtige Reisekinder geworden.

Vor lauter Abenteuer der letzten Tage hätte ich fast vergessen, dass Freddis Lehrer mir bereits den Aufgabenplan für die laufende Woche geschickt hat. Jetzt müssen wir uns wieder ein bisschen ranhalten. Ich überlege, wie wir den Unterricht in unseren Reiseplan integrieren können. In *Sydney* werden wir wahrscheinlich wieder wenig Zeit und Muße dafür haben. Aber jetzt hätten wir noch ein wenig Zeit, während wir hier am Gate sitzen und warten, bis die Flugbegleiterin zum Boarding aufruft. Ich versuche Freddi zu überreden, wenigstens die Aufgaben für Deutsch zu erledigen. Deutsch fällt ihm normalerweise leicht und dafür braucht er nicht so viel Konzentration, wie für Mathe. Das geht bestimmt auch hier am Flughafen. Aber ich dachte eigentlich, dass ich eines seiner Schreibhefte in mein Handgepäck gesteckt habe, finde es jetzt nur leider nicht. Ärgerlich! Die Aufgaben vom Wochenplan und die Fotos vom Deutsch-Buch habe ich auf dem Handy. Bleistift und Radiergummi finde ich auch in meinen Rucksack. Kurzerhand nehme ich die vier Bordkarten für den Flug von *Christchurch* nach *Wellington*, denn die brauchen wir ja jetzt nicht mehr. Auf der Rückseite schreibe ich Freddi die Aufgaben hin. Es geht um die Deklination der vier Fälle, also wie man den

Nominativ, Akkusativ, Dativ und Genitiv innerhalb eines Satzes bestimmt. Freddi meckert zwar, lässt sich aber dann von mir erklären, was es mit diesen komischen Fällen auf sich hat. So einfach ist es leider doch nicht für ihn, ich hatte nicht bedacht, dass in Deutsch ein neues Thema dran ist – und dann noch so schwierige Grammatik. Um ehrlich zu sein, muss ich mir selbst erst einmal wieder in Erinnerung rufen, wie das eigentlich ging.

Am Flughafen schaffen wir dann nicht alle Aufgaben, aber während des Fluges macht Freddi zu meiner Erleichterung ohne Murren weiter, und kurz vor der Landung hat er, glaube ich, einigermaßen verstanden, wie man den Akkusativ oder den Dativ bestimmt. Ich fotografiere die Aufgaben noch im Flugzeug ab. Gemacht ist gemacht, die Zeit haben wir gut genutzt. Ein Punkt weniger auf der Liste.

Wir befinden uns bereits im Anflug auf Sydney, die Millionenmetropole kommt schon in Sicht. Die Kinder drängen sich an das kleine Fenster im Flugzeug und schauen hinaus. Gemeinsam überlegen sie, wie viele Sydney-Trichternetzspinnen da unten herumkrabbeln und ob wir eine »Gympie Gympie« sehen werden, eine der giftigsten Pflanzenarten der Welt. Und sie versichern uns, dass sie auf gar keinen Fall ins Meer gehen werden, wegen der vielen gefährlichen Haie und Quallen. Ich glaube, wir haben Merlin zu viele Dokus über die giftigsten Tiere Australiens schauen lassen.

Für *Sydney*s Innenstadt haben wir nur zwei Tage Zeit. Vormittags müssen wir mit Freddi im Hotel das restliche Schooling erledigen, also sind es eigentlich nur noch zwei halbe Tage. Viel zu wenig Zeit für eine Stadt wie *Sydney*. Aber Merlin ist mit einer Städtereise ohnehin schnell überfordert, und außerdem haben wir ja inzwischen erkannt: Für die Familienstimmung ist weniger mehr.

Es ist zufällig gerade »World Pride«, ein internationales Event für Toleranz und Vielfältigkeit, und dieses Jahr die allererste Veranstaltung dieser Art auf der Südhalbkugel. In allen Hotels, Restaurants und Geschäften hängen Regenbogenflaggen, und wir haben das Gefühl, dass *Sydney*s Einwohner stolz darauf sind, in so einer bunten und aufgeklärten Stadt zu leben. Ganz entspannt zeigt sich auch die Atmosphäre am Hafen. Zwischen unzähligen Fußgängern sitzt ein junger Mann mit Dreadlocks, der in ein langes Didgeridoo bläst. Ein tiefer, vibrierender Basston dringt durch den Gesprächsteppich der Touristen fast bis zum Opernhaus, dessen Architektur den Freddi interessanterweise sehr fasziniert.

Er knipst unzählige Fotos und fragt uns, welche Form wir in dem Gebäude eher erkennen würden, Segel oder Muschel?

Später suchen wir in der Stadt ein Schreibwarengeschäft. Denn so langsam sind Freddis Schreibhefte vollgeschrieben und wir brauchen Ersatz. Wenn wir irgendwo eine Chance haben, linierte und karierte Hefte für die Schule zu kaufen, dann sicherlich hier in der Großstadt. Später werden wir an der Küste entlang nach Norden fahren, und wer weiß, durch wie viele größere Orte wir kommen, in denen wir Schreibwaren kaufen können.

Am zweiten Nachmittag lassen wir uns mit der Fähre nach *Cremorne Point* bringen, zu einem bekannten Vorort von *Sydney*, von dem aus man die Silhouette der Metropole von weitem betrachten kann. Unser Weg führt durch einen wilden Park bis ganz nach vorn an die Spitze der Halbinsel. Aber gleich am Eingang des Parks sehe ich etwas, das mich vor Grauen erstarren lässt. Handtellergroße schwarze eklige Spinnen sitzen in riesigen Spinnennetzen, die zwischen den Büschen und Bäumen aufgespannt sind. Und es sind viele. Sehr viele! Die meisten Netze hängen so hoch, dass man unter ihnen hindurchgehen kann, was ich dann leider auch tun muss. Denn die Jungs sind schon vorausgelaufen. Die ganze Zeit über schaudert es mich, mich fröstelt und meine Kopfhaut kribbelt. Ich versuche nicht nach oben zu gucken und ducke mich während des Laufens, obwohl das nicht nötig wäre. Wahrscheinlich sind die Spinnen nicht giftig, aber giftig oder nicht ist mir egal. Ich will weg hier. Leider müssen wir den ganzen Weg auch wieder zurück. Baaaahh. Widerlich. Ich bin mehr als erleichtert, als wir wieder aus dem Park herauskommen. Welch ein Auftakt – willkommen in Australien!

Eine ganze Woche am Stück

24. Februar in Australien . 25 °C

Irgendwo in der Innenstadt, aber nur wenige Gehminuten von unserem Hotel entfernt, holen wir unseren Mietwagen für die nächsten fünf Wochen ab. Ein etwas älteres Modell von Toyota, das schon ziemlich heruntergekommen wirkt. Ganz knapp passen die zwei großen Gepäckstücke hinten rein, Glück gehabt. Der Koffer, den wir uns zusätzlich in Neuseeland gekauft hatten, muss auf die Rückbank zwischen die Kinder. Sie beschweren sich zwar über das Monstrum, das so viel Platz wegnimmt, aber was sollen wir machen?

Dann fahren wir aus *Sydney* heraus. Mitten in einem großen Pulk von Autos, die alle in die gleiche Richtung wollen, nämlich ans Meer. Unser Ziel ist der Vorort *Collaroy*, der an einem der nördlichen Strände *Sydney*s liegt. Ich google, welcher Supermarkt auf dem Weg liegt, und kurz darauf biegt Flo bei Aldi auf einen Parkplatz ein. Ja, tatsächlich gibt es Aldi in Australien, natürlich mit völlig anderen Produkten als in Deutschland. Trotzdem sieht es innen ähnlich aus, und vermutlich sind die Preise auch niedriger als anderswo. Aber noch haben wir keinen Vergleich, denn das ist unser erster Supermarkt-Besuch in diesem Land.

Vollbepackt geht es weiter, die Sonne brennt rücksichtslos auf unser Autodach, innen wird es immer heißer und stickiger. Die Kinder beschweren sich schon. Nun stehen wir auch noch im Stau. Es ist bereits Nachmittag und wahrscheinlich fahren alle „Sydneysider" gerade von ihrem Büro aus der Stadt nach Hause in ihre Vororte. Hoffentlich verderben die tiefgekühlten Lebensmittel nicht, bis wir in unserer neuen Unterkunft sind. Die Strecke ist nur 20 Kilometer lang, aber wegen des Staus brauchen wir fast zwei Stunden.

Endlich in *Collaroy* angekommen, weht uns eine frische Meeresbrise um die Nase und beim Anblick des weitläufigen Sandstrands kommt eine große Sehnsucht nach Erholung und Entspannung in mir auf. Hier haben wir für eine knappe Woche ein Apartment über AirBnB gemietet. Schon lange freuen wir uns auf diese vielen Tage am Stück in einer ‚richtigen' Wohnung mit ausreichend Platz, zwei Schlafzimmern und großer Küche. Das Apartment ist genauso, wie es in der Anzeige beschrieben wurde. Ein riesiger Balkon mit Blick auf das Meer lockt zum entspannten Verweilen. Und der Kinderspielplatz direkt vor dem Haus wird uns Eltern in den nächsten Tagen noch viel Ruhe und Erholung bescheren.

Doch trotz des besten Badewetters, das man sich vorstellen kann, will am ersten Nachmittag niemand mehr vor die Tür. Die Kinder basteln und malen ausgiebig in der Wohnung. Währenddessen entdeckt Freddi ein Monopoly-Spiel, allerdings in der australischen Version. Hier kann man nicht irgendwelche teuren Straßen und Bahnhöfe kaufen, sondern gleich das *Great Barrier Reef* oder die Flughäfen von *Sydney*, *Perth*, *Brisbane* und *Melbourne*. Es wird gespielt, bis allen langweilig ist. Wir genießen die Zeit in unseren eigenen vier Wänden. Jeder kann endlich mal machen, was er möchte.

Im Zimmer der Kinder steht ein Doppelbett, und es gibt zusätzlich noch eine einzelne Matratze, die man sich auf den Boden legen kann. Merlin würde gerne mit Freddi zusammen im Doppelbett schlafen, aber Freddi sagt, er braucht auch mal Abstand. Er legt die Matratze ins Wohnzimmer und baut um sein Bett herum alles auf, was er an Sachen dabei hat. Mir kommt es so vor, als würde er sich jetzt nach einem großen Umzug endlich richtig einrichten. Die zahlreichen Kuscheltiere werden fein säuberlich an den Rand des Betts gesetzt, und alle übrigen Spielsachen bekommen ihren Platz daneben.

Auf dem Wochenplan stehen noch zwei Aufgaben aus dem GeWi-Unterricht, die Freddi noch nicht erledigen konnte. Es geht um ein Experiment zur Oberflächenspannung, für das man ein Glas Wasser, Öl, Spülmittel und eine kleine Büroklammer braucht. Gut, dass wir das alles hier in der Wohnung haben, denn im Hotelzimmer in *Sydney* wäre es nicht möglich gewesen, so ein Experiment durchzuführen. Freddi sträubt sich zunächst.

„Ich will mich endlich mal ausruhen und gar nichts machen!", murrt er.

Ich kann ihn so gut verstehen. Aber es hilft nichts. Die neuen Aufgaben kommen bald, und wenn Freddi nichts abarbeitet, wird der Berg immer größer. Als er endlich anfängt, hat er sogar Spaß an der Aufgabe, wie ich es mir gedacht habe. Außerdem hat sein Co-Klassenlehrer, der auch Deutsch unterrichtet, ihn gebeten, ein kurzes Video von sich selbst aufzunehmen. In seiner Klasse wird gerade ein Projekt zum Thema ‚Schulhofverschönerung' durchgeführt. Freddi soll etwas darüber erzählen, was er an seinem Schulhof schön oder nicht so schön findet. Seine Schule hat tatsächlich einen sehr trostlosen Schulhof, und ich finde es toll, dass dort etwas verbessert werden soll und dass Freddi sogar aus der Ferne seine Meinung dazu abgeben kann. Leider ist so eine Videoaufnahme gar nichts für ihn, er ziert sich beim Sprechen und findet sich dann schrecklich beim Angucken des Videos. Das kenne ich gut, ich mag mich selbst auch nicht auf Videos. Dann fällt mir etwas ein:

„Wir machen es erstmal andersherum, Freddi. Du filmst mich, wie ich etwas über den Schulhof sage, okay? Und danach filme ich dich."

Die Perspektive des Kameramanns einzunehmen, hilft Freddi. Trotzdem muss ich im Anschluss mehrere Aufnahmen machen, bis er sich endlich selbst auf dem Video akzeptiert und ich es an den Deutschlehrer schicken kann.

Am Abend sitzen Flo und ich auf dem Balkon und genießen das milde Klima, während die Kinder alleine noch eine Runde draußen auf den Spielplatz gehen. Zuerst bin ich mir unsicher, ob wir sie wirklich alleine nach unten gehen lassen sollen. Was ist, wenn sie sich verlaufen oder wenn fremde Menschen Böses wollen? Andererseits haben wir den Spielplatz vom Balkon aus im Blick und die Kinder wirken inzwischen so selbstbewusst, dass sie sich schon zu helfen wissen werden. Und eigentlich bin ich froh, dass sie sich überhaupt trauen, ohne uns Eltern rauszugehen. Flo und ich hatten in letzter Zeit nur selten ruhige Momente ohne Kinder. Unsere Beziehung als Paar kam viel zu kurz. Seit Beginn der Reise sind wir oft gleichzeitig mit den Kindern schlafen gegangen. Jeder las dann meistens noch etwas für sich im Bett, oder ich schrieb die Ereignisse des Tages in den Reiseblog. Viel Muße für tiefergehende Unterhaltungen hatten wir nicht, ständig wurden wir durch eins der Kinder unterbrochen. Das zehrt durchaus an den Nerven, und schon so manches Mal hatte ich mir eine Kinderbetreuung über mehrere Stunden herbeigewünscht. Es waren genau diese Bedenken, die uns zögern ließen, die Reise anzutreten, und es war klar, dass sie uns irgendwann einholen würden. Ich hatte vor Kurzem mal nach australischen Familienhotels inklusive „Kid's Club" recherchiert, den Plan aber mit dem Blick auf die Preise schnell wieder verworfen. Wir müssen irgendwie versuchen damit umzugehen und uns Nischen suchen, damit wir uns als Paar trotz der vielen gemeinsamen Zeit nicht aus den Augen verlieren. So wie eben jetzt mit dem Spielplatz vor dem Balkon.

Wir genießen es sehr, hier zu sitzen und gemeinsam zu sinnieren, wie sich unser Leben nach der Reise verändern könnte. Weniger, beziehungsweise effektiver zu arbeiten wäre schön, mehr Bewegung, gesündere Ernährung. Naja, alles Eingebungen, für die man keine große Weltreise bräuchte. Trotzdem tut es gut und stärkt die Verbundenheit, sich über solche Themen auszutauschen und weiter darüber nachzudenken.

Als wir am nächsten Morgen aufwachen, nehmen wir uns erst einmal viel Zeit für unser selbstgemachtes Frühstück in der Ferienwohnung. Kein Check-Out um 10 Uhr, kein Zusammenpacken und Weiterfahren. Was für eine Entspannung!

Anschließend erkunden wir den Strandabschnitt vor unserer Haustür. Am südlichen Ende erwartet uns ein riesiger Rock Pool. Raue Felsen umgeben dieses natürliche Schwimmbecken, und das Wasser aus dem Meer fließt durch einen Zugang hinein und wieder hinaus. So etwas kannten wir bisher nicht, und die Kinder finden es spannend, in diesem Naturbecken zu baden. Aber auch das Meer übt wieder seine Anziehungskraft auf uns aus. Die Wellen sind beachtlich, doch das stört die Jungs wie üblich nicht im Geringsten.

In den folgenden Tagen besuchen wir den beliebten *Manly Beach*, den einsamen *Whale Beach* und den *Ku-Ring-Gai Chase-Nationalpark* mit seinen Höhlenmalereien. Die Kinder entdecken während der Tage am Strand das Bodyboarden, und sogar ich kann meine Angst vor den Wellen ein bisschen überwinden. Australien gefällt uns schon jetzt richtig gut. Das liegt natürlich in erster Linie an der entspannten Meeresatmosphäre, aber auch daran, dass uns die Menschen hier recht locker und aufgeschlossen vorkommen. Beim Einkaufen, Essengehen oder einfach auf der Straße begegnet uns immer ein freundliches Lächeln, überall hören wir das fast schon klischeehaft fröhliche „G'day Mate!". Das Griesgrämige und Miesepetrige, das wir aus Berlin kennen, gibt es hier einfach nicht. Es passt auch irgendwie nicht hierher, denn so sonnig wie das Klima scheinen auch die australischen Gemüter zu sein.

Den letzten Tag verbringen wir mit Baden und Bodyboarden an ‚unserem' Strand.

„Guck mal Mama, ich glaube das ist eine Schulklasse, die haben da eine Unterrichtsstunde in Sport!" Freddi zeigt auf eine Gruppe von Jugendlichen, die sich gerade umziehen. In Australien wird Schuluniform getragen und sogar nach dem Umziehen sind die Schüler in Badekleidung mit gelben Westen einheitlich angezogen. Mit einer Handvoll Surfbrettern gehen zwei Lehrer zusammen mit der ganzen Klasse ins Wasser. Wir sitzen am Strand und gucken amüsiert zu. Natürlich schaffen die beiden Lehrer es nicht, auf alle Schüler gleichzeitig einzugehen.

„Oh no, die riesige Welle, passt auf ...", schreit Freddi und springt vor lauter Aufregung auf und ab, als er sieht, wie eine große Welle ein Kind mit zwei anderen Kids zusammenstoßen lässt. Sie schlittern ineinander und werden von den Wassermassen überrollt, sodass sie mitsamt den Brettern unter lautem Rauschen nach unten gedrückt werden. Die Lehrer bekommen das nicht einmal mit, sondern sind gerade mit andern Kindern beschäftigt. Sie scheinen überhaupt völlig entspannt zu sein. Aber auch den untergetunkten Schülern scheint das Durcheinander nicht viel auszumachen. Zuerst flutschen die Surfbretter nach oben und dann tauchen auch die Kinder unversehrt und lachend wieder auf. Mir kommt in den Sinn, dass so etwas in Deutschland undenkbar wäre. Viel zu gefährlich! Aber Freddi scheint Bedenken in Bezug auf mögliche Gefahren ganz und gar nicht zu teilen.

„Mama, ich hätte auch voll gern so einen Sportunterricht in der Schule. Das muss richtig viel Spaß machen!"

Ein paar Meter weiter links bemerken wir einen jungen Kerl, der aufrecht auf seinem SUP steht, den Blick zum Strand gerichtet. Er hält das Paddel fest in beiden Händen und schaut nun über die Schulter aufs Meer hinaus. Er wartet auf die nächste gute Welle. Als sie ankommt, fängt er im richtigen Moment an, mit kräftigen Schlägen zu paddeln, um Geschwindigkeit aufzubauen. Und dann reitet er so souverän auf dieser Welle, als würde er den lieben langen Tag nichts anderes machen. Währenddessen verlagert er auch noch das Gewicht und läuft ein paar Schritte auf dem Board vor und zurück. Kurz bevor die Welle den Strand erreicht, springt er ab und paddelt wieder in Richtung Meer. Verrückt, diese Australier!

In den Australischen Bergen

3. März in Australien . 23 °C

Wir verbringen zwei Tage im Ort *Katoomba* in den *Blue Mountains*, zweieinhalb Stunden von *Sydney* entfernt im Landesinneren. Ursprünglich wollten wir dort Patric, einen ehemaligen Arbeitskollegen von mir besuchen, der aus Deutschland ausgewandert ist und inzwischen schon sehr lange in Australien lebt. Aber genau an diesem Wochenende ist er nicht zu Hause. Trotzdem gibt er uns per Telefon ein paar wertvolle Tipps für Aktivitäten vor Ort.

Vom *Echo Point* aus bewundern wir die Aussicht auf die *Three Sisters*, lustigerweise der gleiche Name wie die Felsformation in Neuseeland, und die drei Schwestern sehen auch sehr ähnlich aus. Das steil abfallende Tal ist mit weitläufigen Eukalyptuswäldern bewachsen, wobei die ganze Landschaft tatsächlich in bläulichem Licht zu schimmern scheint. Später erfahren wir, dass die blaue Farbe dadurch entsteht, dass feine Tröpfchen ätherischer Öle, die von den Eukalyptusbäumen abgegeben werden, mit dem Sonnenlicht reagieren. Wirklich außergewöhnlich. Da wir jedoch kurz zuvor in der einzigartigen Szenerie Neuseelands umhergereist sind, kommt uns die Umgebung hier gar nicht mehr so einzigartig vor. Interessant, denke ich. Sogar an atemberaubende Landschaften kann man sich so sehr gewöhnen, dass einem alles andere gleich nicht mehr so spektakulär erscheint. Aber eines ist hier etwas anders als in Neuseeland, nämlich der Menschenauflauf, der sich mit uns an diesem wunderschönen Ort befindet. Solche Massen sind wir gar nicht mehr gewohnt, und so sehen wir nun einigermaßen fasziniert dem Schauspiel zu. Touristen stehen am Aussichtspunkt, stellen sich in Pose und schießen mit Selfiestick bewaffnet Fotos von sich und der Umgebung. (Wobei, wir dürfen ja nicht unken, das machen wir natürlich auch manchmal. Nur ohne Selfiestick.)

Auf die Empfehlungen von Patric hin wandern wir zu zwei verschiedenen Wasserlöchern, zu den *Minnehaha Falls* in *Katoomba* und zum *Paradise Pool* in *Linden*. Das sind in der Tat Tipps von jemandem, der sich hier auskennt. Das Besucheraufkommen ist überschaubar, vor allem am *Paradise Pool* sind deutlich weniger Menschen anzutreffen, vermutlich verschlägt es nur Einheimische hierher. Auf unebenen Wegen geht es über Stock und Stein durch die wilde Natur. Zwischendurch erschweren Kletterpartien über felsige Erhebungen das Vorankommen. Und währenddessen dringt das Gekrächze exotischer Vögel an unsere Ohren, und wenn man es nicht besser wüsste, könnte man meinen, man sei in der Vogelvoliere des Berliner Zoos gelandet. Die bunten Papageien fliegen hier frei herum wie bei uns Spatzen oder Meisen. Freddi entdeckt mit großer Freude immer wieder Eidechsen, die sich auf den heißen Steinen sonnen, aber sofort davonhuschen, wenn sie seine Tritte spüren. Und die ganze Zeit über strömt der frische Eukalyptus-Duft in unsere Nasen.

Durch die Äste der dichten Bäume hindurch erblicken wir schließlich das Wasserloch. Ein Wasserfall ergießt sich mit lautem Getöse von den Berghängen in den tiefblauen Naturpool. Idyllisch und märchenhaft zugleich liegt er da, mitten im Wald, mit weißem Sandstrand und viel Grün drumherum. Als wir am Ufer ankommen, setzen sich Freddi und Merlin verschwitzt, aber glücklich in den Sand und bauen erst einmal eine Stadt mit Flughafen. Ein paar Einheimische hocken in Gruppen beim Picknick, manche kühlen sich im Wasser ab oder schwimmen zum Wasserfall und setzen sich direkt unter den kalten Schwall.

„Mama, das will ich auch machen!", sagt Freddi, als er das sieht. Mutig springt er ins kühle Nass und schwimmt drauflos. Merlin, der ja noch nicht so lange schwimmen kann, zögert kein bisschen und schwimmt hinterher. Ich muss zugeben, dass ich manchmal ein Angsthase bin. Ich finde es immer unheimlich, wenn ich nicht weiß, was unter mir im Wasser ist. Aber ich will die Kinder natürlich nicht alleine dorthin schwimmen lassen. Der sandige Untergrund fällt sehr schnell sehr steil ab, sodass ich bald nicht mehr stehen kann, und die Farbe wird immer schwärzer, je weiter ich schwimme. Solche Wasserlöcher sind oft sehr tief, habe ich mal gehört. Aber egal, Augen zu und durch, eigentlich ist es gar nicht so weit. Dort, wo der Wasserfall herabstürzt, brodelt und schäumt es, und vor lauter Luft im Wasser fällt es schwer, an derselben Stelle zu bleiben. Um unter den Wasserstrahl zu gelangen, müssen wir erst über eine kleine felsige Mauer klettern. Das Getöse rauscht in meinen Ohren, und ich verstehe nicht, was die Kinder mir jetzt zurufen. Die Wand fühlt sich glitschig an, und ich schiebe die beiden am Po hoch, bevor ich selbst den rutschigen Felsvorsprung hinaufklettere. Und dann sitzen wir zu dritt unter dem Wasserfall und lassen das kühle Nass über unsere Köpfe sprudeln. „Juhuuuu!" Die Kinder reißen die Arme in die Höhe und versuchen, mit ihren Freudenschreien das Rauschen zu übertönen.

Und schon geht es wieder weiter, zurück ans Meer. Patric hatte uns angeboten, in seinem „Holiday House" in *Killcare* zu übernachten, damit wir uns doch noch sehen können. Er ist nämlich gerade dort, um einige Sachen am Haus zu reparieren. Ich freue mich sehr, dass wir uns nach so einer Ewigkeit wiedersehen. Vor 22 Jahren ist Patric von Deutschland nach Australien ausgewandert und hat hier seine Frau kennengelernt. Sie haben zusammen ein Kind bekommen, und er sagt, er würde nicht mehr nach Deutschland zurückgehen wollen, da ihm der entspannte Way of Life in Australien mehr zusagt. Kann ich verstehen. Er selber wirkt so locker wie eh und je, aber er hat auch die Umgebung gefunden, die zu seinem Temperament passt. Es freut mich sehr zu sehen, wie wohl er sich in Australien fühlt. Ich überlege ernsthaft, ob das auch ein Land für mich wäre. Ich würde mit der Hitze klarkommen müssen. Hier geht es jetzt auf den Herbst zu, aber an den meisten Tagen ist es über 30 °C heiß. Im Sommer muss es ja noch heißer sein. Ob man sich daran gewöhnt? Na gut, das Land ist riesig, irgendwo wird es sicher einen Flecken geben, der die richtige Temperatur für mich bietet. Vielleicht eher in der Gegend um *Melbourne*, wo es ebenso schöne sandige Küstenabschnitte gibt. Dort würde es sich bestimmt gut aushalten lassen, denke ich.

Und dann denke ich, was für ein Luxus, überhaupt über so etwas nachdenken zu können. Wie viele Menschen gibt es auf der Welt, die so frei von Zwängen und finanziellen Sorgen überlegen können, wo es ihnen auf unserer Erde am besten gefallen würde? Die die richtige Staatsbürgerschaft besitzen, um überhaupt in Länder wie dieses einreisen zu dürfen? Zehn Prozent? Vermutlich noch weniger. Ein Gefühl der Demut breitet sich aus, und diese Gedanken bleiben kein Einzelfall. Immer wieder wird mir auf dieser Reise bewusst, wie glücklich wir uns als Familie schätzen können, in einem Land wie Deutschland geboren zu sein. Uns sicher und frei bewegen zu können, eine gute Schulbildung zu genießen, die finanziellen Mittel zur Verfügung zu haben und keinerlei Einschränkungen hinnehmen zu müssen, wenn wir die Schönheit unseres wunderbaren Planeten entdecken wollen.

Ein Geburtstag am anderen Ende der Welt

06. März in Australien . 35 °C

Endlich ist es soweit, Merlin wird fünf Jahre alt und das lange Warten hat ein Ende. Schon vor einem Jahr hat er in der Kita immer ganz aufgeregt verkündet, dass er in Australien fünf wird. Kinder können ja bekanntermaßen nicht gut abwarten, und auch diesmal war die Aufregung im Vorfeld überwältigend groß. Schon einige Nächte vor seinem Ehrentag hatte Merlin Schwierigkeiten ein- und durchzuschlafen, sodass er nachts Gesellschaft brauchte und abends einfach gleich im Elternbett einschlief.

Im Moment verweilen wir in der Nähe von *Port Stephens* auf einem kinderfreundlichen Campingplatz mit Spielplatz und Pool. Hier feiern wir Merlins Geburtstag genau so, wie er sich das wünscht. Gleich zum Frühstück gibt es den Geburtstagskuchen mit den fünf Kerzen, natürlich in Begleitung des obligatorischen „Happy Birthday"-Gesangs.

Ich hatte erst überlegt, selbst einen Kuchen zu backen, so wie zu Hause jedes Jahr. Aber in unserem Bungalow gibt es keinen Backofen, und erst recht keine Kuchenform. Nach längerer Internetrecherche fanden wir einen kleinen Laden, der ausschließlich Konditoreiwaren für besondere Anlässe herstellt, und in dem Merlin sich seinen Kuchen dann selbst aussuchen durfte. Das auserwählte Exemplar hat im Inneren mehrere Teigebenen in Regenbogenfarben und darüber eine dicke Schicht Buttercreme, die mit bunten Streuseln übersät ist. Selten habe ich ein Gebäck gesehen, bei dem sich mein Gaumen schon beim Anblick der puren Süße zusammenzieht. Ich hatte Bedenken, ob wir das gute Stück heil in unsere Unterkunft bekommen würden, denn draußen war es inzwischen über 35 °C heiß. Aber alles ging gut, und jetzt genießen wir das buttercremige Zuckerteil.

Und natürlich packt Merlin im Anschluss gleich seine Geschenke aus. Unter anderem ein Buch über die bekanntesten australischen Vögel, dass ich letztens in einem Giftshop gefunden und heimlich gekauft hatte, denn ich war mir sicher, dass es Merlin auf jeden Fall gefallen würde. Zu jedem der Vögel gibt es eine Kurzbeschreibung (natürlich auf Englisch) und den Sound der dazugehörigen Vogelstimme.

Denn eine Besonderheit, die uns hier im Vergleich zu Europa auffällt, ist die außerordentlich bunte Vogelwelt. Ganz egal, wo wir uns gerade aufhalten – in der Stadt, im Wald oder am Meer – überall begegnen uns exotische Vögel in den unterschiedlichsten Arten und Größen. Und ihre oft markanten Rufe verschmelzen zu einer eindringlichen Klanglandschaft, die sich ins Ohr drängt, auch wenn man nicht genau hinhört. Besonders angetan haben es den Kindern die Kakadoos, weiße Papageien mit gelben Federkronen, die in großen Schwärmen umherfliegen. Sie setzen sich gerne auf Strommasten oder Hausdächer und krächzen laut von oben herab. Ihr schrilles Kreischen ist unüberhörbar, sogar in großen Städten sind sie anzutreffen. Ein anderer auffälliger Vogel ist der Kookaburra. Seine Stimme klingt wie ein lautes, heiteres Lachen, jedes Mal überrascht uns dieser ungewöhnliche Sound. Er erinnert eher an den Ruf eines Affen als an den eines Vogels. Dann gibt es noch die lustigen, knallbunten Rainbow Lorikeets. Diese kleinen Papageien sind für ihre lebhaften, zwitschernden Rufe und Gesänge bekannt, insbesondere wenn sie in Schwärmen umherfliegen. In diese Vögel hat sich vor allem Freddi verliebt. Er freut sich immer, wenn er sie irgendwo sieht, was recht häufig passiert.

Merlin ist wie erwartet begeistert von seinem Geschenk und muss die Vogelstimmen im Buch immer wieder aufs Neue abspielen. Flo oder ich sollen dann den Text ad hoc ins Deutsche übersetzt vorlesen. Da mein Englisch von Tag zu Tag besser wird, ist das für mich kein Problem (mehr). Das Vogelbuch wird unsere Zeit in Australien sehr bereichern, denn Merlin wird es ab jetzt überall mit hinnehmen und noch genauer auf die Vogelstimmen da draußen hören.

Die Hauptattraktion des heutigen Tages ist der Besuch eines »Koala Sanctuary«, eines Krankenhauses für Koalas. Denn die Begegnung mit echten Koalas ist für Merlin schon seit Beginn der Reise ein sehnlicher Wunsch. Koalas sind endemisch in Australien, sie kommen von Natur aus nur hier vor. Aber mittlerweile sind sie so stark vom Aussterben bedroht, dass sie auch hierzulande nur noch äußerst selten in freier Wildbahn zu sehen sind. Sie leben auf Bäumen und ernähren sich von Eukalyptusblättern. Außerdem sind sie überwiegend nachtaktiv und verbringen den Großteil des Tages mit Schlafen in den Baumkronen. Für den Menschen sind sie daher schwer zu entdecken. Die meisten Koalas, die hierhergebracht werden, wurden von Autos angefahren. Sie werden hier medizinisch versorgt, aufgepäppelt und wieder ausgewildert, sobald sie genesen sind. Durch ein Schaufenster können die Besucher zusehen, wie die Tierärzte sie operieren oder behandeln.

Zu viert lehnen wir jetzt am großen Fenster und beobachten, wie zwei Koalas eine Spritze bekommen. Sie werden aus ihren Körbchen herausgenommen und nacheinander auf eine Krankenliege gelegt. Drinnen sieht es aus, wie in einer richtigen Arztpraxis. Zwei Schwestern halten die Tiere fest, während der Arzt ihnen eine Spritze gibt. Merlin ist ganz aufgeregt und macht durch das Fensterglas hindurch Fotos mit seinem Handy.

„Mama, die bekommen bestimmt eine Impfung, so wie ich vor der Reise", sagt er, und ich muss schmunzeln. Impfungen haben die Kinder in der Tat sehr viele bekommen, und inzwischen haben sie überhaupt keine Angst mehr vor Spritzen.

Die Koalas sind fertig und werden nun wieder in ihre Körbchen gesetzt und direkt ans Schaufenster geschoben, keine 20 cm von uns entfernt. Es sieht so niedlich aus, wie sie so schlapp in ihren Körben hängen. Und so nah hätte man sie sonst nie beobachten können. Sie tun uns leid, weil wir ihnen zuschauen können, während es ihnen offensichtlich nicht gut geht. Andererseits freut es uns sehr, dass solche Einrichtungen existieren und die Tiere hier liebevoll gesund gepflegt werden.

Aber auch gesunde Koalas sind in diesem Park zu sehen. Leider können einige der wieder genesenen Tiere nicht mehr ausgewildert werden, da sie entweder blind sind oder nicht mehr gut klettern können. Manche von ihnen sitzen hoch oben in den Bäumen. Von unten sind sie in der Tat nur sehr schwer zu erkennen. Merlin erspäht sie trotzdem und ist höchst zufrieden mit dem Besuch im Koala-Krankenhaus an seinem Geburtstag, anstelle eines Kindergeburtstages zu Hause.

Am Abend bekommen wir noch ein Video aus der Kita per WhatsApp zugeschickt, in dem die Erzieherinnen mit allen Kindern zusammen ein Geburtstagslied für Merlin singen. Während Merlin sich das Video ansieht, merke ich deutlich, dass er sich etwas unwohl fühlt. Er geht einen Schritt zurück und möchte sich am liebsten hinter dem Handy verstecken, damit ihn niemand sieht. Wieder kommt mir der Gedanke, dass es ihn stark verunsichern muss, hier in der großen weiten Welt an zu Hause erinnert zu werden, das für ihn so weit weg ist. Später beim Ins-Bett-gehen verrät er mir dann, dass er dolle Heimweh hat und eigentlich gern wieder zurück nach Berlin möchte. Mit seinen liebsten Kuscheltieren im Arm schläft er irgendwann ein, und ich hoffe, dass die Sehnsucht nach der Heimat nur eine vorübergehende Anwandlung war.

Die Suche nach dem Känguru

13. März in Australien . 31 °C

An der Ostküste Australiens reiht sich ein großartiger Strand an den anderen. Sie heißen 1-Mile Beach, 5-Mile Beach, 7-Mile Beach, 10-Mile Beach, und sie sind natürlich genauso lang, wie sie heißen. Meilenweite weiße Strände, und die meisten Küstenabschnitte sind naturbelassen und unbebaut. Und oft menschenleer. Kein Wunder, denn Australien ist ungefähr 22 x so groß wie Deutschland, aber trotzdem hat Deutschland 4 x so viele Einwohner wie Australien. Und circa 40 % aller Australier leben im Großraum *Sydney* und *Melbourne*. Die restlichen Teile des Landes sind sehr dünn besiedelt. Und das Land ist echt riesig. Ich schaue auf der Karte nach, wie weit wir bisher gefahren sind, ein Klacks – wirklich richtig wenig. Wenn man Australien in seiner ganzen Vielfalt sehen und erleben möchte, muss man entweder sehr viel Zeit einplanen oder mehrere Inlandsflüge unternehmen.

Wir beschließen, ab jetzt wieder länger an einem Ort zu bleiben, ehe wir mit unserem Gepäck weiter zur nächsten Unterkunft düsen. Nachdem Merlin gestern über seine Sehnsucht nach Berlin sprach, wird mir wieder bewusst, dass die Kinder mehr Zeit brauchen, um sich an den neuen Ort zu gewöhnen und richtig anzukommen. Mindestens vier Nächte nehmen wir uns vor, das ist hoffentlich eine gute Zeitdauer. Außerdem sind Flo und ich uns einig, dass wir je nach Etappe nicht länger als drei Stunden im Auto sitzen wollen. Das bedeutet, dass wir es nur bis nach *Brisbane* schaffen werden, und nicht bis in die Nähe des *Great Barrier Reefs*, so wie wir uns das ursprünglich erträumt hatten. Trotzdem beschweren sich die Kinder jedes Mal, wenn wir mit Sack und Pack wieder abfahrtbereit im Auto sitzen. Nach zehn Minuten ertönt schon der allseits bekannte Satz: „Wann sind wir da?" Da Freddi während der Fahrt auf dem Rücksitz oft übel wird, sitzt er ab und zu wieder auf dem Vordersitz, denn auf dem Highway mal schnell irgendwo anhalten, geht natürlich nicht. Außerdem sind die Strecken zwischen den einzelnen Orten oft ziemlich lang. Als wir einmal auf dem Weg zur nächsten Etappe im Auto zu viel quatschen, verpasst Flo eine Ausfahrt. Erst nach 20 Minuten kommt die nächste Ausfahrt.

Der Umweg dauert also 40 Minuten! Die Straßen sind jedoch vorbildlich instandgehalten und auch gut frequentiert. Allerdings hatte ich mir die Landschaft hier irgendwie anders vorgestellt. Karger und wüsten-ähnlicher, aus rotem Sand oder Stein. Doch die Strecke zwischen *Sydney* und *Brisbane* gleicht eher einer faszinierenden Mischung aus mediterranem und südostasiatischem Charme. An den Straßenrändern stehen zahlreiche Eukalyptusbäume, dazwischen lugen immer wieder Palmen, riesige Urwald- und Frangipanibäume hervor. Die Landschaft ist keineswegs karg, überall trifft das Auge auf intensives Grün. Den roten Sand sehen wir dann auch, aber erst als wir ein bisschen tiefer ins Buschland hineinfahren. Trocken und wüstenähnlich wird es vermutlich erst, wenn man einige Kilometer ins Landesinnere fährt.

Unser nächstes Ziel befindet sich in *Boomerang Beach*, einer Bucht mit langem weißem Sandstrand, die von der Form her zweifellos an einen Bumerang erinnert und auf Internetfotos wirklich traumhaft aussieht. Doch bevor wir dort ankommen, müssen wir noch den obligatorischen Großeinkauf erledigen. Das machen wir immer gerne schon direkt auf dem Weg zum nächsten Zielort. Die Herausforderung besteht darin, einen Supermarkt in der Nähe der Unterkunft zu finden und nicht zu viele gekühlte oder gar tiefgefrorene Lebensmittel einzukaufen. Bei den australischen Temperaturen von über 30 °C tauen die Sachen viel zu schnell auf. Auch das Verstauen der Tüten im Auto ist eine Challenge, denn unsere drei Koffer haben eigentlich schon den ganzen Platz ausgefüllt. Also stopfen wir die Einkäufe noch in die letzten Winkel des Kofferraums, quetschen noch etwas auf den Rücksitz zwischen die Kinder, und ich nehme noch zwei Taschen auf den Schoß.

Nach dem Einchecken, Auspacken und Einrichten machen wir uns sofort auf den Weg zum *Boomerang Beach*. Der Weg über den endlos breiten Sandstrand bis hin zum Meer gleicht einer Wanderung, so weitläufig ist er. Keine Menschenseele ist da. Leichter Wind geht, und hohe Wellen rauschen an den goldgelben Traumstrand, hinter dem sich eine wilde Dünenlandschaft erstreckt. Freddi kann endlich wieder in aller Ruhe seine riesigen Flughäfen in den Sand bauen. Danach springen die Jungs ins Wasser und lassen sich von der Kraft der Wellen mitreißen, jauchzend vor Glück. Nur ein paar Surfer kommen am späten Nachmittag vorbei. Es ist ein bisschen wie in Neuseeland, nur das Wasser und die Luft sind viel wärmer. Und so genießen wir die unendliche Weite an diesem einsamen Strand, weit weg vom Rest der Welt.

Am nächsten Tag fängt es an zu regnen, also es regnet nicht, es schüttet! Und auch an den nächsten beiden Tagen regnet es unaufhörlich weiter. Wir nutzen die Zeit, um den Wochenplan für die Schule voranzubringen. Es ist großartig, dass wir uns die Zeit für das Schooling so einteilen können, wie es uns am besten passt. Allerdings kann sich Freddi oft nicht so lange am Stück konzentrieren. Eine Stunde lang geht es ganz gut, aber danach wird er fahrig und zappelt herum, weil ihm sowohl die Energie als auch die Aufmerksamkeit ausgehen. Nach einer längeren Pause nochmal weiter zu machen, fällt ihm aber noch schwerer. Deshalb versuchen wir in letzter Zeit, so viele Aufgaben wie möglich an einem Stück zu bearbeiten und das Fach dann komplett abzuschließen, nur unterbrochen von kurzen Snackpausen für neue Energie. In Mathematik sind jedoch häufig zwei Sitzungen erforderlich, das heißt zwei Tage mit einer Dauer von jeweils etwa zwei Stunden. Inzwischen sind wir so gut eingespielt, dass Freddi nicht mehr als zehn Stunden pro Woche für den gesamten Wochenplan braucht. Im Laufe der Zeit hat sich herauskristallisiert, dass Flo vor allem für Mathe und Englisch das Schooling übernimmt, und ich für Deutsch und GeWi. Der jeweils andere Elternteil geht mit Merlin zum Spielen nach draußen. Merlin genießt die Exklusivzeit sehr und freut sich immer schon darauf. Oft will er aber auch selbst Schule machen, und so üben wir neben dem Buchstabenschreiben schon ein bisschen Plus- und Minusrechnen. Die Vorschulhefte hat er inzwischen komplett ausgefüllt, sodass wir uns selbst Aufgaben für ihn ausdenken müssen.

Als es endlich zu regnen aufhört, fahren wir über eine unasphaltierte matschige Schotterstraße zu einem Golfplatz in der Nähe eines verlassenen Strandes. Diesen Tipp haben wir von einem Einheimischen bekommen, denn dort sollen wilde Kängurus leben. Kängurus fressen wie Kühe oder Schafe gerne Gras und tummeln sich deshalb auf großen Rasenflächen, also auch auf Golfplätzen, von denen es in Australien viele gibt. Die Strecke ich sehr lang, immer weiter geht es auf dem schlammigen Weg in die Wildnis hinein, bis wir endlich an einem einsamen Golfplatz ankommen. Ich frage mich, wen es jemals zum Golfspielen hierher verschlägt, hier ist nichts weit und breit. Wir steigen aus und laufen auf der großen Rasenfläche umher. Es matscht gewaltig unter unseren Füßen. Aber so sehr wir uns auch anstrengen, Kängurus können wir keine entdecken. Dafür vernehmen wir hier wieder das laute und eindringliche Lachen des Kookaburras. Er muss ganz in der Nähe sein ... und tatsächlich, auf einem Ast können wir ihn entdecken. Ein großer Vogel mit braunem Gefieder und vergleichsweise riesigem

Kopf. Neben seinen Augen prangt ein auffälliger schwarzer Streifen, es sieht aus, als hätte er sich eine Sonnenbrille aufgesetzt. Die Kinder sind ganz aufgeregt, sie halten sich die Hände vor den Mund und versuchen ihr freudiges Juchzen zu unterdrücken, um ihn nicht zu verschrecken.

Damit sich die Fahrt hierher gelohnt hat, fahren wir noch ein Stück weiter über die Schotterstraße zu dem einsamen Strand. Hier sieht es noch wilder aus als am *Boomerang Beach*, und wieder sind wir die einzigen Menschen überhaupt. Kurz laufen wir auf dem Sand in Richtung Meer, aber der Weg ist weit und es ist windig hier, und Badesachen haben wir auch nicht dabei. Außerdem kommt langsam Hunger auf, und wir haben vergessen, ein paar Snacks einzupacken. Also wieder zurück, ab nach Hause.

Auf dem Rückweg passiert dann, was wohl jedem Abenteurer bei einem langen Trip einmal passieren muss. Es macht flop flop flop ... wir haben einen platten Reifen. Mitten im Buschland – ein Klassiker. Und keine ordentliche Ausrüstung im Auto, um den Reifen selbst zu wechseln. Ein Ersatzrad liegt zwar im Kofferraum, aber es gibt kein Drehkreuz dazu. Die alte Karre, nun hat sie uns also im Stich gelassen. Wir brauchen Hilfe, aber wer weiß, wann hier mal jemand vorbeikommt? Voller Erleichterung sehe ich nach ein paar Minuten einen Geländewagen die Straße auf uns zukommen. Puuh, so ein Glück! Das ging so schnell, dass noch nicht einmal die Befürchtung aufkommen konnte, dass wir hier übernachten müssen. Das Auto bleibt neben uns stehen und der Fahrer fragt aus dem Fenster heraus den üblichen Satz, den wir hier schon kennen:

„G'day, mate. How are you?"

Normalerweise antwortet man darauf immer mit:

„Good, and you?"

Aber diesmal sagt Flo: „Not so good."

Der Australier erkennt sofort die Lage, steigt aus und hilft uns mit dem Reifen. Er hat natürlich alles dabei, was man so braucht. Am Ende schenkt er uns sogar seinen Schraubenschlüssel und möchte auf keinen Fall das Geld dafür annehmen, welches wir ihm anbieten.

„I feel better when I know that you have one with you."

Wie nett ist das denn?

Auf der Weiterfahrt hören wir dann noch etwas anderes am Reifen klappern. Das macht mich ein bisschen nervös, und ich hoffe, dass wir mit dem alten Auto noch irgendwo gut ankommen. Ich chatte mit meinem Bruder in Deutschland, der gelernter Automechaniker ist. Er beruhigt mich, wir werden schon nicht liegenbleiben, empfiehlt uns aber trotzdem sicherheitshalber eine Werkstatt aufzusuchen.

Immerhin erreichen wir am nächsten Tag wohlbehalten unser nächstes Quartier, das auch wieder weit draußen in der Wildnis liegt, im *Crowdy-Bay-Nationalpark*. Es ist ein einfacher Campingplatz, auf dem wir im Vorfeld eine winzige Hütte reserviert hatten. Viel Platz gibt es hier nicht, das Doppelbett steht direkt hinter der Küchenzeile und gleich daneben das Stockbett für die Kinder. Zu viert passen wir nur knapp an den kleinen runden Tisch. Wir kommen uns vor, wie in einer Puppenstube, aber durch diese Einfachheit hat es auch etwas sehr Gemütliches.

Freddi muss hier die nächsten Aufgaben für die Schule erledigen, denn ich habe heute wieder den aktuellen Wochenplan zugeschickt bekommen. Der Platz auf dem Tisch reicht gerade mal für sein Heft, das dicke Mäppchen und den Laptop. Heute stehen einige Seiten im Mathematik-Arbeitsheft auf dem Programm. Ausgerechnet Mathe, dazu hat Freddi sowas von gar keine Lust. Flo will die Zeit nutzen, um mit dem Auto in die Werkstatt zu fahren, denn zum Glück gibt es eine ganz in der Nähe. Also muss ich mich neben dem Schooling auch noch um Merlin kümmern.

Als Flo gefahren ist, versuche ich Freddi zu motivieren, mit den Aufgaben anzufangen. Aber er weigert sich wie ein bockiges Kind. Okay, ganz ruhig bleiben, denke ich mir, aber es währt nicht lange, denn schon in der nächsten Minute finde ich mich am Anfang einer hitzigen Diskussion wieder. Am Ende sage ich Sätze wie:

„Willst Du in Deine alte Klasse zurück oder nicht?", „Dann können wir ja jetzt ganz mit der Schule aufhören.", „Ich hab' keine Lust mehr auf die ewigen Streitereien."

Mann, das ist echt anstrengend! Währenddessen meckert Merlin, dass ihm langweilig ist. Leider kann ich ihn nicht dazu bringen, alleine zu malen oder zu spielen, er möchte etwas mit mir zusammen machen. Aber Freddi braucht mich bei den Matheaufgaben, sonst fängt er gar nicht erst an. Außerdem muss ich ihm die Aufgaben erklären, denn sonst macht er zwar irgendwas, aber vielleicht nicht das richtige. Da ich mich nicht aufteilen kann, gebe ich Merlin sein Handy. (Vermutlich war auch genau das sein Ziel.) Und natürlich ärgert sich Freddi jetzt, weil Merlin sich Videos auf dem Handy anschauen darf, während er an seinen Matheaufgaben sitzen soll. Ich verstehe Freddis Unmut natürlich und verspreche ihm, dass er später auch an sein Handy darf, wenn die Aufgaben erledigt sind. Das scheint Motivation genug zu sein, denn Freddi macht sich an die Arbeit, anfangs zwar zögerlich, aber immerhin. Ich bin überaus erleichtert. Es dauert dann auch ziemlich lange, aber er arbeitet so konzentriert, dass er am Ende schon das gesamte Pensum in Mathematik erledigt und somit für einen Tag vorgearbeitet hat.

Nach der Handyzeit erkunden die Kinder den gesamten Campingplatz. In der Nähe unseres Bungalows steht eine große Vogelvoliere mit einem Kakadoo darin, der ihnen leid tut, dort eingesperrt zu sein. Einen ähnlichen Käfig mit Vögeln und einem Kakadoo gab es auch schon auf einem der anderen Campingplätze. Aber dieser Papagei kann sprechen! Und er sieht so lustig aus mit seinem weißen Gefieder und der gelben Krone auf dem Kopf. Er wippt immer hin und her und versucht die Aufmerksamkeit der Vorbeilaufenden auf sich zu ziehen. Die Kinder springen begeistert vor seinem Käfig auf und ab und versuchen Sätze aus ihm herauszubekommen. Als Antwort kommt immer wieder:

„Hello, I am Rocky!"

Ein Schild am Käfig verkündet, dass Rocky schon über 100 Jahre alt ist.

Flo kommt zurück, am Auto ist glücklicherweise alles in Ordnung, die Bremsen sind einfach zu neu für das alte Auto und liegen nicht so perfekt an. Und für sehr wenig Geld hat der Meister auch gleich noch den platten Ersatzreifen repariert. Super, denn wer weiß, wann wir den nächsten Platten haben!? Morgen wollen wir nämlich noch tiefer in die Wildnis hineinfahren.

Im Vorfeld hatte ich im Internet nach Orten gesucht, an denen wir auf jeden Fall Kängurus sehen würden. In einem Reiseblog bekam ich dann den Tipp, dass wilde Kängurus auf dem Campingplatzgelände am *Diamond Head* leben. Der Weg führt über eine lange, rotbraune Schotterstraße mit beängstigend tiefen Schlaglöchern. Es staubt unglaublich hinter uns vom aufgewirbelten Sand. Gut, dass das Auto erst gestern in der Werkstatt war, denke ich. Sonst würde ich die ganze Zeit bibbern und darauf warten, dass wir wieder liegen bleiben. Flo weicht den Schlaglöchern geschickt aus, aber er muss sehr langsam fahren, mehr als 10 Stundenkilometer sind nicht drin. An der Straße stehen Schilder mit der Warnung vor herumlaufenden Koalabären, und die Kinder gucken mit zusammengekniffenen Augen ganz konzentriert aus dem Fenster, um durch den roten Staub hindurch etwas zu entdecken. Leider Fehlanzeige. Es dauert eine Ewigkeit, bis wir schließlich an dem sehr einfachen Campingplatz am *Diamond Head* ankommen.

Schon beim Einbiegen auf den Parkplatz erblicken wir endlich unsere ersten freilebenden Kängurus. Sie hocken auf der Rasenfläche zwischen den Zelten und Wohnmobilen und scheinen sich schon völlig an die Anwesenheit der Menschen gewöhnt zu haben. Aber auch die Menschen scheinen das ganz normal zu finden. Während die furchtlosen Tiere direkt neben ihnen grasen, werfen die Menschen ihre Würstchen auf den Grill oder entspannen sich auf dem Liegestuhl. Skurriler geht's nicht!

Freddi und Merlin sind natürlich hellauf begeistert. Am Anfang stehen sie noch ehrfürchtig am Rand und schauen den Tieren zu, die etwa so groß sind wie sie selbst. Aber bald schon wollen sie möglichst nah herangehen.

„Bleibt mal hier, lasst sie lieber in Ruhe!", sage ich, aber das will vor allem Merlin nicht hören.

Er schleicht sich ganz langsam bis auf eine kurze Distanz heran und geht dann in die Hocke. Das Känguru hat ihn noch gar nicht bemerkt. Erst nach einer Weile hebt es den Kopf.

„Hallo Känguru", sagt Merlin und schaut dem Tier direkt in die Augen.

Dieses starrt unbeirrt zurück, und es sieht urkomisch aus, wie sich Kind und Känguru so gegenüberstehen. Das Tier schaut noch eine Weile, dann senkt es wieder den Kopf und grast seelenruhig weiter. Merlin beobachtet es noch ein wenig beim Fressen, aber mit der Zeit wird er immer aufdringlicher und streckt seine Arme aus, um das Känguru zu streicheln. Anfangs lässt sich das Tier das sogar gefallen. Sein Fell ist kurz und rau, wie das eines Esels oder eines alten kurzhaarigen Hundes. Ich kann mich auch nicht zurückhalten und muss wenigstens mal kurz anfassen. Aber bald wird es dem Känguru dann doch zu viel. Es richtet sich auf, zieht die Vorderbeine eng an den Körper und stößt sich mit beiden Füßen gleichzeitig vom Boden ab. Der starke Schwanz hilft noch ein wenig nach, und wie auf einer Sprungfeder hüpft es mit ausgedehnt weiten Sprüngen von dannen, ganz grazil und leichtfüßig.

Doch die Kängurus sind bei Weitem nicht die einzige Attraktion für die Kinder. Zwei große Goannas kommen nacheinander aus dem Dickicht gekrochen und überqueren mit langsam schleifenden Schritten den gesamten Campingplatz, sodass wir sie aus nächster Nähe beobachten können. Goannas sind gewaltige Riesenechsen aus der Familie der Warane, sie sind über einen Meter lang und haben eine schwarz geschuppte Haut. Sie bewegen sich wellenförmig und bedächtig, und ihre gespaltene Zunge zuckt regelmäßig aus dem Maul heraus.

Freddi ist ganz aus dem Häuschen, als er sie sieht. Mit größtem Respekt, aber voller Neugierde schleicht er hinter ihnen her, bis sie im dichten Gebüsch wieder verschwinden.

Dieser Campingplatz mitten in der ungezähmten Wildnis, nur durch eine schmale Dünenlandschaft vom Meer getrennt, hat eine wirklich einzigartige Atmosphäre. Flo und ich sind uns einig, dass dies einer der schönsten Orte unserer bisherigen Reise ist. Hohe Wellen brechen an den Strand und rollen unendlich weit aus. Das Ende der Bucht ist von rauen Felsformationen und Klippen umgeben. Genau so hatte ich mir die australische Ursprünglichkeit vorgestellt. Wir baden im Meer, und die Kinder erkunden das Ufer, klettern über die Klippen und entdecken zwischen den Felsen immer wieder Wasserbecken, in denen blaue Mini-Quallen eingeschlossen sind. Diese schaufeln sie nun in einen Eimer und tragen sie wieder zurück ins offene Meer. Und wieder denke ich, dass die Natur ein einziger riesiger Spielplatz ist. Viel spannender als alles, was man als Kind so an Spielsachen haben kann.

Sehr gerne hätten wir hier auf dem Campingplatz übernachtet, aber es gibt leider keine Hütten zum Mieten, sondern nur Stellplätze für Zelte oder Camper. Und weil es uns so gut gefällt, fahren wir am nächsten Tag gleich nochmal zu diesem besonderen Ort. Erst jetzt entdecken wir das Schild, auf dem steht, dass es hier Zitronenhaie gibt. Irgendwie unheimlich. Zum Glück wussten wir das gestern noch nicht, sonst hätten wir wahrscheinlich nicht so unbeschwert im Meer herumgeplanscht.

Kindergeburtstag mit Reptilien

20. März in Australien . 33 °C

Und schon wieder feiern wir einen aufregenden Geburtstag im schönen Australien. Freddi wird heute zehn Jahre alt. Und wie Merlin vor zwei Wochen darf heute Freddi den ganzen Tag über bestimmen, was wir zusammen unternehmen. Sein größter Wunsch ist der Besuch eines Reptilienparks, denn seit er den Tuatara in Neuseeland kennengelernt hat, ist er ein noch größerer Fan von Echsen und Reptilien geworden. Gut, dass wir gerade in Australien sind, denn hier scheint es mehr Reptilienparks als anderswo auf der Welt zu geben. In der Nähe von *Coffs Harbour,* wo wir zurzeit verweilen, gibt es einen kleinen Park namens *Reptile World.* Gleich am Eingang lernen wir Steve kennen, den Besitzer. Und Steve macht den Besuch für uns zum besten Erlebnis ever. Er ist so engagiert und sympathisch, sieht aus wie der typische Australier mit Kurzarmhemd und braun gebrannter Haut und wirkt dabei selbstverständlich völlig locker und entspannt. Und er weiß alles über Reptilien. Snappy, das Salzwasserkrokodil, lebt bei ihm seit es ein Baby ist. Inzwischen ist es 17 Jahre alt und noch lange nicht ausgewachsen.

„I'll soon have to build a bigger pool for Snappy, because he's still growing", erklärt er uns.

Snappy ist eigentlich schon ganz schön groß, bestimmt drei Meter lang. Wie groß soll er denn noch werden? Eine australische Schulklasse ist zeitgleich mit uns hier, aber als sie gegangen ist, sind wir die einzigen Gäste. Steve nimmt sich viel Zeit für uns, er findet es super, dass wir aus Deutschland kommen und uns für Reptilien interessieren. Er klärt uns darüber auf, wie man sich verhalten muss, wenn man von einer giftigen Schlange gebissen wird. Am allerwichtigsten ist: Die Stelle gut abbinden, damit das vergiftete Blut nicht durch das Herz fließen kann. Dann schnell den Notarzt rufen und abwarten bis das Gegengift kommt, aber wenn die Wunde nicht abgebunden wird, stehen die Überlebenschancen schlecht. Die Schlange, die er Freddi jetzt um den Hals legt, ist nicht giftig. Es ist eine Python, eine Würgeschlange. Freddi guckt erst ein bisschen verhalten, aber dann nimmt er das Schwanzende der Schlange in die Hand und posiert für das Foto, dass ich daraufhin von ihm mache.

Als Steve erfährt, dass Freddi heute Geburtstag hat, ist die Freude auch auf seiner Seite groß.

„Hey mate, it's your birthday, I'm going to show you some very special presents", sagt er.

Nacheinander holt Steve einige seiner Reptilien aus den Käfigen heraus und zeigt sie Freddi. Als erstes setzt er einen großen Goanna vor uns auf den Boden, er ist bestimmt 1,50 m lang. Seine Zunge zuckt unablässig aus dem kräftigen Maul heraus. Merlin und Freddi setzen sich ehrfürchtig mit dazu.

„Wow, can I touch it?"

Ich freue mich, dass Freddi sich traut, etwas auf Englisch zu fragen.

„Yes, of course. Stroke him on the back", ermuntert ihn Steve.

Den Blick fest auf das Reptil gerichtet, die Miene ein wenig angespannt berührt Freddi die schuppige Haut des Goannas, der sich das gefallen lässt. Sofort verwandelt sich Freddis Gesichtsausdruck in ein beglücktes Lächeln, das für den Rest des Besuches nicht mehr vergeht. Als Nächstes holt Steve einen Blauzungenskink und eine Bartagame aus ihren Terrarien.

„Stay very still and close your eyes, Freddi!", sagt Steve und hält den Blauzungenskink direkt vor Freddis Gesicht. Zack, schon schnellt die Zunge des Reptils hervor und berührt Freddi an der Nase. Zuerst zuckt Freddi zurück und schlägt die Augen wieder auf, aber als die Reptilienzunge ein zweites Mal seine Nase berührt, sehe ich ein Grinsen durch sein Gesicht gleiten. Dieses Erlebnis wird er wohl nie vergessen.

Den sonnigen Nachmittag verbringen wir am weitläufigen *Emerald Beach*, an dem Freddi mit Hingabe einen neuen legendären Flughafen baut. Ich habe den Eindruck, dass er es sehr genießt, seine Bauwerke an diesen einsamen Stränden zu errichten. In Berlin gibt es zwar viele Spielplätze mit großen Sandflächen und tollem Bausand, aber es gibt auch viele Kinder, die dann neugierig werden und mitmachen wollen oder unvorsichtig über das Gebaute rennen. Hier an den weitläufigen Stränden Australiens kann das nicht passieren, und Freddi nutzt diese Gelegenheit an jedem Ort ausgiebig. Nur sein kleiner Bruder macht ihm hin und wieder die Sandflächen streitig, die Freddi für sich beansprucht hat. Aber das liegt natürlich nicht am Platzmangel, sondern an der immer wieder aufflammenden ‚Geschwisterliebe'.

Zivilisiertere Gegenden

26. März in Australien . 32 °C

Nach drei Stunden brütend heißer Autofahrt kommen wir müde und erschöpft an unserem nächsten Ziel in *Byron Bay* an. Kurz vorher haben wir – wie immer – in einer riesigen Mall eingekauft, damit wir das Nötigste schon vor Ort haben und nicht gleich wieder aufbrechen müssen. Die großen Supermärkte sind meistens unübersichtlich und voller Menschen. Es ist anstrengend, sich dort mit den Kindern aufzuhalten, denn mittlerweile haben sie immer weniger Lust auf diese Großeinkäufe. Sie wollen weder mit hineinkommen noch alleine draußen im Auto sitzen. Wenn sie dann doch mitkommen, wollen sie alles Mögliche haben und überreden uns dann, es zu kaufen. Oder sie leben ihren Bewegungsdrang mitten im Einkaufsgetümmel aus und rennen wie wild durch die Gänge. Flo und ich haben dann Mühe, sie wieder einzufangen und in die richtige Richtung zu lotsen. Jedes Mal hoffen wir, als Familie nicht allzu negativ aufzufallen. In einem fremden Land, in dem ich nur Gast bin, ist mir das fast noch unangenehmer als in Deutschland. Nebenbei versuchen wir natürlich trotzdem, die Lebensmittel einzusammeln, die wir brauchen.

Und von Mal zu Mal merken Flo und ich mehr, dass der häufige Wechsel der Unterkünfte den Kindern zu schaffen macht, so wie es auch in Neuseeland manchmal der Fall war. Da hilft es inzwischen auch nicht mehr, dass wir mindestens vier Nächte am selben Ort verweilen. Oft dauert es einen Tag oder länger, bis sich die Kinder auf die neue Umgebung einlassen können. Vorher wirken sie unruhig und gereizt und meckern herum, weil ihnen angeblich alles zu langweilig ist. Ich bin jedoch davon überzeugt, dass ihr Ausdruck von Langeweile in Wirklichkeit darauf hinweist, dass sie durch die vielen Eindrücke gestresst sind. Sie schaffen es nicht, sich zu entspannen, sich in Ruhe ein Buch anzuschauen, oder ein Hörspiel zu hören, etwas zu malen, und einfach wieder zu sich zu kommen. Naja, aber das ist bei Kindern generell oft schwierig.

Heute gehen wir lieber nirgendwo hin, sondern bleiben in unseren eigenen vier Wänden, denn die Stimmung kippt schon wieder. Während ich die Einkäufe in den Schränken verstaue, höre ich mit halbem Ohr, wie sich die Kinder streiten.

„Hör auf, meinen Neuseelandfalken durchs Zimmer zu werfen."

„Ja, aber dann hör Du auf, meinen Tuatara zu beschimpfen!"

Oh Mann. Ehrlich gesagt merke ich inzwischen selbst schon eine Art Reisemüdigkeit. Ich fühle mich antriebslos und habe gar keine große Lust mehr auf neue Erkundungen. Vermutlich geht es den Kindern ähnlich, nur können sie das nicht so sagen und fangen stattdessen lieber an, sich gegenseitig zu ärgern. Zum Glück überwinden sie ihre schlechte Laune, als sie ihr Zimmer beziehen und anfangen, ihre Spielsachen aus den Rucksäcken zu holen.

Leider müssen wir auch hier wieder an die Schule denken. Diese Woche soll Freddi im Fach Deutsch einen Unfallbericht schreiben, mit Einleitung inklusive der W-Fragen, Hauptteil und Schluss. Längere Texte zu schreiben, fällt ihm nicht so leicht, und so sitzen wir am nächsten Morgen ewig zusammen, um daran zu arbeiten. Freddi schreibt zwar, aber ich muss ihn immer wieder motivieren und bei Laune halten, damit er den Faden nicht verliert. Flo macht derweil mit Merlin einen Spaziergang, sodass wir im Apartment Ruhe haben. Zusätzlich zum Wochenplan habe ich vom Deutschlehrer einen ganzen Schwung an Arbeitsblättern per E-Mail geschickt bekommen. Die Aufgaben sind von der Vertretungslehrerin, die in der letzten Zeit immer mal wieder einen Tag in der Woche ausgeholfen hat, und die uns jetzt alles gesammelt zukommen lassen möchte. Ich stöhne und weiß gar nicht, wie wir das zeitlich alles schaffen sollen. Außerdem wäre ein Drucker hilfreich, um die Arbeitsblätter auszudrucken. Damit kann diese Unterkunft natürlich nicht dienen. Wir müssen irgendwie schauen, was für Freddi relevant ist und was wir möglicherweise vernachlässigen können. Vielleicht machen wir die Aufgaben einfach nach und nach, wenn Zeit ist. Ich schreibe dem Lehrer eine Mail und bitte um Aufschub.

Unsere Unterkunft liegt glücklicherweise etwas abseits des Zentrums, denn im Gegensatz zu den bisherigen, etwas abgelegeneren Orten ist *Byron Bay* sehr touristisch geprägt. Restaurants, Bars, Eiscafés und Giftshops reihen sich hier in der großen Einkaufsstraße aneinander. Ich stelle fest, dass ich mich nach der Einsamkeit in der Natur erstmal wieder an den Trubel gewöhnen muss. Es stresst mich, unter so vielen Menschen zu sein und an jeder Ecke laute Musik zu hören. In den Bars und am Strand werden bis spät in die Nacht Partys gefeiert, wobei hier kaum Einheimische, sondern eher Touristen aus aller Welt anzutreffen sind. Sprachfetzen vieler europäischer Sprachen gelangen an unsere Ohren, vor allem Deutsch, das wir wirklich sehr lange nicht mehr gehört haben.

Besonders gut gefällt es uns hier am Meer. Es ist kristallklar und schillert in den verschiedensten Blautönen, das Schwimmen darin ist ein Genuss. Dazu rollen perfekte Wellen an den Strand, von denen Anfänger als auch fortgeschrittene Surfer nur träumen können. Später erzählt mir Flo, dass *Byron Bay* für ihn trotz seiner touristischen Prägung zu den schönsten Orten der bisherigen Reise gehört. Heimlich kaufe ich ihm ein T-Shirt mit der Aufschrift »Byron Bay«. Er hat nämlich auch bald Geburtstag.

Nach vier Tagen setzen wir unsere Reise zur Stadt *Gold Coast* fort. Unzählige Hochhäuser säumen die weitläufige Sandküste, die luxuriösesten stehen direkt am Meer – für mich eine fast irritierende Kulisse, wenn man kurz zuvor in der Wildnis war.

Hier feiern wir unseren dritten März-Geburtstag. Ursprünglich hatte Flo sich einen Badestopp an einem Flussdelta gewünscht. Bedauerlicherweise nieselt es heute durchgehend, sodass wir diese Aktivität vorerst verschieben müssen. Stattdessen fahren wir mit der Straßenbahn in die City, aber irgendwie finden wir es seltsam, wieder in der Zivilisation einer Großstadt zu sein, nach so vielen Naturerlebnissen. Niemand von uns hat so richtig Lust, durch die Straßen zu laufen oder sich irgendetwas anzuschauen. Die Stimmung ist mies, genauso wie das Wetter. Das tut mir leid, ausgerechnet an Flos Geburtstag. Den Abend lassen wir auf dem höchsten Hochhaus von *Gold Coast*, dem *Q1*, mit einem Geburtstagsessen ausklingen. Es ist schon dunkel, und von oben kann man die beleuchtete Promenade am tiefschwarzen Meer erkennen. Wir schauen auf die Speisekarte, aber hier gibt es tatsächlich nur Burger mit Pommes, amerikanische Pizza mit dickem Käserand, Fish and Chips oder Chickennuggets zu essen. So sollte eigentlich kein Geburtstagsessen aussehen, denke ich. Doch schon seit einiger Zeit stellen wir fest, dass das kulinarische Angebot an vielen Orten der australischen Westküste nicht viel abwechslungsreicher ist. Außer im Großraum *Sydney* haben wir wenige Alternativen zu diesen Fast-Food-Gerichten gefunden. Umso besser, dass wir fast immer eine Unterkunft mit Küche haben und uns selbst verpflegen können.

Am nächsten Tag strahlt die Sonne wieder, als wäre nichts gewesen, und so fahren wir auf Flos Wunsch zum *Tallebudgera Creek*, einem Flussdelta in der Nähe von *Palm Beach*. Der Fluss ist recht breit und das sandige Flussufer fällt steil ab. Mit der leichten Strömung könnte man sich, je nach Gezeitenstand, entweder weiter ins Landesinnere oder bis hinaus auf den Pazifik treiben lassen. Dieser Ort scheint vor allem bei Familien sehr beliebt zu sein, denn die Handtücher liegen dicht an dicht und das fröhliche Lachen der Kinder ist überall zu hören. Freddi und Merlin lieben diese Atmosphäre. Sofort stürmen sie ins kristallklare Wasser und lassen sich einfach von der leichten Strömung wegtreiben. Flo schlägt vor, zu der großen Sandbank auf der anderen Seite des Flusses hinüberzuschwimmen.

„Aber denkst du, Merlin schafft das? Das ist ganz schön weit!", frage ich Flo. Bestimmt 300 Meter, schätze ich. Aber Flo macht sich keine Sorgen.

„Merlin schwimmt doch schon so super, und wenn er schlapp ist, kann er sich an meinem Rücken festhalten."

Tja, dagegen kann ich natürlich schlecht etwas sagen. Freddi möchte natürlich auch mit, und kurz darauf schwimmen die drei los. Ich mache es mir mit meinem E-Book-Reader auf dem Handtuch gemütlich. Endlich mal Zeit für mich alleine. Wann hab' ich das schon mal? In letzter Zeit jedenfalls nicht.

Aber schnell merke ich, dass ich die neu gewonnene Freiheit gar nicht richtig genießen kann. Ich werde hibbelig, und irgendwie möchte ich bei ihnen sein, das Abenteuer miterleben. Alleine sein kann ich auch noch, wenn wir wieder zu Hause sind. Also ab ins Wasser und hinterher. Ein bisschen unheimlich ist mir schon zumute, es wird schnell sehr tief, und durch das glasklare Wasser sehe ich alles, was unter mir ist. Die Strömung treibt mich leicht nach rechts. Ich hoffe sehr, dass ich am Ende an der richtigen Stelle auf der Sandbank anlande, aber alles läuft gut. Meine drei Jungs sind schon längst angekommen als ich eintreffe. Sie schlendern auf der weißen Sandbank umher und suchen nach Muscheln. Ich bin beeindruckt von Merlin, er hat die ganze Strecke geschafft, ohne sich an Papa festhalten zu müssen. Und auch auf dem Rückweg schwimmt er den ganzen Weg alleine. Die Strömung scheint ihn nicht zu irritieren. Es ist schön zu sehen, wie sich die Schwimmfähigkeiten beider Kinder während der Reise verbessert haben und wie viel Selbstbewusstsein sie dadurch erlangt haben.

Reisemüde

30. März in Australien . 33 °C

Unsere Zeit in Australien neigt sich dem Ende entgegen. Wenn ich jetzt noch einmal auf die Karte schaue, dann stelle ich ungläubig fest, dass wir nur einen sehr bescheidenen Teil dieses Landes bereist haben und trotzdem nicht annähernd alles auf der ‚kurzen' Strecke gesehen haben. Dennoch sind es beachtliche 1.270 km, die wir zwischen *Sydney* und *Brisbane* zurückgelegt haben. In Neuseeland haben wir sogar 2.800 km zurückgelegt. Also insgesamt über 4.000 km in 2,5 Monaten. Bis auf die knappe Woche im *Abel Tasman National Park* und in *Collaroy* verbrachten wir ein bis vier Tage am neuen Ort, und vermutlich ist das der Grund für unsere momentane Verfassung. Eigentlich will ich es gar nicht wahrhaben, aber ich merke schon seit geraumer Zeit, dass wir alle nicht mehr so viel Lust haben, am nächsten Ort so viel Neues zu entdecken. Die Luft ist sozusagen raus, und vermutlich brauchen wir einfach mal wieder eine Pause. Wieder nach Hause zurückzukehren wäre jetzt eigentlich gar nicht schlimm. Aber natürlich möchte das hier niemand (außer vielleicht Merlin ab und zu). Was wir brauchen, ist mehr Zeit an einem Ort. Ein Platz, an dem wir länger bleiben, uns ein bisschen erholen und ausruhen können.

Dennoch blicke ich mit Wehmut auf den Abschied von Australien, und zusammen mit den Kindern denke ich darüber nach, was uns in diesem Land wohl am besten gefallen hat. Als erstes fallen uns die weiten, fast menschenleeren Sandstrände am herrlich klaren, türkisblauen Meer ein. Die Ruhe und die Abgeschiedenheit dieser Orte hatten für uns alle einen ganz besonderen Zauber. Dann die endemische Tierwelt, die niedlichen Koalas und die wilden Kängurus. Vor allem aber die bunten Vögel und Papageien. Dank Merlins Vogelbuch kennen wir die verschiedenen Arten jetzt ganz genau. Merlin und Freddi haben sich immer sehr gefreut, wenn sie die Vögel aus dem Buch in der Natur entdeckt haben. Mittlerweile können sie (und ich) alle Vogelstimmen aus dem Buch voneinander unterscheiden. Nur das Silberauge haben wir auf der ganzen Reise nicht gesehen, obwohl die Kinder bis zum Schluss hoffnungsvoll Ausschau gehalten haben.

Allerdings sind wir über eine Sache etwas enttäuscht: Außer einigen ange-schwemmten Portugiesischen Galeeren haben wir keine gefährlichen Tiere in der freien Natur angetroffen. War nicht Australien das Land mit den meisten giftigen Tieren auf der ganzen Welt? Vermutlich tummeln die sich in den anderen Teilen des Landes. Aber das ist gar nicht schlimm, ich hätte ungern einer giftigen Spinne ins Auge sehen wollen.

Trotzdem hätten wir gerne noch mehr von dem riesigen Land gesehen. Freddi wäre sehr gerne noch ins Outback gefahren, zum *Uluru*, dem großen roten Felsen mitten in der Wildnis. Mit dem Auto hätte das jedoch eine knappe Woche gedauert, an immer gleichen kargen Wüstenlandschaften vorbei. Und wir wollten nicht noch einmal mit dem Flugzeug anreisen, um nur für ein paar Tage einen Zwischenstopp einzulegen. Zu einem weiteren Roadtrip mit Auto oder gar Camper auf der Westseite oder im Norden des Landes hatten wir auch keine große Lust mehr. Das Reisen mit einem Fahrzeug an verschiedene Orte, wo wir dann wieder nur ein bis drei Tage bleiben, ist sehr anstrengend. Das wollen wir uns dann lieber nochmal für ein anderes Land aufheben. Merlin hat aber schon angekündigt, dass er mit 16 den Führerschein machen will (in Australien geht das) und dann für einige Wochen mit Auto und Zelt in die wilde Natur Australiens fahren wird. Ich würde sofort mitkommen, wenn er mich fragen würde.

Deutschaufgaben auf dem Flugticket

Schooling im Flugzeug

Blue Mountains: Three Sisters

Miniaturstadt aus Sand

Minnehaha Falls in Katoomba

Meilenweite (fast) menschenleere Strände

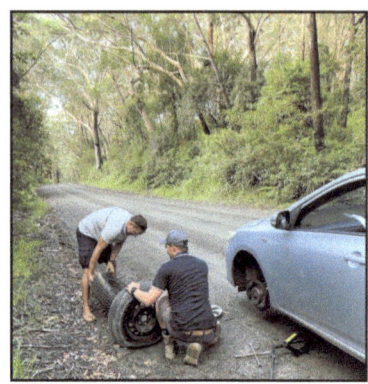
Reifen platt mitten im Buschland

Koala Sanctuary

Merlins neues Vogelbuch

Goanna im Reptilienpark

Wilde Kängurus am Diamond Head Campground

Indonesien

1. April in Indonesien . 29 °C

Bereits vor einigen Jahren hatte Flo in einem Reisemagazin einen Artikel über ein Frachtschiff gelesen, welches regelmäßig Waren und Nahrungsmittel zu den weit abgelegenen *Marquesas*-Inseln mitten in der Südsee bringt, aber gleichzeitig eine Mitfahrgelegenheit für Touristen bietet. Flo gefiel der Gedanke, irgendwann einmal auf diesem außergewöhnlichen Schiff mitzureisen. Jetzt waren wir schon in der Nähe der Südsee, wäre das nicht DIE Gelegenheit? Wann würde es uns jemals wieder dorthin verschlagen? Wir überlegten gemeinsam, wie wir die Kreuzfahrt mit dem Frachtschiff in unsere Reiseroute einbauen könnten. Flo machte den Reiseveranstalter ausfindig. Tatsächlich gab es das Angebot noch, und es waren auch noch Plätze für uns frei. Flo buchte die Reise. Anfang Mai würde es von *Tahiti* aus losgehen.

Die Frage war nun, was wir in der Zwischenzeit machen würden, denn von jetzt an waren es noch vier Wochen bis dahin. Eine verlockende Überlegung war, von Australien direkt in die Südsee zu fliegen, um dort einige Zeit auf verschiedenen tropischen Inseln zu verbringen, bevor wir mit der Kreuzfahrt starten würden. Die *Cook-Inseln*, *Vanuatu*, *Samoa*, *Tonga*, *Neukaledonien*, die *Fidschi-Inseln* oder die *Salomonen*... Wir dachten lange darüber nach, welche Inseln für uns in Frage kämen. Die Schwierigkeit bestand darin, überhaupt Flüge und Anschlussflüge für den passenden Zeitraum zu finden. Auch am Angebot an familienfreundlichen Unterkünften mangelte es. Nach langer und zermürbender Recherche mussten wir einsehen, dass sowohl zeitlich passende Flüge, als auch so gut wie alle Unterkünfte (egal ob Hotel, Hostel oder AirBnB) extrem kostenintensiv gewesen wären. Also legten wir uns erneut die Karten und entschieden uns schließlich für eine Inselgruppe in Indonesien, die viel günstiger zu bereisen ist und zweifellos eine ähnlich paradiesische Inselatmosphäre zu bieten hat.

Gili Islands

2. April in Indonesien . 29 °C

Freddi freut sich, dass er nun wieder einen neuen Flug in seinem Flugtagebuch vermerken kann. Wir sind im Anflug auf die Insel *Bali*, die aus der Vogelperspektive traumhaft aussieht. Die gesamte Küstenlinie ist von zahlreichen Sandstränden und Korallenriffen geprägt.

In *Balis* lauter und hektischer Hauptstadt *Denpasaar* verbringen wir nur eine Nacht, die Zeit ist knapp. *Bali* werden wir uns wohl ein anderes Mal in Ruhe anschauen müssen. Unser Ziel sind die *Gili Islands*, zu denen wir am nächsten Tag mit der Fähre übersetzen. Das ist eine Inselgruppe vor der Küste *Lomboks* mit drei Inseln, die sehr nah nebeneinander nur wenige Meter aus dem türkisblauen Meer hervorragen, umgeben von weißen Sandstränden. ‚Gili‘ ist Indonesisch und bedeutet ‚kleine Insel‘, und der Name ist Programm: Jede der drei Inseln kann in weniger als zwei Stunden zu Fuß umrundet werden.

Als wir am Pier von *Gili Trawangan*, der größten der drei Inseln, ankommen, bemerken wir als erstes die vielen Pferdekarren, die auf uns Touristen warten. Die Insel ist autofrei, und die Menschen bewegen sich entweder zu Fuß, auf dem Fahrrad oder in einer Pferdekutsche fort. Im Vorfeld hatte ich gelesen, dass vor allem *Gili Trawangan* sehr überlaufen sein soll. Wie überall auf der Welt an den Traumorten hat mittlerweile auch hier der Tourismus überhandgenommen. Und tatsächlich tummeln sich in der Hafengegend sehr viele Menschen. Neben Einheimischen vor allem viele junge Individualreisende mit großen Trekkingrucksäcken, so wie Flo und ich früher auch oft unterwegs waren.

Es ist unfassbar heiß und schwül, und der Schweiß rinnt uns schon von der Stirn, ohne dass wir uns angestrengt hätten. Ich hatte schon wieder ganz vergessen, wie sich das Klima in Südostasien anfühlt. Und da im April in der Gegend um *Bali* noch Regenzeit ist, erscheint es uns durch die hohe Luftfeuchtigkeit noch drückender als in Malaysia, unserem ersten Ziel der Reise. Wir überlegen, eine Pferdekutsche zu unserem Resort zu nehmen, aber eigentlich ist es gar nicht so weit zu laufen, vielleicht 20 Minuten. Wir beschließen, den Weg zu Fuß zurückzulegen und schieben uns durch das Gedränge von der Anlegestelle auf den schmalen Fußweg neben der kleinen Straße, wo sich die Menschen etwas unkoordiniert ihre Wege bahnen. Schwitzend, aber glücklich erreichen wir mit unserem Berg an Gepäck die gebuchte Unterkunft und checken in einem typisch ostasiatischen Resort, bestehend aus mehreren Bambushütten, ein.

Nach dem langen Roadtrip durch Neuseeland und Australien wollen wir uns hier auf den *Gili Islands* eine Zeitlang entspannen und ‚richtig' Urlaub machen. Klingt vielleicht seltsam, aber wir fühlen uns inzwischen wirklich ein bisschen ausgelaugt vom Reisen. Das ständige ‚On-the-Road-Sein' ist anstrengend und erfordert Zeit und Voraussicht für die immer wiederkehrenden Aufgaben: günstige Unterkünfte und Flüge suchen und buchen, Verpflegungsmöglichkeiten vor Ort recherchieren, Zeit und Muße für das Schooling finden und dieses dann auch durchziehen, lange Strecken zum nächsten Zielort fahren und dort alles wieder auspacken. Vor der Weiterreise möglichst effizient wieder einpacken, am besten so, dass alle jederzeit wissen, wo was verstaut ist, um schnell und unkompliziert an die Schulunterlagen und das Mäppchen heranzukommen. Dazu noch Einkaufen, Kochen, Kinderbetreuung, Wäsche waschen und manchmal auch Putzen. Auch hiervon braucht es manchmal eine Pause. Eine Auszeit von der Auszeit sozusagen, und zwar mit mehr Zeit zum Ausruhen als bisher. Drei ganze Wochen gönnen wir uns hier auf den *Gili Islands*. Glücklicherweise fangen jetzt in Berlin die Osterferien an, das heißt, wir haben zwei Wochen schulfrei. Und wir Eltern werden diese Zeit sicher genauso genießen wie Freddi.

In Australien, ungefähr drei Monate nach unserer Abreise, dachte ich manchmal schon, jetzt wäre es nicht so schlimm, wenn die Reise wieder zu Ende wäre. Wir hatten so viel gesehen, und die Köpfe waren inzwischen mehr als befreit vom Alltag. Es wäre ok, wieder zurückzufliegen. Aber würde man das auch denken, wenn die Zeit von vornherein auf drei Monate begrenzt gewesen wäre? Ich habe in meinem bisherigen Leben die Erfahrung gemacht, dass jede Veränderung mindestens drei Monate Anpassungszeit braucht. Egal ob man umgezogen ist, ob man Mutter (oder Vater) geworden ist, ob man eine neue Arbeitsstelle angefangen hat usw. Es dauert mindestens drei Monate, bis sich ein endgültiges Gefühl des Ankommens in der neuen Situation einwickelt. Ich glaube, beim Reisen ist es genauso. Erst nach drei Monaten hatten wir uns daran gewöhnt, pausenlos unterwegs zu sein, als Familie ständig aufeinanderzuhängen. Hätte sich nach dieser Zeit trotzdem ein Gefühl von Entspannung und Freiheit eingestellt, wenn man gewusst hätte, dass es bald zu Ende ist? Ich glaube nicht, jedenfalls nicht so intensiv. Wäre man nach zweieinhalb Monaten schon wieder mit den Gedanken zu Hause in der Heimat gewesen? Ich glaube schon. Daher bin ich überaus froh, dass wir länger als drei Monate unterwegs sein dürfen.

Willkommen auf Gili Trawangan

3. April in Indonesien . 29 °C

Gili Trawangan, die als Hauptinsel der drei *Gili*-Inseln gilt, wird auch „Gili Tralala" genannt, weil sie für ihre entspannte Atmosphäre und oftmals ausufernden Partys bekannt ist. Mit dem Fahrrad kann man *Trawangan* in einer Stunde komplett umrunden. Dreiviertel der Insel ist von Korallenriffen umgeben. Die Korallen am Ufer sind dort, wo man noch stehen kann, leider von Touristen kaputt getrampelt und tot. Schnorchelt man jedoch weiter aufs Meer hinaus, entdeckt man eine lebendige Korallenlandschaft mit farbenfrohen Fischen. Sogar riesige Meeresschildkröten sollen hier anzutreffen sein.

Wir packen unsere Badesachen und die Taucherbrillen ein und machen uns auf den Weg zum Meer. Unser Bungalow liegt etwa 100 Meter vom Strand entfernt. Nur ein schmaler, staubiger Weg trennt das Resortgelände vom Indischen Ozean. Auf diesem Weg herrscht reger Verkehr, denn er ist die Hauptstraße, die einmal rund um die Insel führt. Hufklappernde Pferdekutschen und klingelnde Fahrradfahrer fahren wild durcheinander, mehrmals müssen wir ihnen ausweichen, um über die Straße zu gelangen. Als wir unbeschadet das Meer und den weißen Sandstrand erreichen, bietet sich uns ein schockierendes Bild.

„Mama, was ist denn hier los?", ruft Freddi mit schriller Stimme und rennt über den pudrig feinen Sand dem Meer entgegen.

„Guck dir das an! Überall Müll!", schreit er uns von Weitem zu.

Es ist wirklich erschreckend. Plastikflaschen, Plastiktüten, kaputte Flip-Flops, zerbrochenes Plastikspielzeug, verwitterte Holzteile, Einweg-Verpackungen aller Art säumen den eigentlich wunderschönen Traumstrand. Freddi schüttelt unablässig den Kopf und wirkt sehr aufgewühlt.

„Wieso räumt denn hier keiner auf?"

Ich schaue mich um, der Müll liegt über den ganzen Strand verteilt, auf einer riesigen Fläche. Und mir wird klar, warum hier niemand aufräumt, denn er liegt nicht nur am Strand. Im türkisblauen Meer treiben einzelne Teile auf der glitzernden Wasseroberfläche auf uns zu. Die Wellen tragen sie Stück für Stück an Land. Unablässig. Das muss ich erst einmal verdauen, und auch Flo wirkt bei diesem Anblick völlig verstört. Doch Freddi ist ein Kind der Taten – kurzerhand schnappt er sich eine umherliegende Plastiktüte und fängt an, die einzelnen Teile mit spitzen Fingern aufzusammeln. Alles hinein in die Tüte. Und danach befüllt er noch eine, und dann noch eine. Einige andere Touristen sehen das, und beginnen daraufhin, es ihm nachzumachen. Super! Mal schauen, wie viel Müll morgen wieder dort liegt.

Fünf Tage sind schon wie im Flug vergangen, und ich frage mich, warum die Zeit schneller zu vergehen scheint, wenn man länger an einem Ort ist. Vielleicht weil wir uns ausruhen, mehr Zeit für Müßiggang haben, und sich dadurch eine Routine entwickelt?

Merlin klagt wieder über Heimweh, und wir merken deutlich, wie es ihn durcheinanderbringt, sich wieder in einem klimatisch und kulturell andersartigen Land zurechtfinden zu müssen.

„Ich will wieder nach Hause, zu meinem Erdmännchen, das vermisse ich so!", vertraut er Flo und mir an, und wir nehmen ihn in den Arm, versuchen ihn zu trösten. Er scheint verloren zwischen den Welten, und es dauert diesmal mehrere Tage, bis er wieder zu sich kommt und nicht ständig von Berlin und seinen daheimgebliebenen Kuscheltieren spricht. Wir merken seine innere Zerrissenheit vor allem an seinen heftigen Gefühlsausbrüchen und daran, dass er keinen Appetit hat. Gesundes Essen verweigert er komplett. Nur Süßes kann er zu sich nehmen, aber auch das wird von ihm stark ausgewählt.

Freddi scheinen die ständigen Veränderungen nicht ganz so viel auszumachen, aber auch ihm merken wir an, dass er Vertrautes vermisst. Es tut ihm gut, mit seinem Freund Leo zu chatten oder zu telefonieren. Danach ist er wie ausgewechselt und hat auffallend gute Laune. Endlich mal wieder mit jemandem über »Minecraft« und »Roblox« quatschen.

Zum Glück gelingt es Merlin dann ganz allmählich, sich hier auf der kleinen fremdartigen Insel in dem feuchtheißen Klima einzugewöhnen und mit den anderen Gegebenheiten zurechtzukommen. Eine große Hilfe ist ihm dabei das kleine Fahrrad, das wir für ihn bei einem der vielen Fahrradverleiher ausgeliehen haben. Das schnappt er sich jetzt morgens – noch vor dem Frühstück – und dreht erst einmal eine Runde auf den sandigen Wegen im riesigen Garten unseres Resorts. Ich vermute, dass ihn das Fahrradfahren an sein Zuhause erinnert und ihm ein Stück seiner Selbstwirksamkeit zurück gibt.

Aber an ein Fahrrad in seiner Größe zu kommen, war gar nicht so einfach, denn es gibt nicht viele Kinder auf dieser Insel. Die überwiegende Mehrheit der Touristen sind junge Erwachsene, die auf Party, Abenteuer und Tauchausflüge aus sind. Als wir beim Fahrradverleih direkt neben unserem Resort nachfragten, wie es mit Fahrrädern für uns alle aussieht, ging Merlin erst einmal leer aus, denn das kleinste Fahrrad war ihm ungefähr 10 cm zu hoch. Er versuchte eine Probefahrt, aber es wollte beim besten Willen nicht klappen, weil er mit den Füßen nicht auf den Boden kam und der Sattel schon sehr tief eingestellt war. Der geschäftstüchtige Inhaber des Fahrradverleihs organisierte einen Schraubenschlüssel und versuchte an der Schraube des Sattels noch mal zu drehen, hatte jedoch keinen Erfolg. Die Schraube sah ehrlich gesagt so alt und verrostet aus, dass sie vermutlich eher abgebrochen wäre. Generell sind die Fahrräder in sehr schlechtem Zustand. Durch das Salzwasser und das feuchte Klima ist alles erodiert, was aus Metall gefertigt wurde. In Deutschland wären sie mit Sicherheit als verkehrsuntauglich oder sogar -gefährdend eingestuft worden.

Als Merlin realisiert hatte, dass es kein weiteres Fahrzeug für ihn gibt, brach er in Tränen aus und schmiss sich schluchzend in den Sand auf die Straße. Zwei andere Einheimische hatten das gesehen und kamen dazu. Sie sprachen mit dem Inhaber und zeigten immer wieder auf das Fahrrad. Sie fingen an herumzutelefonieren, und ich verstand, dass sie versuchten, noch irgendwo anders ein Fahrrad in Merlins Größe aufzutreiben. Daraufhin erklärte uns Warta, der Inhaber unseres Fahrradverleihs, dass die verschiedenen Fahrradverleiher der Insel gut miteinander vernetzt sind. Es sei zwar schwierig, wir sollten aber trotzdem noch ein bisschen warten.

Also standen wir am staubigen Straßenrand in der sengenden Hitze, Merlin immer noch am Weinen, Freddi sehr geduldig wartend. Irgendwann kam ein Einheimischer auf dem Moped an, mit einem kleinen Fahrrad unter dem Arm. Er hatte es von zu Hause geholt, es gehörte seinem Sohn. Merlin probierte begeistert ... aber das Rad war erstens viel zu klein und hatte zweitens an jedem Reifen einen Platten. Wieder holte ihn die Enttäuschung ein und er sackte auf der Straße in sich zusammen. Wir sollten nochmal warten, vielleicht würde gleich noch ein anderes Fahrrad kommen. Und tatsächlich, ein anderer Einheimischer kam mit einem Fahrrad in der richtigen Größe. Kein Platten, aber diesmal war die Kette runter. Doch die war schnell draufgehoben. Merlin probierte, und es passte. Er war überglücklich. Das Fahrrad sah fast so aus, wie Merlins Rad zu Hause in

Berlin.

Nach einer langen Stunde des Wartens fuhren wir endlich los in Richtung Hafen. Unser Ziel war der *Turtle Beach*, wo man gut schnorcheln kann und wo es vielleicht sogar Meeresschildkröten zu sehen gibt. Zu viert fuhren wir hintereinander durch den sehr unübersichtlichen, fast schon gefährlichen Verkehr. Pferdekarren, Fahrradfahrer und Fußgänger fuhren und liefen kreuz und quer durcheinander, ständig klingelte oder hupte es. In Indonesien herrscht Linksverkehr, was wir inzwischen ja gewohnt sind. Aber die vielen anderen europäischen Touristen scheinen das entweder nicht zu wissen, oder es (verständlicherweise) immer wieder zu vergessen. Und obendrein noch diese Hitze! Zu allem Überfluss hatte Merlin nach zehn Minuten Probleme mit dem Fahren, es wollte einfach nicht mehr gehen. Wir hielten mitten im Verkehr an, um zu schauen, was los war. Der Hinterreifen war komplett platt. Puuuhhhh!!! Erstmal tief durchatmen. Und sich klarmachen, dass es halt hier so ist – wir sind in Südostasien!

Flo rief Warta an, der sofort auf dem Moped vorbeikam und sich tausendmal entschuldigte. Er bat uns, hier am Straßenrand zu warten. Er würde das Fahrrad zu einer Werkstatt bringen. Ich lief los, um zu schauen, wo ich ein Eis kaufen konnte, um die Kinder zu besänftigen. Auch bei Flo trübte sich die Stimmung zunehmend. Leider ließ er sich auch durch ein Eis nicht aufheitern. Wir warteten wieder. Nach 20 Minuten war Warta mit einem reparierten Fahrrad zurück. Die Fahrt konnte weitergehen.

Und am Ende des Tages hatten Freddi und Flo beim Schnorcheln zwar keine Schildkröte, aber echte Clownfische in freier Natur gesehen.

Ein Tag auf Lombok

7. April in Indonesien . 29 °C

Wir sind beeindruckt von Wartas entspannter und fröhlicher Art und von seinem Engagement, den Besuchern der *Gili*-Inseln einen angenehmen Urlaub zu ermöglichen. Er hatte uns erzählt, dass er neben dem Verleih von Fahrrädern auch touristische Touren anbietet, zum Beispiel eine Schnorchelsafari auf seinem privaten Boot mit dem Versprechen, beim Schnorcheln Meeresschildkröten beobachten zu können. Schon vor zwei Tagen hatten wir diese Tour bei ihm gebucht, und heute sollte es losgehen. Leider hat es in der Nacht stark gestürmt. Das Meer ist Stunden später noch sehr aufgewühlt. Die Wellen sind zu hoch, und die Sicht wäre alles andere als klar, sodass Warta uns vom Schnorcheln abrät. Stattdessen schlägt er einen Ausflug nach *Lombok* vor. Zuerst in den Tierpark und später in den Bergregenwald zu einem Wasserfall auf einem Vulkanberg in der Mitte der Insel. Also ab aufs Boot über die stürmische See in Richtung *Lombok*.

An der Anlegestelle werden wir von zwei Kollegen von Warta abgeholt, er selbst kann uns leider nicht begleiten, da er sich um die Akquise von neuen Touristen für seine Touren kümmern muss. Unser junger Fahrer holt uns mit seinem Privatwagen ab und bringt uns ein paar Kilometer weiter zum Eingang des Tierparks. Moshe, unser Guide für die heutige Tour, sitzt vorne neben dem Fahrer, wir vier quetschen uns auf die Rückbank, aber das ist kein Problem. Das Auto ist groß. Die beiden Indonesier sind sehr sympathisch, sie reden viel miteinander und lachen. Sie können nur ein paar Brocken Englisch, aber es reicht aus, um die wichtigsten Informationen auszutauschen.

Gleich am Eingang lernen wir Malik kennen, unseren Guide für den Tierpark. Da wir schon in Australien im Reptilienpark einen ungewöhnlich intensiven Kontakt mit wilden Tieren hatten, hätte ich nicht gedacht, dass es noch besser werden könnte. Aber der Besuch in diesem Tierpark übertrifft all unsere Erwartungen. Malik führt uns durch den gesamten Zoo und zeigt uns alle Tiere einzeln. Wieder bekommen wir eine private Führung mit Anfassen. Und so werden uns riesige bunte Papageien auf die Schulter gesetzt, wir dürfen die Elefanten streicheln und füttern, uns werden wieder Schlangen um den

Hals gelegt, die Kinder dürfen einen Leguan streicheln, ein Flusspferd füttern, die endemischen und seltenen Katzenbären füttern und streicheln. Wir sehen Orang-Utans, Gibbons, Krokodile, Komodowarane, Pelikane, Helmkasuare, verschiedenste Papageienarten, Nashornvögel und eine Eule.

Malik erklärt uns, dass 80 % dieser Tiere gerettet wurden. Zum Beispiel wohnen im Zoo auch wilde Greifvögel und Eulen, die illegal in indonesischen Haushalten gehalten und den Besitzern weggenommen wurden. Schlangen und Leguane dürfen zwar legal gekauft und gehalten werden, aber oft werden sie als Babys gekauft und werden dann so groß, dass sie von den Besitzern nicht mehr richtig versorgt werden können. Manche Besitzer bringen ihre Tiere dann selber in den Zoo. Dort wird den Tieren Raum für die Paarung gegeben und ihre Nachkommen werden daraufhin wieder ausgewildert. Uns wird erklärt, dass die exotischen Vögel und Papageien an das Leben im Tierpark gewöhnt werden, indem man sie regelmäßig füttert, sodass sie freiwillig immer wieder zurückkommen. Unserem Guide merkt man an, dass er sehr tierlieb ist. Er geht sehr behutsam mit allen Tieren um. Ganz stolz erzählt er, dass er sich um die Katzenbären kümmert, die verletzt in der freien Natur gefunden wurden und nun im Zoo sogar zwei Babys bekommen haben.

Einzig die Sache mit der Eule finden wir nicht ganz so toll: Am Ende der Führung dürfen die Kinder eine Eule streicheln, die angebunden ist, sodass sie nicht wegfliegen kann.

„Es ist ein Neuzugang", erklärt uns Malik auf Englisch.

Ob die Tiere wohl auf diese Art daran gewöhnt werden, im Tierpark zu bleiben? Die Eule schaut uns mit großen schwarzen Augen an, es sieht richtig unheimlich aus.

„Eulen schlafen tagsüber doch!", sagt Merlin.

Er macht sich große Gedanken um die Eule, die jetzt tagsüber für die Touristen wach sein muss. Wir wissen nicht so richtig, wie gut wir das mit unserem Gewissen vereinbaren können.

Doch viel Zeit zum Nachdenken bleibt nicht, denn nach einer kurzen Mittagspause geht es weiter. Wir fahren ins Landesinnere auf den Vulkanberg in Richtung *Mount-Rinjani-Nationalpark*, wo wir uns dann den Wasserfall anschauen werden. Touristen dürfen hier selber keine Autos ausleihen oder fahren. Und das ist vermutlich ganz gut so, denn der Fahrstil der Indonesier wirkt auf uns Europäer (neben dem Linksverkehr) chaotisch bis suizidal. Zweimal hätten wir beim Überholen beinahe ein anderes Fahrzeug gestreift. Autos fahren hier nur wenige auf den Straßen, denn niemand kann sich ein Auto leisten. Dafür hören und sehen wir umso mehr Motorroller umherknattern. Männer und Frauen mit Kindern und sogar Babys sitzen zu dritt, viert, fünft auf den kleinen Mopeds. Rechts und links am Straßenrand laufen Hühner, Hunde und Katzen herum. Auch kleine Kinder spielen dort in aller Seelenruhe. Ich frage mich, wie viele Unfälle hier wohl jeden Tag passieren. Gesehen haben wir glücklicherweise keinen.

Wir fahren eineinhalb Stunden über die Insel, um zu dem Vulkanberg mit dem Wasserfall zu gelangen. Da die Kommunikation im Vorfeld nicht so eindeutig war, sind wir überrascht, dass die Fahrt so lange dauert. Flo ärgert sich ein wenig darüber. Aber ich finde es eigentlich sehr interessant, an den Dörfern und Reisfeldern vorbeizufahren und zu beobachten, wie die Menschen hier leben.

Irgendwann kommen wir an einem kleinen Hostel in einer Siedlung mitten im Grünen an. Gerade als wir aus dem Auto aussteigen wollen, beginnt es in Strömen zu regnen. Moshe erklärt uns, dass wir jetzt noch 40 Minuten durch den Dschungel wandern müssen, bis wir den Wasserfall sehen. Aber es würde dann noch ein anderer Guide kommen und uns dorthin führen. Er selbst würde solange mit dem Auto hier warten, bis wir von der Tour zurück sind. Und bis der Regen aufhört, sollen wir erst einmal hier im Hostel bleiben.

Wir sind wieder etwas überrascht, weil wir von einer insgesamt eineinhalbstündigen Wanderung noch nichts wussten. Unauffällig flüstere ich Flo zu: „Hoffentlich machen die Kinder das mit!", aber er nickt nur müde. Wir nehmen auf den Plastikstühlen unter dem Dach des Hostels Platz und bekommen einen indonesischen Kaffee serviert. Unser neuer Guide trifft ein, wieder ein fröhlicher sympathischer junger Mann. Als sich der Regen langsam verzieht, machen wir uns abenteuermäßig auf den Weg. Wird schon schiefgehen, denke ich. Und anfangs ist es dann tatsächlich auch etwas zäh, da die Kinder müde sind und sich die Lust in Grenzen hält. Merlin meckert herum und mag überhaupt nicht laufen, also nimmt Flo ihn kurzerhand auf seine Schultern.

Nach wenigen Minuten erreichen wir einen kleinen Trampelpfad, der mitten in den Bergregenwald führt. Die Luft ist feucht und kühl und durchtränkt von feinen Nebeltropfen. Wir hören das aufdringliche Zirpen der Zikaden und ab und zu ertönt ein Geräusch, das wie das Rufen von Affen klingt. Und wohin wir auch blicken, überall begegnet uns ein sattes Grün. Rechts vom Pfad geht es steil nach oben, links steil nach unten mit eindrucksvoller Aussicht auf die Reiterrassenfelder an den Berghängen. Es ist ein bisschen gefährlich, denn der Weg ist vom Regen rutschig geworden und wir müssen aufpassen, wo wir hintreten, damit wir nicht den steilen Abhang hinunterschlittern. Dann müssen wir noch einen langen Hang hinunter, der mit Steintreppen versehen ist. Flo setzt Merlin ab, weil er nicht mit ihm auf den Schultern die rutschigen Stufen hinabsteigen möchte. Das wäre wirklich zu gefährlich. Aber Merlin will nicht runter und fängt laut an zu schreien, mitten im einsamen Regenwald. Seine Stimme durchdringt die gesamte idyllische Szenerie ... und hallt dann noch ein wenig nach. Wer hatte nochmal die Idee, mit einem vierjährigen, ach nein, fünfjährigen Kleinkind eine insgesamt eineinhalbstündige Wanderung durch den Dschungel zu machen?

Unser Guide bemerkt die düstere Stimmung.

„I carry him!"

Mit einem Lächeln im Gesicht hockt er sich vor Merlin hin und breitet seine Arme aus. Er will Merlin die Treppe hinuntertragen, wie unglaublich freundlich! Aber ich kenne Merlin, er wird das jetzt auf keinen Fall wollen. Wieder kommt ein schriller Schrei aus seiner kleinen Kehle, er schüttelt heftig den Kopf, tritt einen Schritt zurück, und versteckt sich hinter mir. Das wird jetzt schwierig, denke ich und gehe in die Hocke, um Merlin direkt anzuschauen.

„Jetzt komm Merlin, du konntest Dich lange auf Papas Schulter ausruhen. Du schaffst das!", sage ich.

„Nein, ich will nicht", kommt von Merlin zurück.

„Wie sollen wir dann jetzt da hinunter kommen?"

„Keine Ahnung, mir egal."

„Aber du willst doch auch den schönen Wasserfall sehen."

„Nein. Der Wasserfall ist mir piepegal."

Ok. Dann bleibst Du halt hier. Sage ich natürlich nicht – würde ich aber in dem Moment gern. Flo kommt und nimmt Merlin auf den Arm. Irgendwie schaffen es die beiden nach unten.

In Südostasien wird einem vieles als Wasserfall verkauft, daher hatte ich mir zu diesem Thema nicht allzu viele Hoffnungen gemacht. Aber als wir dort ankommen, staune ich über die schiere Menge an Wasser, die von oben in einem langen Sturzbach herabrauscht, bestimmt mehr als 100 Meter. Außer uns ist kein Mensch weit und breit zu sehen. Wir atmen die feuchte Luft ein und den frischen Geruch nach einer Mischung aus erdigen Aromen. Merlin hat sich inzwischen ein wenig ausgeruht und kann auf dem Rückweg zur Erleichterung aller wieder selber laufen. Plötzlich bleibt er stehen und zeigt mit dem Arm in Richtung Abhang.

„Schaut mal da, in dem Baum!"

Tatsächlich, Merlin hat eine Affenfamilie gesichtet, an der wir alle – sogar unser Guide – vorbeigelaufen wären, wenn er uns nicht darauf aufmerksam gemacht hätte.

Als wir auf der langen Rückfahrt im Auto sitzen, sind die Kinder so erschöpft von dem aufregenden Tag, dass sie während der Fahrt auf ihren Sitzen einschlafen. Unser Fahrer fährt schnell und überaus umsichtig, und das obwohl zurzeit Ramadan ist und er den ganzen Tag noch nichts gegessen hat. Aber ich merke, dass er jetzt rasch nach Hause will. Er erzählt uns, dass seine Frau gerade am Herd steht und kocht, denn um 18:30 Uhr darf endlich wieder gegessen werden.

Die Kinder haben in den letzten Tagen auch mitbekommen, dass manche Einheimische den ganzen Tag nichts essen dürfen und fragten mich, was Ramadan ist. Und wieder bin ich froh, dass sie so aufmerksam sind und Fragen dieser Art stellen. Und dass ihnen auffällt, wie unterschiedlich die Lebensweisen der Menschen auf unserer Erde sind.

Keine Zeit zum Ausruhen

8. April in Indonesien . 28 °C

Ein Abenteuer jagt hier auf *Gili Trawangan* das nächste. Die geplante Schnorchelsafari wird nachgeholt. Klare Sicht, keine zu hohen Wellen und diesmal ist Warta als Guide dabei. Unser Bootsfahrer und Warta sind großartig, sie gehen auf uns und die Kinder ein und fragen immer wieder, ob alles für uns passt. Sie haben eine GoPro-Kamera dabei, mit der sie Fotos und Videos von uns unter Wasser machen werden. Die besten Plätze zum Schnorcheln befinden sich direkt vor der mittleren der drei Inseln, *Gili Meno*. Während der Bootsfahrt dorthin dürfen die Kinder ganz vorne am Bug sitzen, und später dürfen sie auch mal das Boot steuern. Sie lachen und haben großen Spaß dabei, Freiheit pur. In westlichen Ländern wäre das viel zu gefährlich! Es sind einige andere Boote auch unterwegs, zahlreiche Touristen tummeln sich bereits an den beliebten Spots. Warta versucht, ein bisschen abseits davon gute Stellen zu finden, und verspricht uns, dass wir auf jeden Fall Schildkröten sehen werden. Wir springen vom Boot aus ins Wasser, und ganz kurz erinnere ich mich an den Schnorchelausflug auf *Langkawi*, als wir durch die Planktonsuppe geschwommen sind und Merlin so viele schmerzhafte Stiche abbekommen hat. Jetzt und hier ist es völlig anders. Das Meer ist glasklar, wir können alles auf dem Meeresgrund erkennen.

Zu viert schnorcheln wir nebeneinander her, die taucherbebrillten Köpfe unter Wasser, Warta ein paar Meter hinter uns. Und plötzlich zuckt Freddis Körper in meine Richtung, er schaut mich unter Wasser durch seine große Taucherbrille an und ein seltsamer dumpfer Laut kommt aus seinem Schnorchel. Dann dreht er seinen Kopf zurück, während er mit seinem Arm nach unten in die Tiefe zeigt. Und dort sehe ich sie: eine riesengroße wunderschöne Meeresschildkröte. Mit langsamen Bewegungen gleitet sie durch das tiefblaue Meer unter uns. Wir betrachten sie gemeinsam, während wir nebeneinander auf der Wasseroberfläche treiben. Und obwohl sie eigentlich außer sich vor Aufregung sein müssten, bleiben die Kinder ganz ruhig, den Blick fest nach unten gerichtet. Es ist ein bewegender Moment für uns alle, denn noch nie hat jemand von uns eine Meeresschildkröte in freier Wildbahn gesehen. Im Anschluss sehen wir noch fünf oder sechs weitere

Schildkröten, eine auch ganz nah an der Wasseroberfläche, sodass man fast ihren Panzer berühren kann. Sie kommt nach oben, um Luft zu holen, taucht aber kurz darauf wieder in die Tiefe ab. Am Ende der Tour erzählen sich die Kinder begeistert gegenseitig, wie viele Schildkröten sie jeweils gesehen haben.

„Mama, ich will das morgen gleich wieder machen", sagt Merlin. Ich staune, wie schnell und gut er den Umgang mit Taucherbrille und Schnorchel gelernt hat.

Die Mittagspause verbringen wir am Strand auf *Gili Meno* und schauen uns hier die Auffangstation für die Babyschildkröten an. Die Schildkröteneier werden von den Einheimischen direkt vom Strand weggesammelt und an eine sichere Stelle gebracht, wo die kleinen Schildkrötenbabys schlüpfen können. Die Babys schwimmen dann fünf bis sechs Monate in geschützten Becken und wachsen heran. Danach werden sie ins große weite Meer entlassen und werden hoffentlich nicht von den Raubfischen verspeist. Vermutlich trägt diese Aktion schon Früchte, denn an den folgenden Tagen sehen wir im seichten Wasser immer wieder Schildkröten, die am Grund grasen. Eine Traube von Schnorchlern schart sich meistens schnell um die gesichtete Schildkröte. Doch diese lässt sich nicht beirren und grast einfach weiter. Die Panzertiere scheinen sich schon sehr an die Menschen hier gewöhnt zu haben.

Auf der Südost-Seite der Insel befindet sich kein Korallenriff. Hier brechen mittelgroße Wellen ans Ufer, ein perfektes Gebiet für Wellenreiter. Flo, der in jüngeren Jahren auch oft gesurft ist, kommt hier wieder auf den Geschmack. Bei der kleinen Surfschule namens »Sunny« leiht er sich für eine Stunde ein Brett aus und stürzt sich in die Fluten. Dabei beobachtet er, dass ein Surflehrer mit einem kleinen Kind raus aufs Meer geht, und dort draußen dafür sorgt, dass das Kind so gut wie jede Welle bekommt. Der Lehrer selbst liegt auf seinem Brett und zieht das Kind auf seinem eigenen Brett an den Zehen hinter sich her, um es auf das Meer hinaus zu bringen. Dort draußen wartet er die beste Welle ab und schiebt dann das Brett mit Kind drauf im richtigen Moment an. Das Kind kann in aller Ruhe auf dem Brett aufstehen und gleitet dann die perfekt rollende Welle in Richtung Strand. Dort wird es vom Surflehrer – der schneller ist – wieder eingesammelt und erneut aufs Meer hinausgezogen. Perfekte Welle abgewartet, angeschoben, surfen und Spaß haben. Unfassbar. Sowas gibt es auch nur in Südostasien!

Flo erzählt später unseren Jungs davon, und sie wollen das natürlich auch mal ausprobieren. Und so geht es am nächsten Tag gleich noch einmal in die Surfschule. Sehr spontan, aber das ist kein Problem. Die beiden indonesischen Lehrer freuen sich über neue Schüler. Nach einer kurzen Einheit Trockenübungen am Strand gehen sie auch schon mit den Kindern ins Wasser.

Wir hatten erst befürchtet, dass sie das mit Merlin nicht machen wollen, weil er noch zu klein ist und erst vor einem halben Jahr schwimmen gelernt hat. Aber das ist überhaupt kein Thema. Kurz gefragt, ob er schwimmen kann: „Yes!" – „Ok, then let's go!" Das ist wirklich ganz außergewöhnlich, finden wir. Sicherheit ist wichtig, aber nicht jeder muss sich hier ausnahmslos gegen alles absichern. Die Eltern dürfen selbst einschätzen, ob das Kind schon bereit ist und schwimmen kann.

Merlin ist überglücklich, und nach anfänglichen Schwierigkeiten mit der Theorie, schlägt er sich in der Praxis ganz großartig. Ich schaue vom Ufer aus zu und sehe, wie er gleich auf Anhieb auf dem Brett steht (noch nicht ganz professionell, aber immerhin!). Bei Freddi sieht es schon sehr gekonnt aus. Er schafft es, sich lange auf dem Brett zu halten und die Welle zu surfen. Und tatsächlich sind beide Surflehrer schneller als die Kinder und gleiten sogar im Kopfstand auf einer anderen Welle hinter den Kindern her, um sie wieder einzusammeln und erneut aufs Meer zu ziehen.

Als Lehrer und Schüler nach einer guten Stunde wieder an Land kommen, sehen beide Jungs sehr glücklich aus.

„Das war geil, Mama. Können wir das morgen nochmal machen?"

„Klar!", sage ich und bin begeistert, dass sie sich darauf eingelassen haben und weder Angst vor den fremden Surflehrern (deren Sprache sie nicht sprechen), noch vor den hohen Wellen hatten.

Auf der Ostseite von *Gili Trawangan* („Tralala") herrscht nachts ein reges Treiben. Direkt am Strand reiht sich ein Restaurant an das nächste, dazwischen immer mal wieder eine Bar mit gemütlichen Sitzsäcken. Es riecht lecker nach Barbecue und an jeder Ecke spielt eine Liveband, meist eine indonesische Dreierkombo mit Gitarre, Schlagzeug und Bass. Sie spielen bekannte Songs nach, was sich tatsächlich richtig professionell anhört. Das Publikum wird nach eigenen Musikwünschen gefragt, und wenn man sich nicht gerade »Die Toten Hosen« oder »Die Ärzte« wünscht, kann die Combo fast alles aus dem Stegreif spielen und singen. Außerdem findet jeden Abend ,Pubcrawling' statt. Junge Leute treffen sich irgendwo zum Vorglühen und gehen dann in einer riesigen Traube zu einer bestimmten Bar zum Feiern. Die Bars haben sich abgesprochen, denn jeden Tag steigt woanders eine große Party.

Die Kinder sind völlig überwältigt von den akustischen und visuellen Eindrücken. Nachdem sie die ersten Tage aufgrund des Jetlags ziemlich schnell müde und sehr früh im Bett waren, gehen wir nun abends nach dem Abendessen noch in eine (etwas ruhigere) Bar. Sie fordern das regelrecht ein, denn es ist ganz schön aufregend im Dunkeln bei Partystimmung unterwegs zu sein. Dann machen sie sich richtig schick, ziehen sich ihre schönsten Hemden an, und Freddi legt sich Halskette und Armbänder um, die er sich während der Reise in Australien und hier auf den *Gilis* gekauft hat. Außerdem wird natürlich vorher geduscht und sich dann die Haare gekämmt. Ich dachte eigentlich, das kommt erst in der Pubertät, finde es aber sehr interessant, dass sich die Kinder jetzt schon ‚fein‘ machen wollen zum Ausgehen. An der Bar bekommen sie selbstverständlich auch ein (Süß-) Getränk, und manchmal gibt es noch ein Eis zum Nachtisch. Mir fällt auf, wie selbstbewusst Freddi geworden ist und wie gut er sich inzwischen auf Englisch verständigen kann. An der Eistheke bestellt er ohne zu zögern auf Englisch zwei Eis, eines für sich und eines für seinen Bruder, ganz souverän, als würde er nie etwas anderes tun.

Gili Air

18. April in Indonesien . 27 °C

Nach zwei Wochen auf *Gili Trawangan* haben wir mehr als genug Abenteuer erlebt, und inzwischen verweilen wir auf *Gili Air*, der am nächsten zu *Lombok* gelegenen Insel. Sie ist bekannt als das etwas ruhigere Eiland mit weniger Partyatmosphäre aber noch schöneren Stränden. Hier haben wir fast nichts mehr zu tun, denn Schnorchelausflüge haben wir genug gemacht, und auf *Lombok* haben wir auch schon einen abenteuerlichen Tag verbracht. Außerdem fängt die Schule wieder an, denn die zwei Wochen Osterferien sind schon wieder vorbei. Der Plan ist also: vormittags Schule, nachmittags abhängen, im Meer baden, schnorcheln und entspannen.

Ich schreibe endlich Ayu, einer befreundeten Mutter aus Kitazeiten, weil ich hier schon die ganze Zeit an sie denke. Sie ist nämlich Balinesin und hat mir schon einiges aus ihrer Heimat erzählt. Freddi und ihre Tochter Made, beide gleich alt, sind zusammen in die Kita gegangen. Ich schicke liebe Grüße nach Berlin. Ayu schreibt prompt zurück, dass sie mit ihrer Familie inzwischen seit einigen Monaten auf *Bali* lebt, dass sie aber gerade einen Trip auf *Lombok* machen und morgen nach *Gili Air* kommen werden. Zufälligerweise. War so geplant, nicht extra wegen uns. Ich bin vollkommen sprachlos! Was für Zufälle kann es geben? Ihr Hotel ist nur 300 Meter von unserem entfernt, und natürlich treffen wir uns am nächsten Tag sofort für ein allgemeines Update. Freddi und Made verstehen sich nach kurzer Anlaufzeit wieder so gut wie vor vier Jahren – so wie damals in der Kita. Abgesehen davon genießt es Freddi sehr, mit einem gleichaltrigen Kind zu sprechen und zu spielen. Wir erfahren, dass Made während ihrer Auszeit auf *Bali* dort auch zur Schule geht, denn sie spricht balinesisch und deutsch. Mades Mama spricht neben ihrer Muttersprache auch deutsch, und ihr Papa (ein Deutscher) spricht indonesisch. So können wir alle Fragen zur indonesischen Kultur mit den Experten erörtern.

Es ist nicht ganz einfach, das Land Indonesien zu begreifen und als Ganzes zu beschreiben. Als größter Archipel der Welt umfasst der indonesische Staat eine beeindruckende Anzahl von Inseln, nämlich insgesamt 17.508! Jede Insel zeichnet sich durch ihre eigenen sozialen, kulturellen und religiösen Besonderheiten aus. Die Religionen existieren friedlich nebeneinander. Auf den meisten Inseln ist der Islam vorherrschend. Die Familie von Made glaubt an den Hinduismus, denn *Bali* ist eine der wenigen hinduistisch geprägten Inseln Indonesiens. Auf jeder der größeren Inseln wird eine andere Sprache gesprochen. Auf *Bali* sprechen die Menschen anders als auf *Lombok*. Wir haben zu Beginn mal nachgefragt, was „Danke" heißt, und haben drei verschiedene Antworten bekommen. Wir waren ziemlich verwirrt, denn abgesehen davon war es nicht so einfach, sich das Wort für „Danke" überhaupt einzuprägen. (Ich habe es mir dann auf die Hand geschrieben, weil ich es immer wieder vergessen hatte: „Terima kasih" – so sagt man auf Lombok ‚Danke'). Wir erfahren von Ayu, dass es die allgemeine indonesische Sprache eigentlich nicht gibt. Sie ist eine künstliche Sprache, die als offizielle Landessprache erfunden wurde, damit alle Indonesier miteinander kommunizieren können.

Mades Papa erzählt uns von dem Trip auf *Lombok* und zeigt uns Fotos von den vielen kleinen vorgelagerten Inseln, die sie besucht haben. Einfach traumhaft. Jetzt finden wir es fast schade, dass wir so ‚wenig' Zeit für Indonesien eingeräumt haben. Es gäbe noch so unglaublich viel zu entdecken.

Wir verbringen eine ganz wunderbare Woche zusammen mit Ayu und ihrer Familie. Abends treffen wir uns zum Barbecue am Strand und diskutieren über Gott und die Welt. Die Kinder spielen zusammen und haben eine gute Zeit, auch wenn Merlin manchmal eifersüchtig ist, weil Freddi eine Freundin im gleichen Alter hat und er sich wie das fünfte Rad am Wagen fühlt.

Made wird mit ihrer Familie, genau wie wir, zu Beginn des nächsten Schuljahrs wieder in Berlin sein, denn die Auszeit auf *Bali* war nur für ein Jahr geplant. Was für ein zweiter lustiger Zufall. Wir freuen uns schon jetzt darauf, wenn wir uns im Herbst in Berlin wiedersehen.

Müll

22. April in Indonesien . 29 °C

Doch so schön dieses Paradies hier zu sein scheint, so sehr werden wir auf den *Gili Islands* durch die ganze Situation rund um das Thema Müll sehr nachdenklich gestimmt.

Bereits auf der Fähre von *Bali* zu den *Gili*-Inseln kam eine Durchsage, dass wir Passagiere nicht beunruhigt sein sollen, wenn das Boot mitten auf dem Meer mal kurz anhält. Es wäre dann nichts Schlimmes passiert, es müssten „nur" die Schiffschrauben vom Müll gereinigt werden, damit es weitergehen kann. Auch in *Denpasaar* auf *Bali* konnten wir mit eigenen Augen sehen, wie verheerend die Situation ist. Wie auf den *Gili Islands* schwemmt auch hier sämtlicher Abfall, vor allem Flaschen und Einwegverpackungen aus Plastik, aus dem Meer an Land. Das Bewusstsein, die Natur nicht zu verschmutzen, ist hier (noch) nicht ausgeprägt. Es ist völlig normal, den anfallenden Müll einfach hinter sich auf die Straße zu werfen. Der Wind und der tropische Starkregen tragen ihn dann in die Büsche und Flüsse und ein Großteil wird dann von den Flüssen aus dem Landesinneren direkt ins Meer gespült. So ist es auf *Lombok*, aber auch auf *Bali, Java, Sumatra* und den vielen anderen indonesischen Inseln.

Eines Morgens, als wieder sehr viel Müll, Seegras und Treibgut an unserem Strand liegt, fragen Freddi und ich in unserem Resort nach zwei Rechen. Wir möchten den Strand saubermachen, da es offensichtlich sonst niemand tut. Die Hoffnung, dass es langfristig irgendwelche Auswirkungen hat, haben wir schon aufgegeben, denn es kommt ja immer wieder Abfall nach. Außerdem konnten wir gestern beim Abendessen beobachten, wie die Mitarbeiter des Restaurants den Strand saubermachten. Sie gruben Löcher in den Strand, kehrten den Müll da hinein und buddelten die Löcher wieder zu. Weg war der Müll.

Trotzdem wollen wir ein bisschen aufräumen, weil wir es einfach nicht schön finden, in dem ganzen Dreck am Strand zu spielen. Die Angestellten unseres Resorts wirken teilnahmslos, als wir mit unserer Bitte ankommen. Sie geben uns zu verstehen, dass sie das sonst selbstverständlich selber machen, dass sie aber im Moment wenig Kraft und Energie haben, denn es ist Ramadan und sie dürfen tagsüber nicht essen. Wir bekommen zwei Rechen und legen einfach zu zweit los. Im Abstand von einem Meter kehren wir mehrere Müllhaufen zusammen, die gar nicht so klein sind. Dann sind wir ratlos.

„Mama, was machen wir jetzt damit?"

Noch bevor ich Freddi auf seine Frage antworten kann, kommen schon ein paar Mitarbeiter vom Resort mit Müllsäcken angerannt.

„Put here", sagen sie, und wir schaufeln alles in die Säcke hinein. Sand, Steine, Holzteile, Plastikmüll, alles. Es sind sechs große schwarze Säcke, die gefüllt werden. Ich frage die Männer, was jetzt damit passiert, denn sie schmeißen die Säcke einfach zu einem bereits vorhandenen großen Haufen an den Rand zum nächsten Strandabschnitt. Sie erklären mir, dass der Müll normalerweise auf der Insel verbrannt wird, aber die Touristen mögen den (stinkenden beißenden und sicherlich gesundheitsgefährdenden) Rauch des Plastikmülls nicht. Verständlich. Die Säcke werden dann mit dem Boot nach *Lombok* gefahren, dort auf große ungesicherte Müllhaufen geworfen und verbrannt. Ein riesiges Lagerfeuer unter freiem Himmel, zusammen mit dem anderen Müll aus *Lombok*, der nicht von den Flüssen ins Meer geschwemmt wurde.

Diese Vorgehensweise kenne ich zwar schon von meinen vergangenen Südostasienreisen, dennoch bin ich schockiert, dass es zwanzig Jahre später immer noch so gehandhabt wird. Ich unterhalte mich mit Mades Papa über diese Thematik und erzähle ihm von unserer kleinen Müllaktion am Strand. Er erklärt mir, dass so ‚engagierte' Weiße wie ich, die einen schönen Aufenthalt haben wollen, und sich dann auch noch in das Leben der Einheimischen einmischen, in Indonesien nicht gut angesehen sind. In der Tat hatte ich auch den Eindruck, dass die Angestellten vom Resort nicht sehr erfreut über unseren Aktionismus waren. Mades Papa erzählt weiter, dass es in den meisten Dörfern keine allgemeine Müllabfuhr gibt. Jeder Haushalt hat eine Müllhalde in seinem Vorgarten, wo der Müll privat verbrannt wird oder vor sich hinrottet. In größeren Dörfern existieren Sammelstellen, zu denen die Menschen ihren Müll hinbringen können. Aber es gibt keinerlei Müllverbrennungsanlagen, aus denen Energie gewonnen werden kann und von wo der Rauch des Mülls einigermaßen schadstoffarm in die Atmosphäre gelangt. Von Recycling-Anlagen ganz zu schweigen.

Daraufhin recherchiere ich zu dem Thema im Internet und erfahre, dass Indonesien gleich nach China an der Spitze steht, wenn es um die Belastung der Ozeane durch Müll geht. Viele asiatische Länder konsumieren importierte

Waren aus dem Westen. Die angemessene Entsorgung von Einwegverpackungen, PET-Flaschen und Aludosen liegt jedoch in ihrer eigenen Verantwortung, die sie aufgrund nicht vorhandener Recyclingsysteme nicht wahrnehmen können. Jährlich werden rund 3,22 Millionen Tonnen Plastikmüll unkontrolliert entsorgt, von denen ein Drittel – also mehr als 1 Million Tonnen Müll pro Jahr – in die Ozeane gelangt. Mehr als die Hälfte davon sinkt nach unten und verschwindet für immer in den Tiefen der Weltmeere, also über eine halbe Million Tonnen PRO JAHR. Unvorstellbar.

Währenddessen wachsen die ungesicherten Mülldeponien auf dem Land unaufhörlich weiter, sämtlicher Abfall wird dorthin gebracht. Die Verbrennung von Müll, insbesondere von Plastik, ist in Indonesien weit verbreitet. Dabei gelangt eine erhebliche Menge an CO_2 und anderen Schadstoffen in die Luft. Restmüll, Elektromüll aber auch gefährliche Chemikalien, Öle oder Medikamente lagern über Jahre hinweg auf den Deponien und setzen Giftstoffe und Chemikalien frei, die dann in den Boden und ins Grundwasser gelangen.[3]

Diese Recherche stimmt mich nachdenklicher denn je. Das hat große Auswirkungen auf die Gesundheit der ganzen Erde. Hinzu kommt, dass wir noch immer unseren europäischen Müll nach Asien verschiffen. Beim Schreiben dieses Kapitels recherchiere ich weiter und erfahre, dass im Jahr 2023 so viel Plastikmüll wie nie zuvor von Deutschland nach Indonesien, Malaysia, Vietnam und auf die Philippinen exportiert wurde, nämlich rund 158.000 Tonnen. Laut dem Bundesverband der deutschen Entsorgungs-, Wasser- und Kreislaufwirtschaft e.V. (BDE) soll der nach Asien verschiffte Müll als recycelt gewertet werden und somit die Recyclingquote im eigenen Land verbessern.[4] Ich bin fassungslos! Damit belügt sich Deutschland vor allem selbst. Wäre es nicht langsam an der Zeit, als eine der führenden Industrienationen der Welt unser Müllproblem selbst zu lösen? Sollten wir unsere Anstrengungen nicht lieber grundlegend verändern, und anstatt in Deutschland alle Kraft für die Klimaneutralität aufzubringen, anderen Ländern finanzielle und praktische Mittel für Recycling- und Müllverbrennungsanlagen zur Verfügung stellen? Können wir nicht mehr dafür tun, um das Bewusstsein in der südostasiatischen Bevölkerung für diese Problematik zu schärfen? Würden Pfandsysteme funktionieren, sodass Menschen dafür Geld bekommen, wenn sie ihren Müll an bestimmten Stellen abgeben? Über diese Fragen haben sich Politiker

---

3 https://indojunkie.com/plastik-muell-indonesien
4 https://www.deutschlandfunk.de/exportmengen-von-plastikmuell-gen-asien-steigen-deutlich-100.html

in westlichen Ländern bestimmt schon den Kopf zerbrochen (ich hoffe!), aber sichtbare Lösungen scheint es bisher nicht zu geben.

In Indonesien existieren zwar Organisationen und private Initiativen, die sich für Umweltschutz einsetzen und Recycling-Möglichkeiten bieten. Leider arbeiten sie in vielen Fällen ohne oder nur mit geringem Rückhalt der Regierung, da vermutlich einfach nicht genug Geld zur Verfügung steht. Ich bin mir sicher, dass die westliche Welt hier mehr Unterstützung leisten könnte und dass das langfristig effektiver wäre, als so manch kleine Schraube, an der wir am Klimaschutz in Deutschland drehen.

Auf Wiedersehen, Indonesien

24. April in Indonesien . 30 °C

Schweren Herzens bereiten wir uns auf die Weiterreise vor. Indonesien und seine Menschen haben uns mit ihrer Freundlichkeit, ihrer Natürlichkeit und ihrer stets guten Laune verzaubert. Und wir bekamen wieder einmal eindrücklich vor Augen geführt, wie unterschiedlich Kulturen und Lebensweisen sein können. Nach dem Erdbeben 2018 und den darauffolgenden drei Jahren im Lockdown war dies das erste Jahr, in dem die Touristen wieder zu den *Gili*-Inseln kommen konnten. In Gesprächen mit den Einheimischen haben wir von einigen Schicksalen über die Zeit seit 2018 und während der Corona-Pandemie erfahren. Den meisten Menschen auf den *Gilis* ging es nicht gut, weil die größte Einnahmequelle wegfiel. Viele mussten sich andere Jobs suchen und hart um ihr Überleben kämpfen. Ganz erstaunlich finde ich, dass die Menschen trotz allem extrem positiv gestimmt wirkten. Niemand beklagte sich, während er von der schrecklichen Zeit erzählte. Es kam mir eher so vor, als würden sie jetzt mit Lebensfreude höchst engagiert ihre Arbeit wieder aufnehmen.

Vor allem unsere Erfahrung mit dem Fahrrad für Merlin war sehr prägend. Hier ist zwar viel kaputt und marode, aber die Einheimischen bemühten sich sehr engagiert darum, uns einen schönen Aufenthalt auf ihrer Insel zu bereiten. Wir fühlten uns als Touristen bedingungslos willkommen und hatten nie den Eindruck, dass die Offenheit und Freundlichkeit nur oberflächlich oder aufgesetzt war, um uns Touristen das Geld aus den Taschen zu ziehen. Ganz im Gegenteil, sie war authentisch und ehrlich gemeint.

Wir waren sehr viel in Kontakt mit den Menschen, hatten viel mehr Austausch mit ihnen als bisher mit Einheimischen auf unserer Reise. Das war eine schöne Erfahrung. Zudem fiel uns auf, wie kinderlieb insbesondere die indonesischen Männer sind. Sie haben immer unsere Kinder zuerst begrüßt, meistens mit Handschlag. Sie haben sie immer direkt angesprochen und mit ihnen Witze gemacht und gelacht. Erst danach sprachen sie mit uns Erwachsenen. Kinder scheinen für sie keine Last zu sein, sondern eine Freude. Es war richtig schön, das zu beobachten.

Außerdem wird alles für die Touristen möglich gemacht. Du willst Surfen, obwohl du gar nicht surfen kannst? Kein Problem! Du willst *Lombok* sehen, aber nichts selbst organisieren? Kein Problem! Du willst wilde Tiere hautnah erleben? Kannst Du haben! Du brauchst jetzt sofort ein Transportmittel (Pferdekutsche, Fahrrad, Boot)? Kommt gleich! Ach so, Du brauchst ein Fahrrad für Kleinkinder … wir haben zwar grad keins da, aber kein Problem, wir organisieren eins. Du willst auf jeden Fall Schildkröten sehen? Kein Problem, du wirst so lange an tolle Schnorchelplätze gefahren, bis du mindestens eine gesehen hast. Und dazu werden noch Fotos und Videos von dir und der Schildkröte gemacht.

Bedauerlicherweise machten uns die extreme Hitze und die hohe Luftfeuchtigkeit manchmal stark zu schaffen. Auch nach längerem Aufenthalt haben wir uns daran nicht gewöhnen können. Zudem hat uns natürlich die scheinbar unlösbare Problematik mit dem Müll zu vielen Diskussionen veranlasst. Durch die Anschaulichkeit konnten auch die Kinder dieses Dilemma gut erfassen und ihre Ideen dazu beitragen. (Zum Beispiel, dass Deutschland hier Recyclinganlagen aufstellen könnte. Oder dass Indonesien den Müll einfach dorthin zurückschickt, wo er herkommt.) Sie sind mehr als bereit, unsere Erde zu schützen, und ihnen ist schmerzlich bewusst, dass das Thema sie in Zukunft noch stärker beschäftigen wird. Aber genau dafür ist eine so weite Reise gut. Um mit offenen Augen durch die Welt zu gehen, alles zu sehen, das Schöne und das weniger Schöne. Und aus all dem seine Schlüsse zu ziehen.

Während der drei Wochen auf den *Gilis* haben wir wieder Reiselust bekommen. Zwar haben wir viel mehr Abenteuer erlebt, als uns lieb war, denn eigentlich wollten wir uns doch entspannen. Aber Indonesien hat uns einfach mitgerissen. Seit zwei Wochen haben wir die Halbzeit unserer Reisedauer überschritten. Fast vier Monate liegen noch vor uns. Auf in neue Abenteuer.

Ein Fahrrad für Merlin

Hauptstraße um Gili Trawangan

Die Eule muss tagsüber wach sein

Wasserfall im Mount Rinjani Nationalpark

Freddi sichtet eine Meeresschildkröte

Freddi reitet die Welle

Schooling im Bungalow auf Gili Air

Nightlife auf Gili Trawangan

Müll an wunderschönen Traumstränden

Freddi räumt auf

In der Südsee

Nach erneuten Überlegungen sind Flo und ich uns einig, dass wir zumindest eine der wunderschönen Trauminseln in der Südsee ansteuern wollen. Wenn wir doch schon mal hier sind! „Once in a lifetime", wie Jochen und Michael vom »Reisen-Reisen«-Podcast sagen würden. Die Wahl fällt auf *Bora Bora*, da diese Insel in der Nähe von *Tahiti* ist, denn von *Tahiti* aus wird bald unsere Fahrt mit dem Frachtschiff starten. Für eine Woche gönnen wir uns ein Familienzimmer in einer Hotelanlage in Meernähe. Ein Overwater-Bungalow direkt auf dem Wasser wäre natürlich fantastisch gewesen ... aber der Preis von mindestens 800 Euro für eine Nacht übersteigt dann doch unser Reisebudget.

Vor dem Jetlag graut mir jetzt schon, denn unser Flug führt zunächst wieder nach *Brisbane*, und geht von dort mit Zwischenstopp in *Auckland* über den Pazifik in die Südsee. Während des Flugs von *Auckland* nach *Tahiti* überqueren wir die Datumsgrenze. Wir erleben denselben Tag mit demselben Datum also nochmal. Es fühlt sich ganz komisch an, aber gleichzeitig finde ich es auch ganz ausgezeichnet, weil wir hier sozusagen einen Tag geschenkt bekommen. Auf einmal sind wir unserer Heimat nicht mehr in der Zeit hinterher, sondern hier ist es jetzt zwölf Stunden früher als in Deutschland. Wer im selben Flieger sitzt und gestern Geburtstag hatte, hat heute gleich wieder Geburtstag. Ist das nicht toll? Beim Buchen des Hotels auf *Bora Bora* war ich allerdings etwas verwirrt und musste dreimal nachschauen, ob ich das richtige Datum angegeben hatte.

Mir kommt in den Sinn, dass wir die Schulaufgaben jetzt einen halben Tag später bekommen, statt einen halben Tag früher. Was eigentlich auch nicht schlecht ist, letztendlich aber überhaupt keinen Unterschied macht.

Bora Bora ist die Hölle

28. April in Französisch-Polynesien . 28 °C

Wir sind auf *Tahiti* gelandet, hier ist es jetzt zwei Uhr morgens. Die Kinder sind völlig durch den Wind, sie haben im Flugzeug vielleicht gerade mal drei Stunden geschlafen, ich überhaupt nicht. Vorausschauend habe ich ein Zimmer in einem Hostel in Laufnähe zum Flughafen gebucht, wo wir nur einige Stunden zum Schlafen sein werden, denn morgen müssen wir schon ganz früh weiter. Wir sind alle schlecht gelaunt, Merlin und Freddi quengeln und wollen nicht laufen, sondern sich am liebsten an Ort und Stelle hier am Flughafen hinlegen und weiterschlafen.

„Wir müssen nur noch die Koffer abholen, dann können wir uns im Hotel hinlegen. Haltet bitte noch durch", wendet sich Flo in einem fast schon flehenden Ton an die Kinder. Als das Gepäck endlich auf dem Band auftaucht, und Flo mit viel Überredungskunst die Kinder wieder zum Laufen bringt, schleppen wir uns und unser Gepäck mit letzter Kraft über den dunklen Parkplatz auf einen steilen Hügel hinauf zum Hostel. Endlich können wir uns in unserem Zimmer auf die Betten fallen lassen ... aber jetzt sind die Kinder wieder hellwach.

„Ich bin gar nicht mehr müde. Können wir noch was auf dem Handy zocken?", fragt Freddi.

Na prima. Das ist wirklich anstrengend. Ich selbst fühle mich extrem erschöpft, reizbar und durcheinander. Meine innere Uhr scheint komplett die Orientierung verloren zu haben. Wie viel Uhr ist es? Wo sind wir in der Zeit? Ich will nichts als schlafen. Zocken ist natürlich überhaupt keine Option jetzt, aber mit Hilfe eines Hörspiels kommen die Kinder endlich wieder zur Ruhe. In drei Stunden klingelt der Wecker. Mein Schlaf ist unruhig, ständig wache ich auf.

Am nächsten Morgen sehe ich, dass das Handy von Merlin heruntergefallen ist. Ich hatte es auf seinem Bett liegengelassen und war zu müde gewesen, um das Hörspiel wieder auszumachen. Das Display ist gesplittert, so ein Mist. Kümmern wir uns später drum, jetzt drängt die Zeit. Erstmal frühstücken, dann schnell einpacken und wieder los zum Flughafen. Merlin ist genauso missmutig gestimmt, wie ich mich gestern gefühlt habe.

„Ich mag nichts essen!", sagt er mit Quengelstimme und ich hoffe, dass er sich nicht in einen Schreianfall hineinmanövriert, denn das könnte jetzt passieren, ich spüre es. Mit Mühe und Not können wir ihn dazu überreden, wenigstens ein Glas Saft zu trinken. Danach hebt sich seine Laune etwas. Armer Kerl, ich kann ihn so gut verstehen. Seine Seele ist noch unterwegs, vielleicht schwebt sie noch über dem Pazifik, jedenfalls ist sie noch nicht in *Tahiti* angekommen.

Und schon wieder stehen wir mit unserem Gepäck am Flughafen. Glücklicherweise ist der klein und übersichtlich, heute Nacht hatten wir davon gar nichts mitbekommen. Wir tauchen ein in eine unerwartet entspannte Flughafenatmosphäre. Ukulele-Klänge dringen an unsere Ohren. Westliche Männer tragen bunte Hemden und Blumenketten um den Hals. Polynesische Frauen haben sich Frangipani-Blüten ins Haar gesteckt. Die Menschen sind freundlich und lächeln, und unsere Müdigkeit ist plötzlich wie weggeblasen. Alle wollen auf die Paradiesinsel *Bora Bora* und wir steigen mit ihnen zusammen in die kleine Propellermaschine ein. Als wir endlich auf unseren Sitzen Platz genommen haben, hat auch Merlin die Vorfreude wieder gepackt. Den ganzen Flug über schauen wir aus den kleinen Fenstern hinunter auf das tiefblaue Wasser mit vereinzelten weißen Schaumkronen. Freddi ist völlig begeistert.

„Das wackelt so schön. Viel schöner als in einem großen Flugzeug", sagt er.

Stimmt, und es dröhnt unfassbar laut, man kann sich gar nicht unterhalten. Bei jedem kleinen Ruckler bekomme ich ein kleines bisschen Panik. Da es aber sonst niemandem so zu gehen scheint, versuche ich einfach still zu sitzen und mich mit Gedanken an das, was vor uns liegt, abzulenken. Wir fliegen sehr tief über das raue Meer. Jedes Schaumkrönchen ist zu erkennen, eine ungewohnte Perspektive. Und schon nach 40 Minuten taucht *Bora Bora* am Horizont auf.

„Wow, Kinder, schaut mal!" Der Blick von oben raubt mir im wahrsten Sinne des Wortes den Atem. Dort unten kommt eine kleine Insel in Sicht, aus deren Mitte sich ein gigantischer grüner Berg erhebt. Ein weißes Korallenriff umgibt die Insel nahezu vollständig und innerhalb dieses Riffs verwandelt sich die Farbe des Meeres allmählich von einem tiefen Blau zu einem leuchtenden Türkis. Der kleine Flughafen befindet sich überraschenderweise auf dem umliegenden Riff und nicht auf der Insel selbst. Dazwischen erstreckt sich die ruhige Lagune, über die wir nach der Landung zusammen mit unzähligen anderen Touristen auf einer kleinen Fähre zur Hauptinsel gebracht werden. Während der Fahrt blicken alle Gäste auf die Südseeszenerie, ganz ergriffen vor Ehrfurcht und Bewunderung.

Das flache, kristallklare Wasser schillert in verschiedensten Blautönen, so schön, wie ich es noch nie in Realität gesehen habe.

Jetzt sind wir also in der Südsee, ein Traum! Aber es gibt ein kleines Problem. Merlin findet es schrecklich. Er will nicht an den Strand und auch keine Schnorchelausflüge machen. Er sagt etwas, an das ich mich bestimmt mein ganzes restliches Leben lang erinnern werde: „Bora Bora ist die Hölle!" Für mich könnte die Aussage nicht gegensätzlicher sein, aber es ist ja nicht meine, sondern Merlins Wahrnehmung. Ihm geht es nicht gut. Bei Kleinigkeiten wird er schnell wütend, da braucht es gar nicht viel. Und dann schreit er unglaublich laut und ausdauernd, so wie er es schon damals vor der Reise getan hat. Er möchte sich morgens nach dem Aufstehen nicht anziehen, weil seine Kleidung wieder nicht passt, egal was er sich aussucht. Das teuer gebuchte Frühstücksbuffet wird um 10 Uhr abgeräumt, danach wird bis zur Mittagszeit nichts mehr zu essen angeboten. Es gibt keine Cafés, Shops oder ähnliches in der Nähe, wo wir uns sonst ein Frühstück holen könnten. Wir sind also zeitlich unter Druck, denn ohne etwas im Magen wird die Laune sicher nicht besser.

Aber Merlin weigert sich. Wir sitzen in unserem Hotelzimmer, und nach einer Weile schreit und weint nicht nur er, sondern auch alle anderen, denn wir wissen gerade alle nicht weiter. Aber unter Druck funktioniert sowieso gar nichts. Begleitet von eigenen Gefühlsausbrüchen gelingt es Flo, Merlin zumindest so weit zu beruhigen, dass er nicht mehr aus vollem Hals brüllt. Ich habe in der Zwischenzeit schon aufgegeben und warte draußen vor der Tür, als die beiden rauskommen. Flo trägt Merlin den ganzen Weg von unserem Bungalow bis zum Restaurant wie ein Baby. Eine Straße müssen wir noch überqueren, dann sind wir da. Die Hitze drückt schon wieder, schon morgens um 9:30 Uhr. Merlin windet sich auf Flos Arm, er weint und jammert. Er hat überhaupt keine Lust, in dieses Restaurant zu gehen. Am Tisch, unter all den anderen Gästen, sitzt er nun wie ein Häufchen Elend, während wir ihm etwas vom Frühstücksbuffet holen. Zum Glück gibt es hier Dinge, die er gerne isst. Croissants, Mango, Pancakes. Aber Merlin wendet sich ab, als er mich mit dem Teller voll leckerer Sachen ankommen sieht.

„Ich mag nichts! Ich will wieder nach Hause nach Berlin", sagt er.

Ich stelle den Teller einfach vor ihn auf den Tisch. Vielleicht überlegt er es sich noch anders.

Vermutlich sind es die Ortswechsel, die er immer weniger verkraftet, und sicher spielt auch die Zeitverschiebung eine große Rolle. Bisher dachten wir eigentlich, dass wir solche Situationen gemeinsam ganz gut meistern können. Aber jetzt wird uns klar, dass uns das mit der Zeit immer weniger gelingt. Merlins Heimweh besorgt uns zutiefst. Seine Gefühlsausbrüche und vor allem seine Schreiattacken strapazieren unsere Nerven so sehr, dass Flo und ich zum ersten Mal darüber nachdenken, ob es nicht besser für alle wäre, die Reise abzubrechen. Gleichzeitig wundere ich mich (und freue mich), dass Freddi mit dem schnellen Wechsel der Reiseziele kein Problem zu haben scheint, obwohl er früher auch große Schwierigkeiten mit Übergängen hatte. Er will weiterreisen und ich fürchte, er würde es Merlin übelnehmen, wenn wir den nächsten Flug nach Hause buchen würden. Paradoxerweise ereignet sich diese Krise genau auf dem Teil der Reise, wo wir uns (meiner Meinung nach) an einem der schönsten Orte der Welt befinden.

Das Klima in Französisch-Polynesien lässt sich mit dem Klima in Indonesien ganz gut vergleichen. Es ist schwül und heiß, vielleicht sogar noch einen Tick unangenehmer als auf den *Gili Islands*. Gleich nach dem Frühstück machen wir uns auf den Weg, um uns einen Platz am Meer zu suchen, an dem wir uns dann den ganzen Tag aufhalten und ausruhen wollen. Und so spazieren wir in der größten Hitze zum Nachbarstrand, der weiter entfernt ist, als wir dachten. Auf halber Strecke will keiner mehr weiter. Zu quälend ist die Hitze, und keine Abkühlung in Sicht. Auf *Bora Bora* scheinen die meisten Strände nicht frei zugänglich zu sein. Alles ist privatisiert, auch die Strandabschnitte. Es gibt nur wenige öffentliche Strände, was uns vorher nicht bewusst war. Sich so wie auf den *Gili Islands* spontan ins Wasser zu stürzen, um den glühenden Kopf abzukühlen, geht hier leider nicht. Dabei bräuchten wir das gerade jetzt so dringend. Der Strand, den wir uns ausgesucht hatten, ist leider in Privatbesitz, und so müssen wir entweder den ganzen Weg zurück oder noch ein ganzes Stück weiter laufen.

Der restliche Tag verläuft dann ausnahmslos furchtbar. Merlins Wutausbrüche nehmen immer weiter zu und wir Eltern haben immer weniger Nerven, um gut damit umzugehen. Am Abend poste ich vor lauter Verzweiflung eine Frage in der Facebook-Gruppe „Weltreise/Langzeitreise mit Kindern". Ich bin erleichtert, als bald darauf schon ein paar Antworten eintrudeln. Die Kommentare der Community bestätigen unser Gefühl, dass wir Merlin zu viel zumuten, indem wir zu schnell unterwegs sind. Zu viele Ortswechsel in zu kurzer Zeit. Zu wenig eigene Gestaltungsmöglichkeiten für Merlin. Wir müssen etwas ändern.

Also versuchen wir, am nächsten Morgen unsere Erwartungen zurückzuschrauben, und fragen Merlin gleich nach dem Aufstehen, was er heute machen möchte.

„Hier im Zimmer bleiben. Und was auf dem Handy gucken oder zocken", kommt spontan als Antwort.

Puh, echt? Den ganzen Tag auf dem Zimmer auf der paradiesischen Insel *Bora Bora*? (*Bora Bora* ist ja die Hölle, hatte ich ganz vergessen!)

„Aber vielleicht können wir wenigstens zum Hotelstrand gehen?"

„Nein, nicht zum Strand."

„Wenigstens zum Pool?"

„Nein, auf dem Zimmer bleiben."

Wir Eltern brauchen eine Weile, um uns gedanklich darauf einzulassen. Aber genauso so machen wir es dann. Merlin braucht diese Pause dringend, egal ob wir gerade im Paradies sind oder nicht. Er willigt sogar ein, gemeinsam zum Frühstück zu gehen, denn er weiß ja, dass es danach gleich zurück aufs Zimmer geht. Wieder dort angekommen, ist er hochzufrieden mit der Situation und genießt es, unbegrenzt Zugang zu meinem Handy zu haben. (Seines ist wegen des gesplitterten Displays leider nicht mehr einsatzbereit.)

Freddi muss sowieso noch ein paar Schulaufgaben erledigen und so motiviere ich ihn, am besten gleich damit anzufangen. Natürlich hat er sowas von überhaupt keine Lust dazu.

„Na toll, Merlin darf zocken und ich soll Schule machen, nö, das mache ich nicht", sagt er.

Ich kann langsam nicht mehr! Wenigstens bei diesem Thema möchte ich heute keine Diskussionen führen, aber ich komme scheinbar nicht drumherum. Es wird laut und hitzig, und ich würde mich nicht wundern, wenn demnächst unsere Nachbarn anklopfen und fragen, was bei uns eigentlich die ganze Zeit los ist. Mein Nervenkostüm ist schon wieder so dünn, dass mir der Gedanke an den Abbruch der Reise erneut in den Sinn kommt. So kann es nicht weitergehen.

„Freddi, es reicht. Wenn das hier nicht klappt, fliegen wir morgen wieder nach Hause. Ich gucke gleich nach einem Flug!", sage ich und spreche es damit das erste Mal laut aus. Meine Stimme zittert. Flo wiederholt in anderen Worten, was ich gerade gesagt habe. Er ist genauso am Ende seiner Kräfte wie ich, das spüre ich. Aber bei Freddi hat es jetzt Klick gemacht.

„Okay Mama. Ich mach ja schon."

Er schlägt sein Heft auf und sucht sich aus dem Mäppchen einen Stift aus. Und ich atme aus, seeeehr lange.

Als Freddi sein Pensum für heute erledigt hat, bekommt er auch sein Handy und darf für den Rest des Tages »Minecraft« zocken. Und wir Eltern haben plötzlich ganz viel Zeit und Ruhe. Eigentlich müssen wir sowieso mal wieder ein paar sportliche Übungen einlegen, denn vor lauter Abenteuer haben wir das in letzter Zeit stark vernachlässigt.

Den nächsten halben Tag verbringen wir gleich auch noch in der Hotelanlage und diesmal ist es für Merlin in Ordnung, dass wir aus dem Zimmer herauskommen und uns in der Nähe des kleinen Swimmingpools niederlassen. Wir Eltern dürfen sogar kurz ans Meer gehen, während die Kinder es sich auf den Liegen mit den Handys bequem machen. Erfreulicherweise gibt es hier WLAN, sodass Merlin seine YouTube-Videos schauen kann.

Während Flo und ich am Strand sitzen und auf die paradiesisch schöne Meereskulisse starren, mache ich mir Gedanken, wie es nun weitergehen soll. Vier Monate liegen noch vor uns. Werden wir das schaffen, wenn es wieder so eine große Krise gibt? Was können wir ändern, damit es Merlin nicht wieder so schlecht geht? Sicherlich würde es die Lage entspannen, wenn wir mit einem eigenen Fahrzeug unterwegs wären, in Ferienwohnungen übernachten und selber kochen würden. Sich nach einer langen Anreise mit Jetlag noch in ein volles Restaurant für Frühstück, Mittagessen und Abendessen zu setzen, mit vielen fremden Menschen – wieder eine neue Umgebung, eine andere Sprache und fremdartiges Essen, das vielleicht noch nicht einmal schmeckt – das ist vermutlich für einen Fünfjährigen einfach zu viel. Leider ist die nächste Etappe schon durchgeplant, aber zumindest bleiben wir im selben Land in derselben Zeitzone und müssen keine Zeitverschiebung verarbeiten. Vorerst haben wir die Krise überwunden. Für die Zukunft nehmen wir uns vor, den ersten Tag am neuen Ort einfach auf dem Zimmer zu verbringen und frühestens am dritten Tag einen größeren Ausflug zu unternehmen.

Bora Bora, ein Traum

2. Mai in Französisch-Polynesien . 29 °C

Nachdem es Merlin (und damit uns allen) glücklicherweise wieder besser geht, wagen wir am dritten Tag eine Schnorchelsafari. Das Boot soll uns am hoteleigenen Steg abholen. Aber obwohl wir 10 Minuten vor der vereinbarten Zeit da sind, kommt es nicht. Wir warten 30 Minuten und fragen dann mal an der Hotelrezeption nach. Etwas missmutig telefoniert die Dame herum. Das Boot ist schon ohne uns losgefahren und man unterstellt uns, dass wir nicht pünktlich am Pier waren. Wir sind ziemlich angesäuert über diese Behauptung. In Indonesien wäre das anders gelaufen. Wenigstens bekommen wir ein kostenloses Taxi, das uns zum anderen Ende der Insel bringt, von wo aus wir dann mit dem Boot abgeholt werden. Eine ganze Stunde des sehr teuren Schnorchelausflugs haben wir schon verpasst. Unsere Stimmung hebt sich etwas, als wir von den anderen Ausflugsgästen auf dem Boot erfahren, dass die Sicht am ersten Schnorchelplatz ohnehin nicht besonders gut war.

Der nächste Stopp versöhnt uns dann mit der Situation. Schon vom Boot aus sieht das klare Wasser mit der durchschimmernden Korallenlandschaft so unfassbar schön aus. Darüber hinwegzuschnorcheln und das Treiben der bunten Fische in diesem Unterwasserparadies zu beobachten, erinnert mich an die BBC-Dokumentation „Deep Blue". Der Filmausschnitt mit den Korallenriffen könnte genau hier entstanden sein.

Aber es kommt noch besser. Das Boot hält in der Mitte der Lagune an, wo der sandige Grund nur etwa eineinhalb Meter tief ist. Einer der Bootsführer springt hinein, stellt sich ins Wasser und klopft mit der flachen Hand darauf herum. Wir Touristen schauen etwas belustigt vom Boot herunter.

„Was macht er da?", will Merlin wissen.

Freddi sieht es sofort.

„Da, da ... sie kommen. Haie!"

Ungefähr zehn bis fünfzehn Schwarzspitzenhaie tauchen auf und umkreisen unseren Bootsführer. Erschrocken und fasziniert zugleich schauen wir zu. Sie schwimmen einfach um ihn herum.

„Come into the water!", ruft er und winkt uns mit der freien Hand zu sich. Echt? Ich bin mir nicht sicher. Dann sehe ich, dass Freddi und Flo sich bereits ihre Taucherbrillen aufsetzen und im Begriff sind, als erste vom Boot zu springen. Mutig wie immer. Und zack, es spritzt ordentlich, schon sind sie drin und treiben ruhig auf der Wasseroberfläche zwischen den Haien. Ich schaue, was passiert. Nichts. Die Haie scheinen das schon zu kennen, sie schwimmen zwar auf die beiden zu, halten aber Abstand. Ich mache ein Foto. Die anderen Touristen machen sich jetzt auch fertig, um ins Wasser zu gehen.

„Ich will auch rein", ruft Merlin neben mir.

Na dann, wir sind ja nicht zum Vergnügen hier. Schnell die Brillen auf und platsch, hinterher. Ich traue mich erst kaum, meinen Kopf unter Wasser zu tauchen. Direkt vor mir ist einer, auf gleicher Höhe zu meinem Gesicht. Mir läuft ein Schauer über den Rücken. Er schaut mich mit seinen kleinen schwarzen Augen an, sein breites Maul sieht so gefährlich aus. Ich könnte sogar den Arm ausstrecken und ihn berühren. Ich drehe mich um und schaue, wo die Kinder sind. Plötzlich kommt ein anderer Hai direkt auf mich zu geschwommen. Kurz vor meinem Gesicht dreht er ab. Wow, habe ich mich erschrocken. Zum Glück sind diese Haie nicht so groß, vielleicht 1,5 Meter lang. Da hinten sehe ich Merlin, er strampelt heftig im Wasser. Ich schwimme zu ihm rüber, um ihn zu beruhigen.

„Merlin hör auf, das mögen die Haie bestimmt nicht."

„Mama, guck mal, guck mal … da, die Rochen!", ruft er ganz aufgeregt.

Und tatsächlich, jetzt kommen auch noch riesige Stachelrochen angeschwommen. In eleganten Wellenbewegungen gleiten sie um uns herum durch das Wasser. Sie sind so groß, dass mir flau im Magen wird. Ich erinnere mich, dass vor einigen Jahren ein bekannter australischer Naturforscher von einem Stachelrochen getötet wurde. Und das, obwohl er diese Tiere gut kannte und wusste, wie er sich zu verhalten hatte. Aber dann sehe ich, dass unser polynesischer Bootsführer sie mit irgendetwas füttert. Sie kleben an seinem Arm, während sie fressen, verhalten sich dabei aber völlig ruhig. Und die ganze Zeit wirkt der Polynesier so gelassen, dass ich das mulmige Gefühl schnell verdrängen kann. Was für ein Erlebnis! Nie hätten wir uns träumen lassen, einmal hautnah mit Haien und Rochen zu schnorcheln.

Am späten Nachmittag werden wir mit dem Boot zu unserem Hotel zurückgefahren und haben den Ärger zu Beginn des Ausflugs schon fast wieder vergessen. Wir bekommen frisches Obst gereicht, und einer der Bootsführer hat eine Ukulele dabei, auf der er die ganze Fahrt über fröhliche Melodien spielt und dazu singt. Südseestimmung pur, unglaublich entspannt. Ich blicke andächtig auf den weiten Ozean mit seinem türkisblauen Farbenspiel, es ist fast zu schön, um wahr zu sein.

Am nächsten Tag ist Merlins Begeisterung für den zweiten Ausflug, der bereits am Vortag organisiert wurde, nicht sehr groß. Vielleicht ist es doch wieder zu viel, zwei Tage hintereinander etwas zu unternehmen? Flo und ich ignorieren die anfängliche schlechte Laune, denn es ist sowieso unser vorletzter Tag auf dieser wundervollen Insel, die wir wahrscheinlich nie wieder besuchen werden.

Diesmal klappt es, dass wir vom Hotelsteg mit dem Boot abgeholt werden. Es bringt uns zu einem Motu, einer kleinen privaten Insel in der Lagune, wo uns ein traumhafter weißer Sandstrand empfängt. Ein paar andere Touristen sind auch da, aber die Anzahl ist überschaubar. Es sind vor allem Franzosen, die hier Urlaub machen, was sich aufgrund der Sprache und der unkomplizierten Einreise aus dem Mutterland natürlich anbietet. Französisch ist in Französisch-Polynesien Landessprache, wobei die ursprünglichen Polynesier zusätzlich noch ihre eigene Sprache sprechen.

Am Strand freunden sich die Kinder mit französisch sprechenden Kindern an und bauen gemeinsam einen Garten für einen großen roten Krebs, den sie dort finden. Sprache braucht man dafür nicht. Ich freue mich, dass Freddi inzwischen so offen und angstfrei mit Kindern spielt, deren Sprache er überhaupt nicht versteht. Wir haben seine Schulsachen dabei, denn er ist diese Woche noch nicht ganz mit dem Wochenplan fertig geworden. Am Strand steht ein Holztisch mit Strohdach unter Palmen, an dem Freddi später seine Aufgaben macht. Es ist wahrscheinlich der schönste Arbeitsplatz, den wir auf unserer Reise haben werden, mit Blick auf das azurblaue Meer und dahinter die Silhouette des grün bewachsenen *Mount Otemanu*, der sich in der Mitte der Insel erhebt.

Teil des Ausflugs ist ein typisch polynesisches Mittagsbuffet, das vor Ort extra für uns und die anderen Touristen gekocht wird. Es gibt verschiedene lokale Köstlichkeiten, wie zum Beispiel „Poisson Cru". Das ist roher Thunfisch, in Zitronensaft eingelegt und mit Kokosmilch serviert. Obwohl ich rohem Fisch normalerweise nicht viel abgewinnen kann, schmeckt dieser hier wirklich hervorragend. Als Beilage gibt es polynesische Süßkartoffeln und Früchte vom Brotfruchtbaum. Das Ganze wird auf dekorativen Palmenblättern serviert.

Die Kinder probieren tatsächlich einige von den fremdartigen Speisen, und beteuern sogar, dass es ihnen schmeckt. Es freut mich sehr, denn ich kenne meine Pappenheimer. Zu Hause würden sie das Essen nicht anrühren.

Direkt vor dem Strand wird das Meer plötzlich tiefer und dort verläuft eine starke Meeresströmung. Ein Einheimischer erklärt uns, dass in der Tiefe manchmal Haie zu sehen sind. Flo und Freddi scheinen noch nicht genug Haiabenteuer gehabt zu haben, unerschrocken springen sie ins Wasser und treiben mit der Strömung von einem Ende des Strandes zum anderen. Als sie wieder aus dem Wasser herauskommen, sind sie restlos begeistert, denn nicht nur Haie sind zu sehen, sondern auch Rochen. Sie gehen noch ein zweites Mal hinein. Als sie am Ende des Strömungskanals wieder zum Vorschein kommen, und das Ganze gleich nochmal machen wollen, lasse ich mich überreden, mitzugehen. Merlin möchte auch. Wir wagen uns zu viert ins die Strömung und lassen uns treiben. Ich habe ein bisschen Bammel, denn das Wasser fließt schnell und entzieht mir jegliche Kontrolle über die Richtung, in die ich mich bewegen möchte. Ich versuche, zum Strand zurückzuschwimmen, aber es geht nicht, ich komme keinen Zentimeter voran. Jetzt weiß ich, wie sich das anfühlt und wie leicht man in Panik geraten kann. Wären Flo und Freddi nicht da, hätte ich schon längst Angstzustände bekommen. Da die beiden das aber vorher mehrmals ausprobiert haben, bleibe ich ruhig, lasse mich treiben und konzentriere mich auf das Beobachten des Meeresbodens. Freddi tippt mich an und zeigt auf etwas in der Tiefe. Ganz unten am Meeresgrund erspähe ich eine Gruppe von riesengroßen dunklen Mantarochen. Mit ihren gigantischen Flügeln schweben sie vor uns durch das schwarzblaue Wasser davon. Gespenstisch und unwirklich sieht das aus. Es sind bestimmt fünf oder sechs riesige Tiere. Wenig später kommt uns noch ein Hai entgegen, verkrümelt sich aber gleich wieder, als er uns bemerkt. Die Strömung spuckt uns wieder aus, ich bin erleichtert und finde es gleichzeitig wunderbar, dass wir als Familie gemeinsam etwas so Einmaliges erleben durften.

Auf der Rückfahrt zu unserem Hotel fallen uns einige verwahrloste Ruinen großer Hotelanlagen an traumhaften weißen Sandstränden auf, die einfach vor sich hinvegetieren. Verlassene Overwater-Bungalows auf Stelzen, die wunderschön und einladend aussehen, aber offensichtlich der Witterung überlassen werden und langsam verfallen. Wir fragen uns, ob das eine der Auswirkungen der Corona-Pandemie ist? Sind die Hotels bankrott gegangen, weil keine Touristen mehr kamen? Ich erinnere mich, dass wir vor drei Wochen eine E-Mail an genau eines dieser Hotels geschickt hatten, um zu fragen, ob sie noch ein Familienzimmer für uns frei haben. Jetzt wissen wir, warum wir nie eine Antwort bekommen haben.

Unsere kurze Zeit auf *Bora Bora* geht zu Ende. Landschaftlich ist das Inselparadies an Schönheit kaum zu übertreffen. Das türkisblaue, kristallklare Wasser ist das Wunderbarste, das wir bisher gesehen haben. Die Sandstrände sind nicht ganz so fein, wie wir uns das vorgestellt hatten. Dafür sind die Korallen intakt und wir haben keinen Müll an den Stränden gesehen, wie auf den indonesischen *Gili*-Inseln. Die fröhliche Südseemusik, das typisch polynesische Essen und die lächelnden einheimischen Frauen mit ihren duftenden Blumenkränzen im Haar wirkten auf uns sehr authentisch. Wir hatten große Freude daran, wenn abends im Resort getanzt und landestypische Musik gespielt wurde. Eines der Lieder ist uns so gut im Gedächtnis geblieben, dass wir es uns später noch einmal auf YouTube angehört haben. Es heißt „Bora Bora", besteht aus einfachen Ukulele-Akkorden mit polynesischem Gesang und klingt sehr beschwingt und fröhlich. Im weiteren Verlauf der Reise wird es von den Kindern immer wieder gerne gehört, gesungen und adaptiert. Und wahrscheinlich wird es für immer mit den Emotionen und Abenteuern verbunden sein, die wir auf *Bora Bora* erlebt haben.

Dennoch hatten Flo und ich oft das Gefühl, die Folgen der Kolonialisierung und den europäischen Einfluss zu spüren. Im Gegensatz zu der Lockerheit auf den *Gili*-Inseln empfanden wir die Atmosphäre auf *Bora Bora* fast schon als steif und konservativ. Uns begegneten Polynesier, die auf der Straße gemeinsam sangen, tanzten und fröhlich waren, aber im Kontakt mit uns Touristen eher zurückhaltend wirkten. Zudem waren wir irritiert, dass am Rathaus des Hauptdorfes lediglich eine riesige französische Flagge aufgespannt war, aber keine polynesische. Touristen sind im Wesentlichen auf ihr (sehr teures) Resort beschränkt, buchen dort die (sehr teuren) Ausflüge und gehen in die (sehr teuren) Restaurants mit französischer und manchmal auch polynesischer Küche. Es wäre interessant zu wissen, wie sich *Bora Bora* ohne den hochpreisigen Tourismus und den starken französischen Einfluss entwickelt hätte. Eine kleine Ahnung davon werden wir vielleicht auf der nächsten Etappe unserer Reise bekommen.

Blick auf Bora Bora aus dem Propellerflugzeug

Auf der Fähre in Richtung Hauptinsel

Warten auf das Boot, das nicht kommt

Mango, Kokosnuss, Papaya

Schnorcheln mit Haien und Rochen

Schönster Schooling-Arbeitsplatz der ganzen Reise

Stachelrochen

Die Kinder bauen einen Garten für einen großen roten Krebs

Traumstrand auf dem Motu mit starker Strömung

Mit dem Frachtschiff in die Südsee

5. Mai in Französisch-Polynesien . 28 °C

Wir übernachten in einem erschwinglichen Bed & Breakfast mitten in *Tahitis* Hauptstadt *Papeete*, nah am Hafen. Die Stadt ist weitläufig, hektisch, und die Angestellten in unserem Hostel wirken gestresst und unfreundlich. Gut, dass es uns gleich weiterzieht, denn heute steht ein ganz besonderes Highlight unserer Reise bevor: die zehntägige Kreuzfahrt mit der »Aranui 5« zu den *Marquesas*-Inseln mitten in der Südsee.

Zu Fuß machen wir uns mit unseren drei riesigen Gepäckstücken durch die brütende Hitze auf den Weg zum Hafen, um den Check-in für unser Schiff zu finden. Unübersehbar, groß und schwer liegt es am Kai. Dabei ist es nicht einmal halb so groß wie ein gewöhnliches Kreuzfahrtschiff und sieht auch ganz anders aus. Die »Aranui« ist in erster Linie ein Containerschiff, das Frachttransport mit Tourismus verbindet. Im vorderen Teil des Schiffes befinden sich riesige Laderäume, in denen sperrige Güter untergebracht sind. An Deck stapeln sich unzählige rostbraune Container. Auch zwei große Ladekräne gehören zum Schiff. Im hinteren Teil der »Aranui« sind die Kabinen für die Passagiere untergebracht. Obwohl es sich nicht um ein luxuriöses Kreuzfahrtschiff im traditionellen Sinne handelt, verspricht der Reiseanbieter seinen Gästen ausreichend Komfort und Annehmlichkeiten während der Reise mit der »Aranui«.

Beim Check-in werden wir vom polynesischen Personal überaus freundlich begrüßt, und jeder von uns bekommt eine farbenfrohe, lieblich duftende Blumenkette um den Hals gelegt. Wie schön. Die Kinder mögen solche unerwarteten Geschenke immer gerne und vergleichen ihre Ketten ganz aufgeregt miteinander. Merlin ist guter Dinge und freut sich auf die bevorstehende Reise auf dem Meer. Sein Heimweh ist wie weggeblasen. Zum Glück! Auch Flo und ich freuen uns schon sehr auf diese Fahrt mit dem Frachtschiff, und ich hoffe inständig, dass Merlin sich dort wohl fühlt und keine Wutanfälle und Schreiattacken bekommt. Auf einem Schiff ist alles sehr eng, und wir werden mit vielen fremden Menschen zusammen sein. Und wenn das Heimweh wieder unerträglich groß wird, werden wir so schnell nicht wegkommen, schon gar nicht von diesem Schiff auf dieser Route. Hinzu kommt, dass diese Kreuzfahrt an die Grenzen unserer finanziellen Möglichkeiten geht, ohne dass dadurch das Gesamtbudget für den Rest der Reise in Gefahr gerät. Ich bin sehr erleichtert, dass es Merlin jetzt wieder besser geht, denn es wäre wunderbar, wenn dieser Teil der Reise unbeschwert verlaufen könnte.

Von einem der Crewmitglieder erfahren wir, dass das Schiff insgesamt bis zu 200 Gäste aufnehmen kann, aber auf unserer Tour nur zwei Drittel der Plätze belegt sind. Ich frage nach, ob noch andere Kinder an Bord sein werden. Nein, unsere Kinder sind die einzigen. Schade, ich hatte gehofft, dass die Kinder wieder einmal die Möglichkeit haben, ein paar Kontakte zu Gleichaltrigen zu knüpfen. Zehn Tage auf einem Schiff zu verbringen, ist eine lange Zeit, und mit anderen Kindern zu spielen, hätte die Fahrt über das Meer sicherlich angenehmer gestaltet. Trotzdem bin ich sehr gespannt, was uns erwartet. Ein neues Abenteuer liegt vor uns.

»Aranui« bedeutet übersetzt ‚Der große Weg', und es ist tatsächlich ein sehr großer Weg, auf dem sich die »Aranui« über die Tiefen des Ozeans kämpft. 1.600 Kilometer weit fährt sie über das offene Meer zu den *Marquesas*, den entlegensten Inseln der Welt. Nur wenige Orte auf der Erde sind weiter vom nächsten Kontinent entfernt. Südamerika und Australien sind jeweils rund 7.000 Kilometer entfernt, Nordamerika ‚nur' 5.000 Kilometer. Die *Marquesas* bestehen aus vierzehn Hauptinseln vulkanischen Ursprungs und mit insgesamt etwa 9.000 Einwohnern sind sie recht spärlich besiedelt. Sie bieten nicht das Klischeebild von Südseeinseln mit türkisblauen Lagunen und weißen Sandstränden. Vielmehr prägen Berge, Steilküsten und Fjorde die Landschaft. Ebenso wie *Bora Bora* ist auch diese Inselgruppe ein Überseeterritorium des französischen Staates. Die Menschen führen ein sehr einfaches Leben, sie bauen verschiedene Früchte wie Ananas, Guave, Papaya, Taro und Bananen an. Auch Kokospalmen wachsen hier reichlich. Dennoch haben sich die Inselbewohner über die Jahre der Kolonialisierung an den europäischen Lebensstandard gewöhnt, sodass Konsumgüter und Lebensmittel einen langen Weg über das offene Meer zurücklegen müssen. Flugzeuge können nicht auf den Inseln landen, weil die Flughäfen nicht groß genug sind. Also bleibt nur der Seeweg. Und das einzige Schiff, das die Bewohner der *Marquesas* mit Waren aus der westlichen Welt beliefert, ist die »Aranui«. Gleichzeitig ist sie die wichtigste Verbindung zwischen dem Archipel und dem Rest der Welt. Sie kommt höchstens einmal im Monat vorbei und läuft innerhalb von fünf Tagen die acht bedeutendsten bewohnten Inseln an. Für die Einheimischen ist es jedes Mal ein großes Fest, wenn das Frachtschiff in den Hafen einläuft und die bestellten Waren ablädt.

Leinen los!

Pünktlich um 16 Uhr legen wir ab. Euphorisiert stehen wir zu viert auf unserem Balkon und schauen zu, wie sich die Silhouette mit der bergigen Landschaft *Tahitis* immer weiter entfernt. Wir sehen den Containerhafen mit weiteren Frachtschiffen und großen Kränen an uns vorbeiziehen, bis wir irgendwann das offene Meer erreichen.

Diese Art des Reisens, auf einem Kreuzfahrtschiff, kannten wir bisher nicht, und so blicken wir fasziniert in die unendliche Weite des blauen Ozeans mit seinen schäumenden Wogen. Von *Tahiti* aus führt der Weg zunächst zum Atoll *Rangiroa*, welches noch nicht zu den *Marquesas*-Inseln gehört. Dieser Zwischenstopp wird vermutlich deshalb eingelegt, damit die Passagiere nicht gleich zu Beginn der Überfahrt zwei volle Tage ohne Landgang auf dem Schiff (nur vom Meer umgeben) verbringen müssen.

Wir haben Glück, unsere Familienkabine mit Balkon befindet sich ganz vorne, dort wo der Laderaum für die Fracht beginnt. Wenn wir aus unserem kleinen Fenster schauen, können wir die Container und die sperrigen Holz- und Metallteile sehen, die die »Aranui« geladen hat. Einer der Kräne ist auch im Sichtfeld. Spannend ist das.

An das Geschaukel an Bord müssen wir uns allerdings erst einmal gewöhnen. Da die »Aranui« viel kleiner ist als ein gewöhnliches Kreuzfahrtschiff, werden die großen Wellen auf dem offenen Meer direkt auf das Schiff übertragen. Wie in einem Fahrstuhl geht es mehrere Meter auf und ab. Die Kinder haben am wenigsten Probleme mit dem Wellengang und scheinen es sogar zu genießen.

Aber der Weg zum Restaurant ist eine Herausforderung, der Boden schwankt unbeschreiblich. Beim Gehen fühlen wir uns, als hätten wir eine Flasche Wein zu viel getrunken, es ist schwer, das Gleichgewicht zu halten. Flo wird immer stiller, und ich bemerke, dass sein Gesicht plötzlich ganz blass ist. Als wir bei unserem ersten Abendessen im großen Speisesaal an dem Tisch mit unserem Namensschild sitzen und auf das Essen warten, muss er sofort wieder aufs Zimmer, weil ihm so schlecht ist. Glücklicherweise kennt Flo sich diesbezüglich selbst und weiß, dass er gelegentlich seekrank wird. In kluger Voraussicht hat er sich schon am Nachmittag bei der Schiffsärztin ein paar Tabletten gegen Übelkeit geben lassen.

Ich esse mit den Kindern alleine zu Abend und trinke von dem leckeren französischen Rotwein, den es dazu gibt. Das Essen schmeckt den Kindern glücklicherweise. Es gibt unglaublich zartes Rinderfilet mit Gemüse und Pommes. Die Franzosen können wirklich kochen! Die Crème Brûlée zum Nachtisch ist fantastisch. Die restliche Flasche Wein und einen Teller voll Essen bringe ich Flo mit aufs Zimmer. Er rührt es nicht an, so schlecht ist ihm. Die Tabletten hat er sich schon eingeworfen, es dauert einfach bis die Wirkung einsetzt.

Nachts im Schlaf spüren wir immer noch den Wellengang, und ich bin froh, dass niemand aus dem Bett fällt, das hätte nämlich tatsächlich passieren können. Am nächsten Morgen geht es Flo zum Glück besser. Inzwischen ist unser Schiff bereits in *Rangiroa* angekommen und ankert in der großen Lagune.

Nach dem Frühstück werden wir mit einigen anderen Touristen von einem Beiboot, einer sogenannten Barge, zu einem Strand gebracht, wo wir die Möglichkeit zum Schwimmen und Schnorcheln haben. Im Vergleich zu unseren Abenteuern auf *Bora Bora* erscheint uns dieser Ausflug eher unspektakulär. Und leider gefällt es Merlin gar nicht. Der Aufenthalt an Land wird zum Desaster, Merlin ist so unzufrieden, dass er erneut anfängt, alles zu verweigern. Das Gehen über den Strand mit den spitzen Korallenstücken bereitet ihm Schmerzen, und ins Wasser möchte er auf gar keinen Fall gehen. Aber an Land ist es zu heiß, eine Abkühlung wäre dringend notwendig. Ich habe es fast geahnt, und wir Eltern sind selber schuld an der Misere. Wollten wir nicht am ersten Tag am neuen Ort nur in der Unterkunft bleiben? Vor lauter Euphorie haben wir nicht mehr daran gedacht. Wir müssen viel Geduld aufbringen, um Merlin zu beruhigen und ihn wieder zu erden.

Endlich sind wir zurück auf der »Aranui« in unserer geräumigen Kabine. Eineinhalb Tage werden wir jetzt gezwungenermaßen sowieso hier verbringen, denn heute Nacht, morgen den ganzen Tag und die darauffolgende ganze Nacht fahren wir eine weite Strecke über den Pazifischen Ozean.

Den restlichen Tag verbringen wir auf dem Zimmer, das Schiff schwankt ohnehin so stark, dass wir nicht viel anderes machen können. Am Abend suchen wir die Bar auf und trinken auf Deck einen Sundowner, während die Kinder mal wieder an die Handys dürfen. Es ist einfach herrlich. Die Kinder sind beschäftigt, und wir Eltern sitzen gemütlich an der Reling und genießen den Sonnenuntergang, im Hintergrund das weite, tiefblaue Meer.

Währenddessen beobachten wir die geschäftige Crew und stellen fest, dass sie zu einem Großteil polynesischer Abstammung ist. Alle wirken sehr fröhlich und gutgelaunt. Auch später beim Abendessen fällt uns die natürliche Herzlichkeit des polynesischen Personals auf. Es wirkt ganz anders als auf *Bora Bora*. Sie lachen viel mit uns und machen mit Freddi und Merlin Scherze. Wir haben das Gefühl, dass wir als Familie mit Kindern einen Sonderstatus genießen. Flo spricht mit dem Koch ab, wie man die Gerichte kindgerecht abwandeln könnte, denn „Foie Gras" (gestopfte Gänseleber) oder „Boeuf Bourguignon" (Rindfleischeintopf) werden sie nicht essen. Jeden Morgen gibt es Frühstücksbuffet, und mittags und abends werden drei Gänge am Tisch serviert, wie es in Frankreich so üblich ist. Man muss nehmen, was es gibt.

Als ich das erste Mal davon höre, denke ich: Auweia! Wie sollen unsere Kinder denn drei Gänge lang still sitzen? Und dann gibt es auch noch so ein fremdartiges Essen. Das wird eine Katastrophe! Aber da irre ich mich glücklicherweise. Die Kinder sind so überwältigt von dem ganzen Kreuzfahrt-Ambiente, dass es zumindest anfangs überhaupt kein Problem ist, so lange am Tisch zu sitzen. Außerdem schmeckt das Essen außerordentlich gut. Zum Glück mag Merlin gerne Fisch, denn es gibt oft traditionellen „Mahi-Mahi", einen sehr leckeren Raubfisch, der bei uns Goldmakrele heißt.

Es folgt eine weitere Nacht mit hohem Wellengang. Gerädert starten wir am nächsten Morgen in den Tag. Heute ist das Schiff nur auf offener See unterwegs, daher haben wir Zeit, ausgiebig unser neues Zuhause zu erkunden. Zumindest den Teil, der für die Gäste zugänglich ist. Der Pool auf dem Sonnendeck ist klein, und das Wasser darin schwankt hin und her. Es ist fast gefährlich, dort hineinzugehen. Es scheint aber nicht verboten zu sein, bei Wellengang hineinzugehen, also ziehen Flo und die Kinder sich um und springen ins kühle Nass. Sonst hat sich noch niemand da hineingetraut. Die Kinder kreischen vor Freude und haben viel Spaß, sie fühlen sich, als wären sie im Wellenbad. Ich schaue währenddessen über die Reling aufs Meer. Weit und breit nur Wasser und blauer Himmel. Auf einem Bildschirm auf Deck werden die Route, die Geschwindigkeit und die aktuelle Position des Schiffes angezeigt. Als wir später einen Blick darauf werfen, stellen wir fest, dass wir uns immer noch mitten auf dem Pazifischen Ozean befinden, irgendwo im Nirgendwo.

Ein bisschen fühlen wir uns hier auf der »Aranui« wie die bunten Hunde, denn Flo und ich sind wahrscheinlich die jüngsten Erwachsenen und unsere Jungs sind, wie bereits vom Personal angekündigt, die einzigen Kinder an Bord. Viele Passagiere sind im Rentenalter und wirken sehr gebildet. In einigen interessanten Gesprächen werden wir später erfahren, dass die meisten der Gäste schon einen großen Teil unseres wunderschönen Planeten gesehen haben. Vielen fehlt eben nur noch diese kleine Region in der Südsee, fernab vom Rest der Welt. Mehr als die Hälfte der Passagiere sind Franzosen, aber auch eine Handvoll Deutsche, Schweizer und Österreicher hat es auch auf dieses Schiff ans andere Ende der Welt verschlagen.

In den ersten Tagen lernen wir Ernst aus Heidelberg kennen. Er ist Ende 60 und ganz alleine unterwegs. Er erzählt uns, dass dies wahrscheinlich seine letzte große Reise sein wird, denn er leidet an der Parkinson-Krankheit. Seine Familie und seine Lebensgefährtin waren dagegen, dass er den beschwerlichen Weg in die Südsee auf sich nimmt, aber er wollte nicht auf sie hören und hat sich durchgesetzt. Lange Reisen hat er schon immer allein unternommen. Früher arbeitete er als Sozialarbeiter und jedes Mal, wenn er etwas Geld gespart hatte, buchte er sein nächstes Reiseziel. Die *Marquesas* will er unbedingt noch sehen, bevor ihn die Krankheit endgültig am Reisen hindert. Wir haben größten Respekt davor, dass Ernst an allen Ausflügen und Landgängen in diesem schwülheißen Klima teilnehmen möchte, denn seine Krankheit schränkt ihn in den alltäglichen Dingen des Lebens sichtlich ein.

Unter den Besatzungsmitgliedern der »Aranui« befindet sich auch ein Deutscher namens Frank. Er arbeitet hier als Guide und wird die deutschsprachige Gruppe während der gesamten Reise betreuen. Frank lebt schon seit über 20 Jahren in der Südsee, spricht Englisch, Französisch, Polynesisch und einige andere Sprachen. Er weiß alles über die Geschichte und Kultur der Ureinwohner Polynesiens. Jeden Abend trifft sich die deutschsprachige Gruppe im Konferenzraum, wo Frank einen kurzen Vortrag hält – als Vorausschau, was uns am nächsten Tag erwarten wird. Er beschreibt den genauen Tagesablauf, aber erklärt auch viel über Traditionen und Lebensweise der Einheimischen. Und er kann sehr anschaulich Geschichten erzählen, kleine Anekdoten über die Inseln und ihre Bewohner, die er im Laufe seiner Zeit selbst erlebt hat. Er erzählt authentisch und lebensnah und kritisiert auch den Umgang der Franzosen mit den kolonialisierten Polynesiern. Auf meine Frage, wie die

Polynesier zu den Franzosen stehen, erklärt mir Frank, dass die Franzosen nicht besonders beliebt sind und die Polynesier gerne völlig unabhängig von Frankreich wären. Andererseits unterstützt Frankreich die Inseln finanziell und schützt sie militärisch. Wären die Franzosen nicht da, würden die Chinesen kommen und die Meere vor den Inseln leer fischen, so wie sie es vor *Tuvalu* getan haben. Es ist also wichtig, dass das mächtige Frankreich seine Hand auf allem hat. Frank erzählt, dass er dieses Thema oft mit den Polynesiern diskutiert. Er sagt ihnen dann immer: „Ja, der französische Staat ist ein Hai. Aber den kennt ihr gut, und auf den könnt ihr euch einstellen. Und er beschützt euch vor dem anderen Hai, der viel gefährlicher ist!"

Interessante Sichtweise, denke ich. Wie viele Abhängigkeiten es doch auf der Welt gibt, und wie weitreichend die Machtverhältnisse sind. Umso mehr freut es mich, wie sehr Frank die Nachfahren der Ureinwohner dieser Südseeinseln am Herzen liegen.

Ankunft auf den Marquesas

8. Mai in Französisch-Polynesien . 30 °C

Als wir am Morgen des zweiten Tages aufwachen, sind wir auf der ersten marquesanischen Insel angekommen: *Nuku Hiva*. Der Anblick der Insel in der Morgensonne ist überwältigend. Von Weitem ist die schroffe Berglandschaft mit üppig grüner Vegetation zu erkennen und dahinter erhebt sich ein Gipfel, der *Mont Tekao*, hoch über dem Meeresspiegel. *Nuku Hiva* ist eine der größten Inseln der *Marquesas* mit knapp 3.000 Einwohnern und zwei kleinen Städten.

Dutzende Autos und Pickups stehen schon am Hafen und warten auf die Waren der »Aranui«. Schon seit dem ersten Sonnenstrahl ist das Abladen in vollem Gange. Die Kräne führen einen regelrechten Tanz auf, um Container und Baumaterial von der großen Ladefläche des Schiffes zu heben.

Es ist spannend, sich das Schauspiel von unserem Balkon aus anzuschauen. Doch leider müssen wir schnell zum Frühstück, denn das Programm für die Touristen beginnt schon um 7:30 Uhr, und vorher müssen wir gefrühstückt haben, um pünktlich zum Landgang bereit zu sein. Im Vorfeld hatte ich Sorge, wie es für Merlin werden wird, der schon wieder Schwierigkeiten hatte, sich etwas zum Anziehen auszusuchen und sich für das Frühstück herzurichten. Als wir zum Landgang aufbrechen, hat sich Merlins Laune gebessert, und ich bin erleichtert und dankbar, dass beide Kinder so gut klarkommen, inmitten all der fremden Menschen. Und auch die Fremdartigkeit der Umgebung scheint die Kinder zu faszinieren, denn sie sind fröhlich, stellen viele Fragen und scheinen sich auf die exotische Insel zu freuen.

Während wir in der frühmorgendlichen Hitze mit vorsichtigen Schritten die lange Rampe vom Schiff aufs Land hinunterlaufen, können wir die entladenen Güter aus der Nähe betrachten. In den jetzt geöffneten Containern stapelt sich so ziemlich alles, was man sich vorstellen kann, angefangen von Coca-Cola-Flaschen, Kaffee, Keksen, Elektrogeräten und Klopapier über die orthopädische Matratze bis hin zum Paddelboot. Einige Einheimische haben sich auf dem Hafengelände versammelt und schauen neugierig zu uns hinüber. Hinter dem steinernen Pier stehen aufgereiht ungefähr zwanzig Autos und Pickups, wovon die meisten schon recht alt und ramponiert aussehen. Es sind die privaten Fahrzeuge der Inselbewohner, die schon auf uns Touristen warten, um uns abzuholen.

Frank hatte uns gestern im Konferenzraum darüber informiert, dass die Gäste der »Aranui« in drei Gruppen aufgeteilt werden, nämlich in die französischsprachige, die englischsprachige und die deutschsprachige Gruppe. In einer großen Karawane werden wir dann alle gemeinsam über die Insel zu den ausgewählten Orten gefahren. Dort sollen wir uns dann in unserer Gruppe zusammenfinden, woraufhin Frank und die Guides der beiden anderen Gruppen uns etwas über den Ort und die damit verbundene Geschichte erzählen werden.

„Die Gäste der »Aranui« sind für viele Einheimische eine wichtige Einnahmequelle", erklärt uns Frank, als wir Deutschsprachigen nun alle zusammen am Pier stehen.

„Die Marquesaner werden nämlich ganz gut für die Touren mit ihren privaten Autos bezahlt. Und sie entscheiden selbst, welche Sehenswürdigkeiten sie euch zeigen wollen und welche nicht. Ich habe euch ja gestern erzählt, dass sie an Mythen von Göttern, Ahnen und Geistern glauben, die sehr eng mit der Natur verbunden sind. Daher gelten viele Orte auf den *Marquesas* als heilig. Für Außenstehende sind diese Orte meistens nicht zugänglich, deshalb wählen die Marquesaner sehr genau aus, was ihre Besucher sehen dürfen und was nicht. Wenn wir gleich an der wichtigsten heiligen Stätte hier auf *Nuku Hiva* ankommen, werde ich euch mehr darüber erzählen. Ihr könnt gespannt sein!"

Unser marquesanischer Fahrer stellt sich uns auf Französisch vor und zeigt uns, in welches Fahrzeug wir einsteigen dürfen. Wir haben Glück, es ist ein Pickup mit Sitzbänken auf der Außenladefläche und so können wir den kühlen Fahrtwind und den Ausblick auf die sattgrüne Landschaft in vollen Zügen genießen. Uns gegenüber sitzt ein älteres Ehepaar aus der Schweiz. Während der Fahrt tauschen wir uns ein wenig über unsere bisherigen Reiseerlebnisse aus. Merlin unterhält sich prächtig mit den beiden Schweizern und gibt sein Wissen über die neuseeländische und australische Tierwelt zum Besten. Er genießt es sichtlich, endlich mal wieder mit jemandem Deutsch zu sprechen, das scheint ihm sehr gefehlt zu haben.

Die Fahrt führt steil hinauf in die wild bewachsene Berglandschaft der Insel. An einem Aussichtspunkt halten wir an und können von oben einen Blick auf die felsige Küste mit ihren steilen Klippen und malerischen Buchten werfen. Hier stehen wir eine Weile, und genießen die Aussicht zusammen mit ein paar anderen

Gästen. In der Ferne ist als kleiner weißer Punkt die »Aranui« im Hafen zu erkennen. Kurz darauf steigen wir wieder ein und werden an einem Platz mitten im Wald wieder herausgelassen. Die deutschsprachige Gruppe versammelt sich. Gespannt hören wir zu, was Frank zu dieser archäologischen Stätte namens *Tohua Kamuihei* zu berichten hat.

„Vor ca. 2.000 Jahren haben an diesem Ort rituelle Zeremonien, Versammlungen und Tänze stattgefunden. Der Banyanbaum, den ihr hier seht, wird von den Marquesanern als heiliger Baum verehrt. Er ist über 400 Jahre alt. Stephenson, der Autor von ‚Die Schatzinsel‘, hat ihn vor über 100 Jahren in seinem Buch ‚In der Südsee‘ beschrieben. Genau diesen Baum hier auf *Nuku Hiva*.“

Frank zeigt auf den gewaltigen Ficus mit den imposanten Luftwurzeln. Er bietet eine beeindruckende Kulisse für den Kriegstanz, den wir gleich zu sehen und zu hören bekommen. Die polynesischen Tänzer, Männer wie Frauen, stehen schon in einer Reihe unter dem Baum, bereit für die Vorführung. Bekleidet sind sie nur mit Pflanzenblättern, Federn und Knochen. Ihre Haut ist tätowiert oder mit roter und schwarzer Farbe bemalt, ebenso ihre Gesichter.

Heute Morgen im Konferenzraum hatte uns Frank erklärt, dass jedes Muster auf der Haut eine bestimmte Bedeutung hat und die bisherige Lebensgeschichte des Tätowierten abbildet. Die Geburt des eigenen Kindes, der Tod eines Elternteils, eine schwere Krankheit. Viele Tätowierungen haben eine spirituelle Bedeutung und sollen demjenigen, der sie trägt, Glück im Leben bringen.

Zusammen mit den anderen Gästen der »Aranui« stehen wir nun da und betrachten neugierig die Nachfahren der marquesanischen Ureinwohner. Ihre Blicke sind scharf und konzentriert, ihre Körper voller Spannung. Unvermittelt beginnt der Tanz mit ohrenbetäubendem Stampfen der Füße. Der Gesang der Männer bricht los, tief und kräftig, gefolgt von den klaren, schneidenden Stimmen der Frauen. Hände klatschen rhythmisch auf nackte Haut, laut und eindringlich. Ein lautes „Hah“, dann Klatschen, dann wieder „Hah“. Schnell, wild, aggressiv – dann plötzlich langsam und bedächtig. Die muskulösen Körper der Männer bewegen sich wie im Tanz zwischen Kampf und Frieden. Wir spüren die rohe Kraft, den Mut und die Entschlossenheit der Krieger förmlich auf unserer eigenen Haut. Und immer wieder schlagen flache Hände auf Brust und Oberschenkel. Schließlich endet der Tanz mit einem markerschütternden Schrei, der durch den Wald hallt und ein Echo in der umliegenden Landschaft hinterlässt. Dann herrscht Stille.

Ich habe bisher nichts Vergleichbares gesehen oder gehört. Auch die Kinder sind fasziniert, stehen nur da, andächtig und regungslos.

Im Anschluss sucht sich Merlin passende Stöcke im Wald, um später selbst einen Kriegstanz aufzuführen, während Frank uns über die archäologische Stätte führt. Wir bewundern zwei überdimensional große Tiki-Statuen. Das sind Steinskulpturen, die in der polynesischen Kultur als spirituelle Wesen oder Schutzgeister gelten und einen wichtigen Platz im Glaubensgefüge der Marquesaner einnehmen. Und während wir auf der heiligen Stätte umhergehen und uns alles ansehen, erzählt uns Frank die düstere Geschichte, die mit diesem Ort verbunden ist, denn genau an dieser Stelle wurden zu Beginn des 19. Jahrhunderts Menschen geopfert. Mit der Ankunft der Europäer wurden Krankheiten wie Grippe, Masern und Tuberkulose auf die tropischen Inseln eingeschleppt, gegen die die einheimische Bevölkerung keine natürliche Immunität besaß. Diese Seuchen hatten verheerende Auswirkungen, denn sie führten zu einem starken Rückgang der Bevölkerung. Die Marquesaner kannten diese Epidemien nicht und deuteten sie als spirituelle Prüfungen oder sogar als Strafen. Als das Sterben auf seinem Höhepunkt angelangt war, opferten sie fast täglich einen Menschen, um die Götter und Geister milde zu stimmen. Dies geschah genau hier an diesem Ort. Als die Menschenopfer nichts bewirkten, sondern immer noch mehr Menschen starben, brachen die Marquesaner mit ihrem Glauben und traten zum Katholizismus über. Die katholische Kirche untersagte ihnen daraufhin, ihren alten Ritualen und Gebräuchen nachzugehen. Sie durften keine Opfer mehr bringen, keine Kriegstänze mehr aufführen und sich nicht mehr tätowieren lassen. So verschwand die Tätowierkunst fast vollständig und viele Motive gingen für immer verloren. Katholische Kirchen wurden gebaut und die christliche Religion verbreitete sich. Die Polynesier wurden in die neue christliche Gesellschaft integriert. Unter dem Einfluss der Missionare veränderte sich ihre Lebensweise dramatisch, aus wilden kriegerischen Stammesangehörigen sollten fromme und gläubige Christen werden.

Im Hauptort *Taiohae* steht die Kathedrale *Notre Dame,* deren Inneres mit lokalen Holzschnitzereien mit biblischen Abbildungen ausgestattet wurde. Interessant sind die geschickt eingearbeiteten polynesischen Einflüsse. So hält z. B. der Heilige Paulus statt eines Schwerts einen Kriegsspeer in der Hand und statt des Olivenbaums steht ein Brotfruchtbaum im Garten Gethsemane. Im Hintergrund der Abbildung, auf der Jesus getauft wird, sind Palmen und das

Meer zu erkennen anstelle des Flusses Jordan. Alle dargestellten Personen haben polynesische Gesichtszüge und tragen traditionelle Kleidung. So wurde den Marquesanern die Idee des Katholizismus nähergebracht.

Frank berichtet, dass die Kirche ihnen erst seit etwa drei Jahrzehnten wieder erlaubt, sich am Körper tätowieren zu lassen und die traditionellen Rituale ihrer Vorfahren zu praktizieren. Die jüngere Generation beginnt nun wieder, die Kriegstänze neu zu erlernen und aufzuführen. Da es keine verfeindeten Stämme mehr gibt, kommen nun die Touristen in den Genuss der Vorführungen.

Tief beeindruckt von diesen Erzählungen hängen wir unseren Gedanken nach, während wir mit dem Pickup durch die exotische Berglandschaft wieder hinunter ins Tal zum Dorf *Hatiheu* gefahren werden. Doch noch bevor der Kulturschock verdaut ist, wartet schon die nächste kulturelle Entdeckung auf uns. Ein typisch polynesisches Mittagessen in Form eines Buffets mit Schweinefleisch aus dem traditionellen Erdofen, dem „Umu", sowie einer großen Auswahl weiterer lokaler Spezialitäten. Es gibt „Poisson Cru" mit rohem Thunfisch, Süßkartoffeln, Früchte vom Brotbaum, Taro und Kochbananen. Sogar den Kindern schmeckt es einigermaßen, und ich bin wieder einmal überrascht, wie gut sie inzwischen mit fremden kulinarischen Speisen zurechtkommen. Gemeinsam mit unseren Mitreisenden sitzen wir an großen Tischen zusammen, tauschen uns über das eben Erfahrene aus und lernen uns beim Essen ein wenig kennen.

Und wie ist es mit dem Heimweh?

10. Mai in Französisch-Polynesien . 30 °C

Das Leben auf der »Aranui« ist wirklich außergewöhnlich. Die Kinder blühen richtig auf, und Merlins Heimweh rückt immer weiter in den Hintergrund. Ich finde das bemerkenswert, denn das hier ist eigentlich eine Kulturreise für Erwachsene. Als Flo unsere Plätze auf der »Aranui« vor einigen Wochen buchte, hatten wir eine etwas andere Vorstellung von dieser Tour. In dem Reisemagazin war davon die Rede, dass das Schiff öfter Halt zum Schnorcheln und zum Baden machen würde – allerdings wurde in dem Artikel eine andere Route beschrieben. Mit Blick auf unser jetziges Programm sehen wir, dass es bis auf den ersten Stopp in der Lagune auf *Rangiroa* keine andere Bade- oder Schnorchelgelegenheit mehr geben wird. In den nächsten Tagen werden wir weitere Inseln besuchen und uns noch intensiver mit der Kultur der Inselbewohner beschäftigen. Vielleicht hätten wir diese Schiffsreise gar nicht in Betracht gezogen, wenn wir uns das nicht besonders kinderfreundliche Programm vorher genauer angesehen hätten. Aber jetzt sind wir sehr froh, dass wir hier sind. Die Reise ist kulturell und geschichtlich so außerordentlich interessant. Und auch wenn die Kinder nicht alles so hören und verstehen wie wir Erwachsenen, so bekommen sie doch viel von der Lebensweise der Marquesaner mit.

Die europäische Atmosphäre auf dem Schiff, die tägliche Routine morgens und abends, die immer wiederkehrenden Mahlzeiten am selben Ort, das alles tut den Kindern gut. Auch dass sie Frank verstehen und sich mit den anderen Gästen auf Deutsch unterhalten können, hilft ihnen, hier in der Fremde ein Stück Heimat zu finden. Nachdem wir Ernst kennengelernt haben, sitzt er bei jedem Essen mit an unserem Tisch und wird von den Kindern wie ein neues Familienmitglied aufgenommen. Sie helfen ihm gerne und bringen ihm etwas vom Buffet, damit er nicht aufstehen muss. Wir haben interessante Unterhaltungen mit Ernst, und auch auf den Landgängen sind wir oft zusammen und passen aufeinander auf. Einige Crewmitglieder kennen unsere Kinder bereits. Sie scherzen jeden Tag liebevoll mit ihnen, sodass inzwischen eine sehr familiäre Atmosphäre entstanden ist, die die Kinder sichtlich genießen. Bemerkenswert ist, dass sich das polynesische

Personal der »Aranui« unter die Gäste mischen darf und sich nicht in einem separaten Crewbereich – wie auf herkömmlichen Kreuzfahrtschiffen üblich – aufhalten muss. Abends kommen wir mit ihnen ins Gespräch und stoßen bei Sonnenuntergang auf Deck mit einem Getränk an.

Dabei lerne ich Tino, eines der polynesischen Besatzungsmitglieder, kennen, der unsere Kinder immer zum Lachen bringt, wenn er sie sieht. Tino ist schon etwas älter, ein Bulle von einem Mann, braungebrannt und am ganzen Körper tätowiert. Wir unterhalten uns, und er erzählt mir auf Englisch, dass er schon seit 40 Jahren auf der »Aranui« arbeitet und von Beginn an Mitglied der Crew gewesen ist. Jetzt arbeitet er als Guide, so wie Frank, und leitet die französischsprachige Gruppe. Aber bis vor einigen Jahren war er Leiter der Logistik. Er war für die Fracht zuständig und hat noch mit eigener Muskelkraft Zementsäcke vom Schiff an Land geschleppt. Im Laufe des Gesprächs erfahre ich, dass er früher eine Zeit lang in Berlin gelebt hat. Dort ist auch sein Sohn geboren, der mit seiner Ex-Frau immer noch in Europa lebt, und den er selten sieht. Irgendwann möchte er ihn nach Tahiti holen, mit ihm die Tour auf der »Aranui« machen und ihm das Leben in der Südsee näher bringen.

Wie klein die Welt doch wieder ist, denke ich. Hier, mitten in der Südsee, kommt mir der Gedanke an Berlin beinahe abwegig vor.

Leider gestaltet es sich mehr als herausfordernd, am Wochenplan für die Schule zu arbeiten. Es passt einfach so gar nicht in den Tagesablauf, denn durch die Intensität der Landgänge bleibt wenig Zeit und noch weniger Muße für das Schooling. Im Fach Deutsch steht eine Klassenarbeit an, die wir schon seit ein paar Tagen aufschieben. Bereits letzte Woche hat uns Freddis Deutschlehrer die Aufgabenblätter dazu zugeschickt. Es geht um das Schreiben eines Unfallberichts, ein Thema, mit dem Freddi sich in Australien ausführlich auseinandergesetzt hat. Und um die vier Fälle. Während des Fluges nach *Tahiti*, zwischendurch beim Warten auf das Essen oder abends vor dem Einschlafen haben Flo und ich immer wieder Sätze von Freddi oder Merlin aufgeschnappt und Freddi gebeten, die Fälle in dem Satz zu bestimmen. Welche Frage muss man stellen, um den Akkusativ zu identifizieren? Wen oder Was? Auf so spielerische Art und Weise hat ihm das sogar Spaß gemacht. Mehr jedenfalls, als hätten wir uns explizit mit ihm hingesetzt, um den Stoff wie in einer Unterrichtsstunde mit ihm zu üben. Und so hoffe ich, dass er die Fragen in der Klassenarbeit versteht und gut bewältigen kann. Hier, auf der komfortablen »Aranui«, haben wir zumindest die Möglichkeit, die Aufgabenblätter auszudrucken.

Inzwischen ist es schon Nachmittag und wir sind früher von der heutigen Ausflugtour auf der Insel *Ua Pou* zurückgekehrt. Heute konnten die Touristen aus zwei Alternativen auswählen: Freizeit im Dorf *Hakahau*, mit Besuch eines Kunstmarkts und polynesischem Mittagessen im Restaurant. Oder eine Wanderung durch die überreichliche Vegetation der Insel mit Ausblicken auf die Küste und die berühmten Basaltsäulen von *Ua Pou*. Da die Wanderung den ganzen Tag dauern sollte, hatten wir beschlossen, die freie Zeit lieber im Dorf zu verbringen. Doch schon der Ausstieg über die Rampe vom Schiff aufs Land ließ uns den Schweiß aus allen Poren laufen. Die Kinder waren quengelig, ihnen war heiß, und sie hatten Hunger. Als wir am Kunstmarkt ankamen, hatte Merlin schon so schlechte Laune, dass der nächste Wutanfall greifbar in der Luft lag. Am Eingang der Halle begrüßte uns eine Gruppe älterer polynesischer Männer mit fröhlichem Gesang und Gitarren- und Ukulelenklängen. Mit dieser heiteren Musikuntermalung schlenderten wir durch die große Markthalle. Drinnen war es fast noch heißer und stickiger als draußen, es war kaum auszuhalten. Sorgfältig arrangiert lagen die Kunstwerke aus den sogenannten ‚Blumensteinen‘ in den Auslagen, wunderschöne Gegenstände aus geschliffenem Vulkangestein, glänzend poliert, mit blütenblattähnlichen Mustern in ihrem grünen Inneren.

Frank hatte uns erzählt, dass diese Kunstwerke nur hier auf *Ua Pou* zu finden sind, und dass die Marquesaner ein außergewöhnliches künstlerisches Talent besitzen. Jede Insel sei für ihre eigene Kunstform bekannt, wie zum Beispiel Holzschnitzereien, Knochenschnitzereien oder hier auf *Ua Pou* die Herstellung von Kunstwerken aus Blumensteinen.

Hinter den Marktständen standen einheimische Frauen, die uns schüchtern anlächelten, während wir umhergingen und unter ihren Blicken die schönen Dinge betrachteten. Wir lächelten zurück und fühlten uns ähnlich verlegen. Da beide Jungs noch etwas Geld von ihren Geburtstagen übrig hatten, durfte sich jeder eine Kleinigkeit aussuchen. Freddi fand sofort einen schweren Anhänger in Form eines Hakens, den er richtig gut fand. Aber Merlin konnte sich nicht entscheiden. Er hätte gerne ein aus Stein gefertigtes Messer gehabt, aber der Preis hätte sein Geburtstagsbudget bei weitem überschritten. Und so kam, was kommen musste. Mit wutschreiendem Merlin flüchteten wir zurück aufs Schiff und ließen die fröhliche Musikgruppe und das traditionell polynesische Mittagessen hinter uns (worüber wir aufgrund der Hitze aber gar nicht so traurig waren). Da die »Aranui« gerade nicht vor Anker lag, sondern in einem Hafen, konnten wir zum Glück jederzeit wieder zurückkehren.

Nun sitzt Freddi an dem kleinen Tisch in unserer klimatisierten Kabine und schreibt seine Klassenarbeit in Deutsch. Ich liege auf dem Bett und schaue mir die Fotos an, die ich die letzten Tage gemacht habe. Unglaublich, was wir in der kurzen Zeit schon wieder erlebt haben. Durch diesen täglichen neuen und außergewöhnlichen Input kommt es mir vor, als seien wir schon viel länger auf diesem Schiff, als es tatsächlich der Fall ist.

Freddi ist fertig mit der Klassenarbeit. Schnell fotografiere ich die Seiten ab, und dann machen wir uns auf den Weg in die Lounge, wo wir Flo und Merlin treffen. Die Sonne geht langsam unter und eine angenehm kühle Brise läutet das Abendprogramm ein. Wie jeden Abend spielen einige Mitglieder der polynesischen Crew an Deck die unentbehrliche Ukulelenmusik, zu der die Gäste, und auch die anderen Besatzungsmitglieder das Tanzbein schwingen. Musik scheint das wahre Lebenselixier der Polynesier zu sein – überall und jederzeit wird musiziert und gesungen, stets begleitet von einem Lächeln auf den Lippen.

Pünktlich um 19 Uhr wird über die Lautsprecher auf dem ganzen Schiff zum Abendessen gerufen – zunächst auf Französisch: „Mesdames et Messieurs, veuillez vous rendre au restaurant". Gleich darauf folgt die englische Durchsage. Freddi versteht sie mittlerweile sehr gut und amüsiert sich jedes Mal über die lustige Bedeutung der falschen Übersetzung: „Ladies and gentlemen, please go hungry!"

Entrückte Welt

12. Mai in Französisch-Polynesien . 29 °C

Immer wieder staunen wir darüber, mit wie viel Geschick und Erfahrung die Besatzung der »Aranui« zu Werke geht. In der kargen, engen Bucht von *Vaipaee* vor der Insel *Ua Huka* führt das Schiff ein beeindruckendes Manöver durch, denn hier muss der riesige Koloss eine präzise 180-Grad-Wende vollziehen, bevor er festgemacht werden kann. Der Platz zwischen den Felswänden ist eng, und das Manöver erfordert die volle Aufmerksamkeit der Besatzung. Von unseren Balkonen aus können wir beobachten, wie die erfahrenen Seebären von der kleinen Barge mit den schweren Seilen auf das schroffe Riff springen, um die »Aranui« sicher zwischen den hohen Felswänden der Bucht zu vertäuen. Überhaupt ist es immer wieder faszinierend zu sehen, wie selbstbewusst und unerschrocken die Männer den Naturgewalten des Meeres begegnen. Manche Situationen in der Brandung können ziemlich gefährlich werden. Wenn die »Aranui« nicht in einem Hafen anlegen kann, sondern in einer Bucht vor Anker gehen muss, kann das Umsteigen vom großen Schiff auf die kleine Barge bei starkem Seegang zu einer riskanten Kletterpartie werden.

„Please wait, just stand still, do nothing!" ruft Tino uns dann zu.

Am Ausgang des Schiffes sollen wir also stehenbleiben und warten. Dann greifen uns zwei muskulöse Besatzungsmitglieder unter die Arme, der eine rechts, der andere links. Die Welle kommt, wir werden im richtigen Moment hochgehoben, hinübergetragen und auf der Barge wieder abgesetzt. Vor allem für Kinder und ältere Menschen ist das eine große Hilfe, denn so sind sie nicht der Gefahr ausgesetzt, bei hohem Wellengang zu stolpern und ins Meer zu stürzen.

Die Tage an Land sind sehr intensiv. Jeden Tag erblicken wir ein neues wildes, weit abgelegenes Paradies. Und auf jeder der Inseln ist die Begrüßung durch die Einheimischen ebenso herzlich wie die an Bord der »Aranui«. Sobald wir die ersten Schritte auf die Insel setzen, werden uns exotische Früchte überreicht. Auf der nächsten Insel kommen polynesische Frauen lächelnd auf uns zu und legen uns Ketten aus roten, grauen und schwarzen Blumensamen um den Hals.

„Maeva!", sagen sie – „Herzlich willkommen!"

Und wo immer wir ankommen, werden wir mit Musik und Gesang empfangen. Alles wirkt so fröhlich und gastfreundlich.

Jede der Inseln ist auf ihre Art außergewöhnlich und hinterlässt unvergessliche Eindrücke und Erinnerungen. Die Insel *Hiva Oa*, mit üppig grüner Landschaft und voller exotischer Pflanzen wird aus diesem Grund auch „Garten der Marquesas" genannt. *Ua Huka* ist für ihre Tierwelt bekannt, insbesondere für Ziegen und Wildpferde. Die schroffen steil aufragenden Felsformationen sind für die Insel *Ua Pou* ein bekanntes Wahrzeichen. Besonders beeindruckt uns *Fatu Hiva*, landschaftlich eine der schönsten und außergewöhnlichsten Inseln der *Marquesas*, bedeckt von üppigen tropischen Wäldern. Für uns Europäer erscheint das alles wie eine entrückte Welt, weit weg von allem, was wir kennen und gewohnt sind.

Und auch kulturell gibt es hier so viel zu lernen. Auf der Insel *Hiva Oa* werden wir durch eine Ausgrabungsstätte geführt, sehen verschiedene Tiki-Statuen und erfahren etwas über ihre Bedeutung. Wir besuchen die Gräber von Paul Gauguin und Jacques Brel. Anschließend besichtigen wir ein Museum mit einer Ausstellung von Gauguins Südsee-Gemälden. Später spazieren wir durch einen botanischen Garten und lernen einheimische Pflanzen kennen.

Auf dieser Insel gibt es sogar ein Internetcafé. Das müssen wir unbedingt ansteuern. Freddi hat die meisten seiner Aufgaben für diese Woche zwar inzwischen erledigt, aber wir hatten noch keine Möglichkeit, Fotos von den beschriebenen Blättern und von der Deutsch-Klassenarbeit an seine Lehrer zu schicken. Über das Mobilfunknetz gibt es auf dem offenen Meer natürlich überhaupt keinen mobilen Internetempfang. Aber wenn ich Glück habe, komme ich manchmal ganz früh morgens, direkt nach dem Aufwachen, für einen kurzen Moment in das öffentliche WLAN der »Aranui« hinein. Es reicht, um E-Mails und WhatsApp-Nachrichten abzurufen. Aber zum Hochladen von Fotos – keine Chance.

Das Internetcafé ist ein unscheinbarer Bretterverschlag mit Snackbar, wo wir uns auf Plastikstühlen niederlassen, und einen Kaffee und Mangosaft bestellen. Ernst ist auch schon da, wir hatten uns im Vorfeld hier verabredet. Während die Männer sich unterhalten, versuche ich eine Verbindung von meinem Handy zum Internet aufzubauen. Mit viel Geduld schaffe ich es, die Fotos, die ich heute Morgen noch auf der »Aranui« gemacht habe, an Freddis Lehrer zu schicken.

Auf der nächsten Insel namens *Tahuata* – der kleinsten bewohnten Insel der *Marquesas* – besuchen wir den Kunsthandwerksmarkt. Hier werden vor allem gravierte Tikis, Hals- und Armbänder aus Rinderknochen, Fossilien und Muscheln angeboten. Die Inselbewohner von *Tahuata* sind angesehene Graveure, und ihre Kunstwerke aus geschnitzten Knochen gelten selbst innerhalb des *Marquesas*-Archipels als einzigartig.

Gestern Nachmittag im Konferenzraum erklärte uns Frank, dass das Leben der Inselbewohner vor der Ankunft der Europäer sehr stark auf das Zusammenleben im Dorf ausgerichtet war, jedes Stammesmitglied hatte einen festen Platz und eine feste Rolle in der Gemeinschaft. Es gab die Jäger, die Fischer, den Häuptling, den Heiler, jemanden, der Tätowierungsrituale durchführte, oder den Schamanen, der die Geister heraufbeschwor. Jeder Einzelne war wichtig und trug mit seiner Aufgabe zur Stabilität und zum Wohlergehen der Gemeinschaft bei. Die Kolonialisierung führte jedoch dazu, dass sich diese traditionellen Strukturen allmählich aufzulösen begannen. Wichtige Bräuche, Rituale und Zeremonien, die für die Aufrechterhaltung des sozialen Gleichgewichts von Bedeutung waren, wurden von der katholischen Kirche verboten. So verloren die Dorfbewohner ihre Aufgaben in der Gruppe und standen kurz davor, auch ihre kulturelle Identität zu verlieren. In der Folgezeit bekannten sie sich zwar oberflächlich zum Christentum, aber insgeheim pflegten sie weiterhin ihren Glauben an mythische und spirituelle Kräfte, an Geister und Ahnen.

Die alten Denkweisen sind auch heute noch tief in ihrem Bewusstsein verwurzelt, und durch die große Abgeschiedenheit der *Marquesas*-Inseln sind die Menschen hier noch stärker in alten Glaubenssystemen verankert als die Einheimischen auf *Tahiti* oder anderen touristisch erschlossenen Inseln. Ihr Glück hängt nicht so sehr vom materiellen Wohlstand ab, wie es bei uns in der westlichen Welt der Fall ist. Vielmehr ist für sie das Konzept des »mana« von großer Bedeutung. Es steht symbolisch für die kulturellen und spirituellen Werte der Vorfahren der Polynesier. Ein Mensch, der sich durch außergewöhnliche Fähigkeiten, Stärke und Selbstvertrauen auszeichnet, strahlt viel »mana« aus und besitzt somit auch eine große spirituelle Energie, die ihn am Leben hält.

Vor diesem kulturellen Hintergrund wird deutlich, was Frank uns heute beim Besuch des Kunsthandwerksmarktes in *Vaitahu* auf *Tahuata* mit auf den Weg geben möchte. Er erklärt uns, dass wir den Einheimischen ihre Kunstwerke nicht unbedingt abkaufen müssen, um sie glücklich zu machen. Um einem Künstler zu mehr »mana« zu verhelfen, kann man seinem Werk echte Aufmerksamkeit schenken und dann zum Ausdruck bringen, wie kunstvoll es geschnitzt oder gemalt ist. Allein das ehrliche Interesse und die Anerkennung heben das »mana« des Künstlers auf eine höhere Ebene, und erfüllen ihn in ähnlicher Weise, als wenn er das Kunstwerk verkauft hätte.

Kaum zu glauben, wie unterschiedlich die Auffassung von Glück in anderen Kulturen sein kann, denke ich, während ich versuche, den Kindern diese Sichtweise zu erklären. Sie reagieren jedoch kaum darauf; wahrscheinlich ist ihnen schon der Begriff „Glück" zu abstrakt. Und während ich mit Freddi und Merlin an den Ständen entlangbummle und mir die schönen Sachen ansehe, unterhält sich Flo mit einem jungen marquesanischen Künstler, der wunderschöne handtellergroße Amulette aus Muscheln verkauft. Doch sie haben ihren (durchaus angemessenen) Preis, eines der Schönsten soll umgerechnet 400 Euro kosten. Wir wollen nicht so viel Geld ausgeben, um Souvenirs zu kaufen, aber Flo hat die Worte von Frank noch im Ohr und erweist dem Künstler und seinem Werk seine aufrichtige Wertschätzung. Dann holt er noch mich und die Kinder zu dem Stand, und gemeinsam bewundern wir die schönen Arbeiten, während Flo den Künstler fragt, mit welchem Werkzeug er die feinen Linien in das Muschelkunstwerk eingearbeitet hat. Der Marquesaner ist sichtlich erfreut über unser Interesse und unterhält sich eine Weile mit Flo.

„Wait", sagt er, als wir uns schon verabschiedet haben und weitergehen wollen.

„I have a present for you."

Aus einer kleinen Schachtel holt er für jeden von uns eine kleine Muschel mit wunderschön eingravierten Ornamenten hervor. Wir sind völlig überwältigt von so viel Herzlichkeit. Ich nehme die vier Muscheln in die Hand und schaue sie an.

„Really beautiful!", sage ich und freue mich darüber, aber es fällt mir schwer, sie einfach anzunehmen. Ich bin es nicht gewohnt, etwas auf einem Markt geschenkt zu bekommen. Eigentlich sollte es doch umgekehrt sein, nämlich dass WIR etwas kaufen. Sollten wir ihm vielleicht doch Geld dafür geben, so wie wir das aus unserer westlichen Welt kennen? Aber würden wir seine Gefühle verletzen, wenn wir die Muscheln nicht als Geschenk annehmen? Wir drücken unseren tief empfundenen Dank aus und gehen mit einem fast schlechten Gewissen weiter. Später erzählen wir Frank von der Begebenheit. Er erklärt uns, dass es richtig war, die Geschenke mit Freude anzunehmen. Nur so konnten wir auch dem Künstler eine Freude machen.

Fracht auf der Aranui

13. Mai in Französisch-Polynesien . 29 °C

Wann immer die »Aranui« in die kleinen Naturhäfen der Inseln einläuft, sind kurz darauf die Lastenkräne im Dauereinsatz und das Abladen der Fracht läuft auf Hochtouren. Es muss schnell passieren, denn die Zeit ist genau bemessen. Wenn die Touristen vom Landgang zurückkommen, muss das Ab- und Aufladen abgeschlossen sein, sodass das Schiff wieder abfahrbereit ist. Als allererstes werden die beiden Gabelstapler abgeladen, die ebenfalls auf der »Aranui« mitfahren. Danach die losen Teile und die schweren Container. Sobald die Container auf dem Hafengelände abgesetzt und geöffnet sind, beginnt der Tanz der Gabelstapler. Die Logistik ist bemerkenswert. Systematisch werden die Paletten mit der Ware zu einem bestimmten Platz am Kai gefahren und dort aufgestellt. Genau dort stehen schon die Einheimischen mit ihren Autos und Lieferwagen bereit, um die bestellten Sachen abzuholen. Palettenweise wird die Ware dann zu den wenigen Geschäften und Supermärkten der Insel gefahren.

Als wir das Dorf *Atuona* auf der Insel *Hiva Oa* besuchten, kauften wir im einzigen kleinen Lebensmittelladen des Ortes ein paar Snacks für unser Mittagessen. Während wir vor den Regalen standen und überlegten, was wir nehmen sollten, sahen wir, wie die Mitarbeiter des Supermarktes in Windeseile neue Ware einräumten. Für einen kurzen Moment war ich irritiert. Dann wurde mir klar, dass die neue Ware noch vor wenigen Stunden im Laderaum der »Aranui« lag – in einem der Container direkt vor unserer Familienkabine. Eine bizarre Vorstellung!

Aber nicht immer gibt es einen Hafen, an dem die »Aranui« direkt anlegen kann, um die Waren zu entladen. Wenn das riesige Schiff in der Bucht vor der Insel ankert, weil der Hafen nicht groß genug ist, dann muss ein kleiner Lastkahn jedes Teil der Fracht einzeln an Land fahren. Das ist weitaus schwieriger und erfordert viel Geschick vom Kapitän des Kahns und ebenso von den Arbeitern, die die Waren bei hohem Wellengang vom Kahn an Land wuchten. Tino, den ich bereits kennengelernt habe und der in jungen Jahren für die gesamte Frachtlogistik verantwortlich war, erzählt uns mit viel Humor einige Anekdoten über dieses Thema. Er verrät uns, dass auf unserer Tour insgesamt 19 Autos an Bord sind. Das hätten wir nie gedacht. Zwei oder drei Autos haben wir beim Abladen gesehen, aber die anderen 16, wo sind die alle?

Ich erinnere mich an eine Szene, die wir von unserem Balkon aus verfolgen konnten, als wir bei *Ua Huka* in der Bucht ankerten. Wir konnten beobachten, wie ein Auto zuerst vom Kran auf den Lastkahn gehievt und dann übers Wasser an Land gefahren wurde. Tino erklärt uns, dass es bei hohem Wellengang eine höchst minuziöse Angelegenheit ist, das Auto unversehrt vom Kahn an Land zu bekommen. Der Ablauf ist wie folgt: Eines der Crewmitglieder sitzt in dem Fahrzeug, welches gerade auf dem Kahn über das Meer zur Insel gefahren wird. Der Motor ist gestartet und der Fuß des Mannes ruht bereits auf dem Gaspedal. Meistens ist hoher Wellengang, es geht auf und ab. Ist der Kahn dann am Kai angekommen, muss der Mann im Auto warten, bis die aktuelle Welle eine bestimmte Höhe erreicht. Und dann muss er genau in der richtigen Zehntelsekunde Gas geben und losfahren. Klappt das nicht, prallt das Auto von der Kaimauer ab und landet in der Brandung.

In ähnlicher Weise – nur in umgekehrter Richtung – werden die Autos von den Inseln mit nach *Tahiti* genommen, wenn sie repariert werden müssen, da es auf den *Marquesas* keine Autowerkstätten gibt. Für einfachere Reparaturen kommt alle drei Monate ein Mechaniker von Toyota mit der »Aranui« auf die Inseln gefahren, der dann die Reparaturarbeiten vor Ort durchführt. Deshalb fahren auf den *Marquesas* fast ausschließlich Toyotas umher.

Von jeder Insel werden auch Waren wieder mitgenommen, natürlich in viel kleinerem Umfang. Diese müssen ebenso koordiniert an Bord gelangen. Papayas, Bananen, Nonifrüchte und vor allem säckeweise Kopra. Das ist das Fruchtfleisch der Kokosnuss, aus dem Kokosöl gewonnen wird und das den Marquesanern vergleichsweise viel Geld einbringt. Bei einem Landgang im Botanischen Garten lernen wir auch die grüngelbe Nonifrucht kennen. Sie stinkt wie fauler Käse, soll aber eine gesundheitsfördernde Wirkung besitzen. Frank erzählt uns, dass pharmazeutische Firmen in Amerika völlig besessen von dieser Frucht sind. Große Fässer voller Noni-Saft werden auf die »Aranui« geladen, um sie dann von *Tahiti* aus in die USA zu verschiffen.

Die Fracht ist ein wichtiges Thema, denn sie finanziert einen Teil der weiten Reise der »Aranui« zu den *Marquesas*-Inseln. Tino erklärt, dass er bei jeder Tour darauf hofft, große Dinge wie Autos, Bagger, Boote und sogar Hubschrauber an Bord zu haben. Das bringt viel Geld ein. Der größere Teil der Finanzierung kommt jedoch durch die Einnahmen mit den Touristen zustande. Während der Corona-Pandemie konnten aufgrund der Kontaktbeschränkungen keine Passagiere an Bord genommen werden, und die »Aranui« hatte große Probleme mit der Finanzierung. Die Waren mussten ja trotzdem auf die kleinen abgelegenen Inseln gebracht werden. Der französische Staat half hier glücklicherweise aus, sodass das Schiff auch ohne Passagiere fahren konnte.

Eine Sache lässt mich leider fassungslos und auch etwas wütend zurück. Tino erzählt, dass zurzeit ein lebendiges Pferd mit an Bord ist. Es wurde auf der Insel *Hiva Oa* aufgeladen. Momentan befindet es sich in einem Container, wo es natürlich Stroh und Essen und Trinken bekommt. Trotzdem, in Deutschland würde sofort der Tierschutz auf der Matte stehen. Das Pferd muss fünf Tage und Nächte in einem dunklen Container ausharren, bis wir in *Tahiti* sind. Frank erzählt uns hinter vorgehaltener Hand, dass es ein Franzose bestellt haben muss. Ein Polynesier würde ein Pferd nie so weit transportieren lassen.

Makatea und herzschwerer Abschied

15. Mai in Französisch-Polynesien . 31 °C

Die »Aranui« nimmt Kurs auf unsere letzte Station im *Marquesas*-Archipel, das Naturparadies *Fatu Hiva*. Sie gilt als eine der abgelegensten und damit auch ursprünglichsten Inseln. Als wir in die Bucht einfahren, leuchten die steilen, wild bewachsenen Klippen im Morgenlicht und schaffen eine unbeschreiblich schöne Atmosphäre. Hohe Wellen rauschen in Endlosschleife gegen die schroffen Felsen des Ufers. Ich versuche, dieses Bild tief in meiner Erinnerung zu speichern und denke – wie so oft auf unserer Reise – wie wunderschön und wertvoll unser Planet Erde doch ist.

Wir steigen in die Barge und werden zum kleinen Hafen auf die Insel gebracht, wo wir abermals mit bunten Blumenketten und fröhlichen Musikdarbietungen begrüßt werden. Es ist heiß, und der Marktplatz von *Omoa* ist ein paar Minuten zu Fuß entfernt. Der Schweiß läuft, und wir sind froh, als wir uns dort unter die Überdachung in den Schatten setzen können. Gemeinsam mit unseren Mitreisenden schauen wir einer Marquesanerin bei der Herstellung von Tapa zu. Tapa ist ein Material, das durch Schlagen, Rollen und Walzen aus der Rinde des Brotbaumes gewonnen wird. So entsteht eine Art Stoff, der anschließend mit schwarzer Tusche bemalt und mit Mustern verziert wird, die an Tätowierungen erinnern. Frank hatte uns zuvor erklärt, dass es sich bei den Zeichnungen tatsächlich um Tatoos handelt. Als das Bemalen der Haut von der Kirche verboten wurde, versuchten die Inselbewohner die alte Kunst zu bewahren, indem sie die Tätowierungen nicht mehr auf die Haut, sondern auf den Stoff übertrugen. So mussten sie die alte Tradition nicht ganz aufgeben, und einige Motive konnten die Christianisierung überdauern.

Unter dem Dach des Marktplatzes bieten die Einheimischen den Touristen bemalte Tapas zum Kauf an. Wir möchten eines dieser Werke als Andenken mit nach Hause bringen, und Freddi darf sich das Motiv aussuchen. Die Auswahl fällt ihm schwer, er schaut sich die Bemalungen auf den Tapas genau an, geht wieder zurück und schaut sich dieselben Sachen noch einmal an. Schließlich entscheidet er sich für ein Bild mit einer Echse in kunstvoll gemalten Mustern.

Der letzte Tag in der Region des *Marquesas*-Archipels ist angebrochen. Zum Abschied von der paradiesischen Inselgruppe findet ein polynesischer Abend an Deck statt. Das Schiff ist mit Blumenarrangements im Südseestil geschmückt, und es gibt landestypische Speisen in Buffetform unter freiem Himmel. Wir dürfen erneut einem beeindruckenden Kriegstanz beiwohnen, und im Anschluss stimmt die »Aranui«-Band ihre beschwingten polynesischen Lieder an. Die gesamte Besatzung hat sich an Deck versammelt. Es wird viel gelacht, getanzt, und ihre Lebensfreude ist wieder so spürbar, als könne man sie greifen und mitnehmen, wohin man auch geht.

Dann starten die Motoren und die »Aranui« setzt sich in Bewegung. Ganz langsam fährt das Schiff mitsamt der fröhlich singenden Meute aus der wunderschönen Bucht von *Fatu Hiva* hinaus. Zu viert stehen wir an der Reling und blicken wehmütig zurück auf die Konturen der ungezähmten Insel – bis der grüne Flecken Erde immer kleiner wird und schließlich ganz im unendlichen Blau des Meeres verschwindet.

Am nächsten Morgen kommen wir auf der allerletzten Station dieser Schiffsreise an, auf *Makatea*. Das Atoll besteht ausschließlich aus Korallen und erhob sich vor mehr als 60 Millionen Jahren, zur Zeit der Dinosaurier, aus dem Meer. Es ist von einem erodierten Kalksteinplateau bedeckt, das von zahlreichen Höhlen und Schluchten durchzogen ist. Bis vor einem halben Jahrhundert wurde hier Phosphat für die Düngemittelproduktion abgebaut und es lebten mehrere Tausend Menschen auf der Insel. Davon übriggeblieben ist lediglich eine Geisterstadt, die wir heute besuchen. Völlig überwuchert von Pflanzen stehen hier noch die alten rostigen Maschinen in der Landschaft herum, mit denen damals das Phosphat transportiert wurde. Trotz der großen Abgeschiedenheit mitten im Südpazifik leben heute noch etwa 60 Menschen auf *Makatea*, die sich weitgehend selbst versorgen. Und natürlich freuen sie sich auch hier über die Ankunft der »Aranui«. Der Bürgermeister des Hauptortes *Moumu* empfängt uns sogar mit einem kleinen Vortrag über die Geschichte *Makateas*.

Der Weg über diese skurril anmutende Insel führt uns vorbei an verrosteten Maschinen, die den wildwüchsigen Pflanzen heute als Kletterhilfe dienen. Dann weiter durch einen dichten Urwald, über bröselige Kalksteinplatten. Und wieder ist es unglaublich heiß und schwül. Ich halte Merlin fest umklammert, meine Hände schwitzen. Frank hat uns gewarnt, den schmalen Pfad nicht zu verlassen, um nicht in eines der Löcher zu fallen, die durch den Phosphatabbau entstanden sind. Rechts und links des Weges sind sie zu sehen, ziemlich gefährlich sieht das aus.

Das Ziel unserer Wanderung ist eine unterirdische Süßwasserhöhle mit einem tiefen Wasserloch. Schon die ganze Zeit über schwärmte Frank von einem erfrischenden Bad im kühlen Nass, so dass wir uns jetzt richtig darauf freuen. Zum Höhleneingang führt eine steile Natursteintreppe. Die Stufen sind rutschig, und je tiefer wir kommen, desto dunkler wird es. Wir brauchen dringend eine Abkühlung und überlegen nicht lange. Im Dunkeln ziehen wir uns um und tasten uns dann voran, in Richtung Wasser. Unsere Laute werden von den Wänden reflektiert und klingen klarer und deutlicher als sonst. Die Wände und der Boden bestehen aus scharfkantigen Gesteinsplatten, jeder Schritt ist schmerzhaft. Frank ist direkt hinter uns und leuchtet nun mit einer Taschenlampe in die Höhle hinein, damit Freddi und Flo etwas sehen können. Merlin und ich folgen ihnen, klettern über die spitzen Felsen bis an den Beckenrand, wo das Wasser beginnt. Wir können nicht sehen, wie tief es ist und wie der Grund aussieht. Eine silbrig-schwarze Flüssigkeit liegt still vor uns. Unheimlich. Meine drei Jungs sind, wie immer, schon drin im Wasser. Es ist furchtbar kalt und kostet mich Überwindung, ganz einzutauchen.

„Mama, komm endlich nach... nach... nach...“

Merlins Stimme hallt von den Wänden wider. Ein paar Gäste folgen uns, und einige haben sogar Stirnlampen dabei. Nervös lasse ich mich schließlich in das kalte Becken hineingleiten, ein Schaudern durchfährt mich. Zum Glück wird es schnell tief. Das Wasser fühlt sich angenehm weich auf der Haut an. Gemeinsam mit Merlin schwimme ich ein paar Meter durch die schwarze Flüssigkeit, dann haben wir Flo und Freddi eingeholt. Und als sich unsere Augen an die Dunkelheit gewöhnt haben, sehen wir uns um. Überall können wir die tropfen- und säulenförmigen Stalaktiten und Stalagmiten erkennen, die sich von der feuchten Decke der Höhle nach unten und von unten nach oben erstrecken.

„Wow. Hier drin ist es wie in einer riesigen Sandburg“, ruft Merlin und das Echo wirft seine Worte dumpf hallend zurück.

„Dürfen wir die Zapfen mal anfassen?“

Eine einzelne dicke Säule ragt mitten aus dem Wasserbecken nach oben an die Höhlendecke. So etwas Einzigartiges werden wir wohl nie wieder zu Gesicht bekommen. Kondenswasser tropft von den felsigen Wänden, und jeder Tropfen hinterlässt ein scharfes Geräusch, das sich echohaft ausbreitet. Die Höhle scheint sehr weitläufig zu sein, man kann tief hineinschwimmen. Am Ende eines Ganges soll sich ein versteinertes Dinosaurierskelett befinden. Dorthin trauen wir uns jedoch nicht ohne Licht. Aber das Erlebnis ist auch so schon abenteuerlich genug.

Noch am selben Abend heißt es endgültig Abschied nehmen von der »Aranui«. Als sich pünktlich um 19 Uhr die Tür zum Speisesaal öffnet, steht die gesamte polynesische Besatzung dahinter Spalier. Mit fröhlicher Musik werden wir zum Abendessen begrüßt, die Crew klatscht und singt für uns, und die Stimmung ist so ausgelassen wie noch nie auf dieser Reise. Was vor zehn Tagen als Begegnung mit fremden Menschen begann, endet nun mit dem Abschied von neugewonnenen Freunden. Mit gerührtem Herzen singen wir gemeinsam mit den anderen Gästen die eingängigen polynesischen Melodien. Eine außergewöhnliche Reise geht zu Ende und wir wissen jetzt schon, dass sie uns immer in tiefer Erinnerung bleiben wird.

Der vordere Frachtschiff-Teil der Aranui

Blick aus unserer Kabine

Die Aranui auf hoher See

Die erste marquesanische Insel, die wir anfahren: Nuku Hiva

Kriegstanz unter dem Banyanbaum

Marquesanischer Jesus

Polynesisches Buffet

Säckeweise Kopra (Kokosnussfleisch)　　　Container stapeln sich am Hafengelände

Bananen, Sternfrucht, Papayas　　　Autotransport

Musik - das Lebenselixier der Marquesaner

Die entlegenste Insel der Marquesas: Fatu Hiva

Kunstvolle Tapas

Makatea - die Phosphat-Insel

Herzschwerer Abschied

Aloha!

20. Mai auf Hawaii . 25 °C

Schon zu Beginn der großen Reise hatten Flo und ich überlegt, gegen Ende unserer Auszeit – wenn es auf der Nordhalbkugel wieder wärmer wird – ein paar Wochen in Kanada zu verbringen, im Land der weiten Wälder und klaren Seen. Auf dem Weg zur Westküste Kanadas liegt der hawaiianische Archipel. Immer wieder haben wir darüber diskutiert, ob nach den indonesischen Inseln, nach *Bora Bora* und nach den *Marquesas*-Inseln nochmal eine Inselgruppe unser Ziel sein sollte. So viele Strände, Sonne, türkisfarbenes Meer ... davon hatten wir inzwischen eigentlich genug. Andererseits war *Hawaii* schon immer ein Sehnsuchtsort von uns beiden gewesen. Ein Ort, der aber auch immer zu weit entfernt lag – am anderen Ende der Welt. Es sind die gleichen Gedanken, die wir uns auch bei der Planung der Route in die Südsee gemacht hatten. Und je länger wir darüber nachdachten, desto klarer wurde uns: An *Hawaii* kommen wir nicht vorbei. Wenigstens zwei der insgesamt sechs Hauptinseln möchten wir uns anschauen.

Ein weiterer Nachtflug steht an, aber zumindest bleiben wir in der gleichen Zeitzone. Trotzdem sind die Kinder wie immer völlig übernächtigt, als wir sehr früh am Morgen auf *O'ahu* am Flughafen in *Honolulu* landen. Mit dem Taxi fahren wir zum Stadtteil *Waikiki*, auf einem vollgestopften Highway mitten durch die lebendige Großstadt, vorbei an riesigen Malls und luxuriösen Hochhäusern. Die Straßen sind ungewohnt breit, Ampelanlagen und makellose Straßenschilder glänzen in der Sonne. Riesige Pickup-Trucks donnern an uns vorbei. Die zutiefst westlich geprägte Welt überfordert mich nach unseren letzten Erlebnissen auf den unberührten Inseln der *Marquesas*.

Frank hatte uns auf der »Aranui« auch von den Ureinwohnern *Hawaii*s, den Kanaka Maoli, erzählt. Ihre Vorfahren waren polynesische Seefahrer, die vor vielen hundert Jahren tausende von Kilometern über den Pazifik segelten, bevor sie auf die Inseln des hawaiianischen Archipels trafen. Diese Seefahrer kamen vermutlich von den *Marquesas*-Inseln und aus *Tahiti*. Nach seinen Erzählungen hatte ich mir *Hawaii* anders vorgestellt. Ursprünglicher, naturnaher, irgendwie weniger gigantisch bebaut.

Das Taxi hält an einem riesigen Hotelkomplex, in dem wir ein kleines Apartment gebucht haben. Jetzt ist es 8 Uhr morgens, in unser Apartment dürfen wir aber erst um 16 Uhr hinein. Was sollen wir in der Zwischenzeit bloß mit unseren völlig übermüdeten Kindern anfangen? Wie schon nach anderen Nachtflügen wirken sie völlig außer Rand und Band. Sie können sich nicht einfach in einen der bequemen Sessel setzen und warten, bis wir im Hotel eingecheckt haben. Nein, lieber rennt der eine schreiend hinter dem anderen her und versucht, ihn mit dem Zeigefinger in die Seite zu stechen. Ich gehe dazwischen, muss sie auseinander halten, damit es hier in der Hotellobby nicht eskaliert. Aber sie haben Kraft und winden sich wie Schlangen aus meiner Umklammerung. Hoffentlich kommt Flo gleich an die Reihe, er will die Dame an der Rezeption fragen, ob wir unsere Koffer schon mal hier lassen können. In der Zwischenzeit versuche ich, tief durchzuatmen und ruhig zu bleiben.

Endlich ist Flo dran und glücklicherweise können wir die Koffer an der Rezeption stehenlassen. Und jetzt? Frühstück wäre gut, aber wo? Ach ja, natürlich: Starbucks – wir sind in den USA! Wir setzen uns in Bewegung und die Kinder lassen zu meiner Erleichterung endlich voneinander ab. Als wir bei Starbucks ankommen, ist die Schlange der Wartenden endlos lang. So viele Menschen auf einem Haufen habe ich schon lange nicht mehr gesehen. Flo reiht sich ein und versorgt uns für ein kleines Vermögen mit Kaffee, Saft und Muffins, bevor wir unseren Weg in Richtung Meer fortsetzen.

Von oben aus dem Flugzeug heraus sahen die Strände an der Küste paradiesisch schön aus, aber als wir sie in *Waikiki Beach* nun in Natura sehen, sind wir fast ein wenig enttäuscht. Ein riesiges Luxus-Hotelhochhaus steht dicht an dem nächsten, den ganzen Strand entlang. Vor den Hotels befindet sich ein schmaler Strandabschnitt mit feinem weißen Sand, gespickt mit spitzen Korallenstücken und voller Sonnenliegen, aufgestellt in mehreren Reihen. Die Straßen und Strände sind bevölkert von Menschen aus aller Welt. Massen von Menschen! Unzählige Bars und Restaurants, Hotels mit eigenen Pools, Liegen und Sonnenschirme, Butiken und Souvenirläden säumen den *Waikiki Beach*. Es gibt sogar ein U-Boot, mit dem man sich ins Meer hinabsenken lassen kann. Und alles ist extrem teuer. Zum Mittagessen versuche ich uns einen Burger zu organisieren und schiebe mich durch die Massen hindurch zu einem Kiosk. Der Burger soll zusammen mit einer Tüte Kartoffelchips 30 Dollar kosten. No way! Wir essen stattdessen die Kekse auf, die wir mitgebracht haben.

Interessanterweise dauert es nicht lange, bis wir uns wieder an die Annehmlichkeiten in der Zivilisation gewöhnt haben. Und trotz des verstörenden Großstadtflairs können wir *Honolulu* auch einige positive Aspekte abgewinnen. Zwischen den Hochhäusern und an den Straßenrändern wachsen Palmen und andere tropische Pflanzen. Durch das viele Grün hat die Metropole trotz der mächtigen Wolkenkratzer eine sehr angenehme Atmosphäre. Außerdem ist es endlich nicht mehr so schwül heiß, sondern nur noch ‚ganz normal' heiß, ähnlich wie in Deutschland in einem heißen Sommer. Und wir freuen uns darüber, dass wir hier wieder alles bekommen, was man sich wünschen kann. USA sei Dank! Die Jungs müssen dringend zum Friseur, und wir können endlich das Display von Merlins Handy austauschen lassen. In der Einkaufsmall, die wir nun betreten, werden wir fast erschlagen von der Größe und Vielfalt der Möglichkeiten.

Auf den *Marquesas* war es so gut wie unmöglich, etwas Bestimmtes einzukaufen. Merlin benötigte während unserer Zeit auf der »Aranui« dringend eine neue Badehose, da der Gummi an seiner Hose ausgeleiert war und sie ihm ständig hinunterrutschte. Einfach mit einer Unterhose in den Pool zu springen kam für unseren modebewussten Fünfjährigen überhaupt nicht in Frage. Das Problem war nur, dass die *Marquesas*-Inseln mit Läden für Kleidung, insbesondere Kinderkleidung, nicht gut dienen konnten. Auf *Hiva Oa* hatten wir dann Glück. In dem einzigen Bekleidungsgeschäft der Insel gab es tatsächlich auch Sachen für Kinder, darunter eine kurze Baumwollhose in der richtigen Größe, die man auch prima als Badehose verwenden konnte. Merlin war überglücklich. Er trägt die Hose heute noch gerne, was mir wieder bewusst macht, dass wir Menschen die Dinge mehr zu schätzen wissen, wenn sie nicht im Überfluss vorhanden sind.

Wir finden einen Friseursalon, und die Besitzerin, eine ältere Dame, beginnt sofort ein angeregtes Gespräch mit Flo, während sie ihm die Haare schneidet. Sie erzählt, dass sie eigentlich schon in Rente sei, aber immer noch gern arbeiten würde, was aber nicht daran läge, dass die Rente nicht reiche, sondern weil sie immer noch Spaß an ihrem Beruf hätte. Sehr bildhaft erzählt sie, dass *Honolulu* während des Lockdowns eine Geisterstadt war. Alle Hotels waren geschlossen, es gab keine Flüge zwischen den Inseln und auch vom Festland kam niemand nach *O'ahu*. Es gab keine Touristen mehr, die Straßen waren leer. Und die Angestellten, die im Tourismus arbeiteten, wurden von einem Tag auf den anderen entlassen, ohne Kündigungsfrist, wie es in den USA üblich ist. Sie konnte niemandem mehr die Haare schneiden und hatte plötzlich keine sozialen Kontakte mehr. „It was the worst time in my life", sagt sie. Mir gefällt ihre offenherzige, kontaktfreudige Art. Aber auch die Offenheit und Freundlichkeit vieler anderer Menschen, die hier leben. Immer wieder werden wir auf der Straße angesprochen und gefragt, woher wir kommen. Meist folgt daraufhin ein freundliches Gespräch über unsere Heimat und darüber, was wir vorhaben. Die Bewohner dieser Insel scheinen sehr interessiert am Leben ihrer Mitmenschen zu sein und erzählen auch gerne von sich. Von Deutschland kennen wir das so nicht.

Am *Waikiki Beach* ist uns zu viel los, und so spazieren wir zum viel entspannteren Nachbarstrand, dem *Ala Moana Beach*, um dort in Ruhe eine Runde im Meer zu schwimmen. Das Wasser ist genauso glasklar wie auf den anderen Südseeinseln. Nur müssen wir aufpassen, dass wir uns nicht die Füße an den scharfkantigen Muscheln und Korallenresten aufschneiden. Als wir uns später von der Sonne trocknen lassen, werden wir erneut von einem Hawaiianer angesprochen, der wissen möchte, wo wir herkommen und warum wir nicht am *Waikiki Beach* sind. Er wundert sich, warum so viele Deutsche an diesen Nachbarstrand kommen. Mögen es die Deutschen lieber ruhig und abgelegen im Gegensatz zu anderen Nationen? Vielleicht. Uns geht es jedenfalls so. Und so können wir auch ein wenig hinter die Kulissen schauen, denn wir sehen hier auffallend viele Obdachlose, die in selbstgebauten Behausungen am Straßenrand leben und sich unter den Duschen am Strand waschen. Vielleicht bilde ich es mir ein, aber sie wirken nicht so traurig und desillusioniert wie bei uns in Deutschland. Liegt es vielleicht am angenehmeren Klima?

Insgesamt verbringen wir vier Nächte in *Honolulu*. Fast ein bisschen zu viel. Andererseits war genau das der Plan, damit wir nicht wieder so schnell den Ort wechseln und uns auf neue Gegebenheiten einstellen müssen. Und es scheint genau der richtige Plan gewesen zu sein, denn Merlin hatte in den ersten Tagen wieder angefangen, an seiner Kleidung herumzumeckern, um morgens nicht aus der Tür gehen zu müssen. Er konnte keine passenden Schuhe finden (von den zwei Paar Schuhen, die wir dabeihaben und die er sonst gerne anzog) und war nicht bereit, in die Welt hinauszugehen, um Neues zu erleben.

Also verweilen wir vormittags lange in unserem Apartment, sodass die Kinder endlich mal wieder Zeit und Muße haben, ihre Spielsachen auszupacken, zu spielen und sich mit Kissen und Decken eine Höhle zu bauen. Im Bad entdeckt Freddi interessante Funktionen an unserem Toilettensitz. Er bemerkt an einer

Seite der Toilette eine Art Fernbedienung mit vielen Knöpfen. Der Sitz scheint beheizbar zu sein.

„Häh, wofür braucht man das denn hier? Es ist doch sowieso immer so heiß draußen", fragt er erstaunt.

Ich finde das auch etwas merkwürdig. Andere Länder, andere Sitten, denke ich erst. Aber vielleicht hat ein beheizbarer Toilettensitz ja noch andere Vorteile? Aus Neugier google ich, welche das sein könnten, und lese den Kindern vor:

„Beheizbare Toilettensitze können bei der Muskelentspannung helfen oder einfach nur für zusätzlichen Komfort sorgen. Besonders in klimatisierten Räumen oder an kühleren Abenden können sie sehr angenehm sein."

„So einen Luxus brauchen wir doch nicht", sagt Freddi und kichert.

Und ich finde es schön zu sehen, wie diese kleine Entdeckung die Kinder dazu anregt, die Eigenheiten verschiedener Lebensstile miteinander zu vergleichen und darüber nachzudenken.

Allesamt sind wir sehr glücklich darüber, dass wir endlich wieder in unseren eigenen vier Wänden kochen und essen können. Was wir wollen und wann wir wollen. Und nie hätte ich gedacht, dass selber kochen so ein Vergnügen sein kann. Inzwischen ist es fast sechs Wochen her, seitdem wir unsere Mahlzeiten zuletzt selbst zubereitet haben. Eine richtig lange Zeit am Stück, vielleicht wird es die längste unseres Lebens sein. Abends sitzen wir zusammen am Tisch und genießen unsere Spaghetti mit Tomatensauce, mit Parmesan obendrauf. Das Lieblingsessen der Kinder. Sie mampfen und sind rundum zufrieden.

„Es ist hier fast wie zu Hause", sagt Merlin, und wir alle finden es gerade sehr angenehm.

Weniger angenehm ist, dass Freddi neben dem aktuellen Wochenplan einiges an Schulaufgaben nacharbeiten muss, die er auf der »Aranui« nicht geschafft hat. Daher ist nun jeden Morgen wieder Konzentration angesagt. Neben den Aufgaben aus Büchern und Heften gibt es heute im Fach Englisch eine besondere Übung. Freddi soll – natürlich auf Englisch – eine Sprachnachricht aufnehmen, in der er das Wetter für die nächsten Tage ankündigt. Eine Wettervorhersage sozusagen. Eigentlich eine einfache Sache auf *Hawaii*: Sonne, Sonne und nochmal Sonne. Trotzdem ist Freddi jedes Mal unzufrieden mit der Aufnahme, und wir müssen noch einmal von vorne anfangen, bevor ich sie seinem Lehrer schicken kann. Ich finde es toll, dass sich seine Lehrer auch solche Aufgaben ausdenken, spielerisch und thematisch auf unsere Reise bezogen. Schon auf *Langkawi* gab es eine ähnliche Aufgabe. Freddi sollte im Fach Deutsch beschreiben, wie Silvester in Malaysia gefeiert wird. Und als wir in Australien waren, fragte sein Lehrer, ob Freddi dort ein Schnabeltier gesehen habe und ihm etwas darüber schreiben könne. Für diese Art von Aufgaben war Freddi natürlich viel schneller zu begeistern als für die klassischen Schulbuchaufgaben.

Am letzten Abend essen wir ausnahmsweise noch einmal auswärts, bei den Foodtrucks in der Nähe unserer Unterkunft. Foodtrucks sind auf *Hawaii* weit verbreitet: mobile Imbissbuden, die um einen großen Platz mit Tischen und Bänken in der Mitte geparkt sind. Sie bieten lokale hawaiianische Spezialitäten an, manchmal kombiniert mit internationalen Zutaten. Die Stimmung ist locker und entspannt, und es duftet hervorragend nach Essen. Jetzt am Abend leuchten bunte Lichterketten rund um den Platz. Viele Leute sind gekommen, um hier zu essen, vor allem Einheimische, denn das Essen ist um ein Vielfaches preiswerter als in den Restaurantketten oder an den Imbissständen am Strand. Wir bestellen Teriyaki-Burger und hawaiianische Tacos. An einem anderen Foodtruck kaufen wir für die Kinder Hühnchen mit Reis, und zum Glück wird ohne zu meckern gegessen. Eine Hawaiianerin setzt sich zu uns an den Tisch und wieder entwickelt sich ein nettes Gespräch. Unsere Sprache scheint auffällig zu sein, sie möchte wissen, aus welchem Land wir kommen. Den Kindern macht es nichts aus, mit fremden Menschen an einem Tisch zu sitzen, daran haben sie sich inzwischen gewöhnt. Genau wie Flo und ich scheinen sie die Atmosphäre zwischen den alternativ anmutenden Imbisswagen zu genießen.

Im Anschluss wollen wir uns bei 7-Eleven ein Bier und für die Kinder ein Eis kaufen. Wir haben vergessen, dass wir in den USA sind, Alkohol ist hier nicht so leicht zu bekommen.

„Can you show me your passports, please?"

Um zu beweisen, dass wir älter als 18 Jahre sind, müssen wir der Verkäuferin unsere Ausweise herzeigen. Ohne Ausweis kein Bier. Wir haben nichts dabei, unsere Reisepässe liegen im Apartment. Flo findet das lächerlich und diskutiert mit der Verkäuferin, wie alt er wohl sein kann, wenn er seinen 10-jährigen Sohn dabei hat. Ich erinnere mich, dass ich doch Fotos von den Pässen auf dem Handy habe. Das funktioniert, wir bekommen unser Bier, welches natürlich erst im Apartment geöffnet werden darf.

Kaua'i, die grüne Hölle

25. Mai auf Hawaii . 24 °C

Nach den vier Tagen in der Großstadt ist uns wieder nach mehr Natur zumute. Wir möchten die wildeste und grünste Insel *Hawaiis* erkunden: *Kaua'i*. Leider ist es nicht möglich, per Boot von einer auf die andere Insel zu kommen, die Strecken sind zu weit. Ich möchte eigentlich nicht schon wieder fliegen, mich strengt das ganze Prozedere an, und auch der Umwelt zuliebe würde ich gerne darauf verzichten. Fähren gibt es aber leider keine, und so steigen wir zu Freddis Freude wieder in ein kleines Passagierflugzeug ein.

Auf *Kaua'i* haben wir jeweils eine Unterkunft im Norden und eine im Süden der Insel für ein paar Tage über AirBnB gebucht. *Princeville* im Norden ist unser erstes Ziel, aber anhand der Fotos in der AirBnB-App hatten wir uns den Ort völlig anders vorgestellt. Ich hatte angenommen, dass es sich um ein kleines verschlafenes Fischernest direkt am Meer handelt. Aber Pustekuchen, es ist ein weitläufig angelegtes Feriendorf auf einer Klippe, mit etlichen eng aneinandergereihten Wohnungen, angelegten Gärten, geteerten Wegen und eingezäunten Poolanlagen, in die man nur mit einem Code hineinkommt. Unverkennbar nordamerikanisch. In unserer europäischen Vorstellung passt jedoch eine Sache überhaupt nicht in das Gesamtbild. Es laufen unzählige Hähne und Hühner frei herum. Das war schon auf *Tahiti* und *Bora Bora* so, aber hier auf *Kaua'i* ist es noch auffälliger. Zu jeder Tages- und Nachtzeit kräht irgendwo ein Hahn. Die Fenster der Wohnung sind, wie überall in der Südseeregion, mit verstellbaren Lamellen ausgestattet, die für eine gute Luftzirkulation sorgen. Sie sind aber nicht mit einer Glasscheibe versehen und helfen daher auch nicht gegen den Lärm von draußen. Ohne Ohrenstöpsel wäre ich nachts aufgeschmissen. Meinen Jungs scheint das Gekrähe zum Glück nicht so viel auszumachen.

Dank des vergleichsweise angenehmen Klimas unternehmen wir endlich mal wieder ein paar Wanderungen in der Natur. *Kaua'i* wird auch als ‚Grüne Hölle' bezeichnet, ein Begriff, den ich wirklich passend finde, denn es wuchert, blüht und grünt überall auf der Insel. Die Landschaft hat große Ähnlichkeit mit den Naturschätzen der *Marquesas*-Inseln, aber durch die Kultivierung des Menschen wirkt alles viel weniger ursprünglich. Dafür ist das Klima weitaus angenehmer und die Kinder haben großen Spaß daran, die üppige Natur zu ihrem Spielplatz zu machen. Sie kämpfen sich durch dichtes Gebüsch, schwingen sich an langen Lianen über den Boden und bauen aus Naturmaterialien Boote, die sie danach im türkisblauen Meer schwimmen lassen.

Für einen der nächsten Tage haben wir uns eine Bootsfahrt entlang der beeindruckenden Küste von *Napali* vorgenommen. *Napali* bedeutet ‚hohe Klippen‘, und diese erstrecken sich über 26 Kilometer im Norden von *Kaua'i* und ragen bis zu 1.200 Meter aus dem Pazifischen Ozean heraus. Die gesamte Küste ist von dichtem Regenwald mit grünen Tälern und steilen Wasserfällen durchzogen. Mit dem Auto ist das Gebiet nicht befahrbar, aber es gibt einen 35 km langen Wanderweg, den *Kalalau Trail*, der allerdings anspruchsvoll und teilweise auch gefährlich sein soll; mit Kindern undenkbar.

Unsere Bootsfahrt dauert inklusive Schnorchelstopp vier Stunden. Leider sind nur noch Plätze am frühen Morgen frei, sodass wir die Kinder schon um 5:30 Uhr wecken müssen, um rechtzeitig am Check-in im Hafen von *Hanalei* zu sein. Dort angekommen, müssen erst einmal unzählige Papiere ausgefüllt und unterschrieben werden. Von jedem von uns wird ein Foto gemacht, aus Sicherheitsgründen. Flo ist leicht angesäuert angesichts des komplizierten Check-ins. Etwas erschöpft sitzen wir nun mit vielen anderen Touristen im überfüllten Motorboot, und sofort fangen die Kinder an zu quengeln.

„Wie lange sind wir jetzt auf dem Boot hier? Mir ist langweilig!"

Merlin zappelt herum und kann nicht still sitzen, ständig steht er auf und setzt sich wieder hin. Ich nehme ihn auf meinen Schoß und halte ihn fest, aber er zappelt weiter.

„Ich hab' keine Lust auf Bootfahren."

Laut fängt er an zu meckern, und ich atme tief durch, um ruhig zu bleiben. Wie soll das bloß werden, vier Stunden lang? Ich ärgere mich, dass wir diese Tour gebucht haben, vor allem auch, weil sie so teuer war. Dann merke ich, dass Merlin einfach nur todmüde ist. Auf meinem Arm, der langsam aber sicher unter seinem Gewicht zu leiden beginnt, schläft Merlin ein und verschläft die Hälfte der Fahrt. Trotzdem gut, dass er schläft, dann ist er vielleicht später etwas ausgeglichener. Und wieder rufe ich mir ins Gedächtnis: „Merke! Längere Bootstouren mit Kindern sollten wir uns unbedingt verkneifen. Egal wie schön das Naturerlebnis ist."

Ich selber bekomme nicht viel mit von der schönen Aussicht auf die Klippen, denn ich sitze mit meinem schlafenden Kind in der Mitte des Bootes, mit der Aussicht auf die Köpfe der anderen Touristen. Wenigstens hat Flo ein schönes Erlebnis, auch wenn Freddi neben ihm anfangs genauso meckert und jammert, weil er müde ist.

Als Merlin dann aufwacht, hat er erstmal Hunger, möchte aber nichts von dem Sandwich essen, welches als Lunchpaket auf dem Boot angeboten wird.

„Es ist absolut eklig", sagt er angewidert.

Ich weiß nicht, wie andere Eltern das machen, ich habe jetzt jedenfalls keine Energie darum zu kämpfen, dass er sich doch auf das Sandwich einlässt. Als Snacks werden noch Chips, Gummibärchen und Müsliriegel angeboten. Merlin isst sich an den Chips satt, und als Nachtisch futtert er noch ein paar Gummibärchen. Ich gucke weg und versuche einfach, nicht weiter darüber nachzudenken.

Das Schnorchelerlebnis am Ende der Tour stimmt mich mit der ganzen Situation wieder versöhnlich. Wir können metertief auf wunderschöne Korallenwelten und ihre tierischen Bewohner hinunterschauen. Flo und Merlin erspähen sogar eine Meeresschildkröte. Vor unserem Besuch auf den *Gili Islands* wäre das sicherlich das Highlight schlechthin gewesen, jetzt erscheint es uns aber gar nicht mehr sooo spektakulär.

Auf der Rückfahrt nach *Hanalei* prescht das Boot mit höchster Geschwindigkeit über die Wellen und kracht immer wieder laut aufs Wasser. Während sich mir fast der Magen umdreht, können die Kinder gar nicht genug davon bekommen.

„Yeah Mama, das ist das beste Erlebnis ever!", schreit Freddi in den Fahrtwind hinein.

Abschalten und Runterkommen

Eigentlich gäbe es hier auf *Kaua'i* noch so unglaublich viel zu erkunden. Wir könnten in der wundervollen Natur weitere Wanderungen unternehmen oder noch mehr Ausflüge an andere Strände machen. Ich finde es eigentlich viel zu schade, diese wunderschöne Umgebung nicht voll auszukosten. Aber nach so vielen aufregenden Wochen scheinen wir einen weiteren Reisetiefpunkt erreicht zu haben. Keiner von uns hat mehr Lust auf Erkundungstouren, noch nicht einmal Flo und ich, und so verbringen wir viel Zeit in unserer zweiten Unterkunft in der Nähe von *Poipu*, ein Ort, an dem der Tourismus ebenfalls überhandgenommen hat. Trotzdem ist die Atmosphäre noch sehr angenehm. Es gibt viele Familien mit Kindern, und die meisten kommen vom amerikanischen Festland her, um hier ihren Jahresurlaub zu verbringen.

Ganz deutlich merken wir, dass es den Kindern sehr gut tut, den Tag wieder selbstbestimmter angehen zu können. Selbst zu entscheiden, wann und was sie essen wollen (oft Nudeln, Pizza und Bratkartoffeln), und auch mal einen Vormittag in der Wohnung zu versacken, weil gemalt, gebastelt und gespielt werden muss. Natürlich sind auch wieder neue Aufgaben per WhatsApp angekommen. Freddis Deutschlehrer hat uns einige abfotografierte Seiten aus einem Buch geschickt, das seine Klasse zu Hause in Berlin gerade liest. ,Sams Wal', eine Geschichte über einen Jungen, der am Meer lebt und sich um einen gestrandeten Wal kümmert. Ich finde, das Buch passt atmosphärisch perfekt zur aktuellen Etappe unserer Reise. Aber ich habe Mühe, die abfotografierten Seiten auf meinem Handy zu lesen, und sowieso soll ja eigentlich Freddi das Buch lesen. Danach soll er inhaltliche Fragen zur Erzählung schriftlich beantworten. Irgendwann komme ich auf die glorreiche Idee, mir das Buch selbst zu kaufen und auf meinen e-Book Reader zu laden. So muss Freddis Lehrer nicht mehr die vielen Seiten abfotografieren, sondern nur noch das Arbeitsblatt mit den Verständnisfragen. Ab jetzt hören wir jeden Abend ein Kapitel aus ,Sams Wal', das Freddi mir, Merlin und Flo vorliest. Die friedliche Vorleseatmosphäre abends im Bett – gedämpftes Licht, alle dicht aneinander gekuschelt – berührt mich sehr.

Ich spüre ganz deutlich, dass wir als Familie wieder ein Stück näher zusammengerückt sind. Die Konflikte der letzten Wochen haben sich weitestgehend aufgelöst und es kommt mir so vor, als würden wir uns gegenseitig wieder besser verstehen. Auch Merlin wirkt viel ausgeglichener, und die beiden Brüder fangen wieder an, miteinander zu spielen. Das haben sie seit langem nicht getan. Vermutlich weil keine Zeit und kein Raum dafür war. Außerdem fällt mir auf, dass sie auch schon lange nicht mehr mit anderen Kindern gespielt haben. Die letzte Gelegenheit war auf den *Gili Islands*. Damals staunte ich nicht schlecht, als Freddi sich auf *Gili Trawangan* mit einem zwei Jahre älteren australischen Jungen anfreundete, der einen Slang sprach, den selbst ich kaum verstand. Sie spielten Verstecken im weitläufigen Garten unserer Bungalowanlage, und später versuchten sie sich gegenseitig im Schach zu schlagen. Und da Freddi normalerweise nicht derjenige ist, der sich schnell auf fremde Menschen einlässt, wurde mir wieder einmal vor Augen geführt, wie wichtig soziale Kontakte für Kinder sind. Und wie hungrig auch der zurückhaltende Freddi danach sein musste.

Seit über vier Wochen müssen die beiden nun wieder jeden Tag nur mit ihrem Bruder auskommen. Aber zum Glück haben sie ihn. Streit gibt es oft dann, wenn sie irgendwo lange warten müssen und ihnen langweilig ist. Oder wenn sie sich in der fremden Umgebung unwohl fühlen. Aber seitdem wir wieder mehr Zeit an einem Ort verbringen und nicht mehr in klassischen Hotels unterkommen, bleibt der Streit aus und sie finden im Spiel wieder zueinander. Beide bauen gerne am Strand im Sand Städte und Flughäfen auf. Sie malen und zeichnen gerne zusammen an einem Tisch, zum Beispiel Landkarten zum jeweiligen Land, in dem wir gerade unterwegs sind. Und zur Verzweiflung von Flo und mir bauen sie gerne das ganze Zimmer nach ihren Vorstellungen um, wenn wir irgendwo neu angekommen sind. Binnen Minuten kann man den Raum nicht mehr betreten, weil Höhlen und Burgen aus Kissen und Decken gebaut werden müssen. Dann werden alle Kuscheltiere ausgepackt, und jedes bekommt seinen Platz. Freddi hat inzwischen dreizehn Kuscheltiere, und Merlin hat neun. Ungefähr die Hälfte der Tiere ist im Laufe der Reise zu uns gestoßen. Ich habe das Gefühl, dass die Tiere eine Art Freunde-Ersatz sind und gut gegen Heimweh wirken. Es müssen immer alle mit in die Betten, und jedes Einzelne wird gehegt und gepflegt.

Natürlich haben wir von Zeit zu Zeit auch die Handys im Einsatz. Das ist manchmal auch notwendig, damit Flo und ich uns entspannen können, denn ohne gelegentliche Pausen vom ständigen Kontakt mit den Kindern würden wir nervlich oft an unsere Grenzen kommen. Freddi spielt nach wie vor gern »Minecraft« und »Designer City«. Merlin ist dank der zahlreichen YouTube-Videos zu einem noch größeren Experten für verschiedene Tierarten geworden. Leider ist sein Interesse für die Tiere inzwischen etwas abgeflacht, und oft gab es eben auch kein Internet für neue YouTube-Videos. Da konnte es dem Fünfjährigen schon mal rausrutschen, dass er jetzt UNBEDINGT(!) WLAN braucht.

In letzter Zeit, und vor allem, weil dafür kein Internet benötigt wird, hat Merlin ein neues Hobby: »Minecraft«. Vermutlich möchte er mit seinem großen Bruder ein interessantes Thema teilen, das ihn trotz des großen Altersunterschiedes auf Augenhöhe mit Freddi verbindet. Für einen Fünfjährigen scheint mir das Spiel noch ziemlich komplex zu sein, aber Merlin tastet sich darin immer weiter voran. Er tauscht sich mit seinem Bruder über Tricks und Details aus und schaut zu, wie Freddi seine Welten aufbaut. Zusammen mit Flo, der inzwischen auch mit dem »Minecraft«-Fieber infiziert ist, wird zu dritt gefachsimpelt, sodass ich fast gar nichts mehr verstehe. Es hat aber durchaus seine Vorzüge. Wenn schlechte Stimmung oder Langeweile aufkommt, stelle ich den Kindern irgendwelche naiven Fragen zu »Minecraft«, und sofort bekomme ich alles bis ins kleinste Detail erklärt. Das hat uns schon so manche Situation während des Essens im Restaurant oder während des Wartens in der Schlange an der Autovermietung gerettet, die sonst aus Langeweile in einer Katastrophe geendet wäre.

Im Hostel in *Papeete* gab es auch so einen Moment, in dem die Stimmung schon am Kippen war. Merlin war morgens wieder einmal extrem muffelig und wollte zum Frühstück überhaupt nichts essen. Dabei wäre das doch so wichtig gewesen, um bessere Laune zu bekommen. Wahrscheinlich war er einfach nur müde und ‚hangry‘. Er fing an zu quengeln und reagierte streitsüchtig auf jede Art von Kontakt, und kurz bevor die Situation eskalierte, stellte ich ihm eine Frage:

„Was ist eigentlich der ‚Nether‘, von dem in »Minecraft« so oft gesprochen wird?“

Sofort bekam ich bereitwillig Auskunft.

„Der ‚Nether‘ ist eine gefährliche Unterwelt, dort gibt es Lavaströme und dunkle Höhlen und böse Zombies. Und auch noch andere komische Kreaturen, ‚Piglins‘ heißen die. Wenn man dahin will, muss man sich ein Portal aus Obsidianblöcken bauen und es mit Feuer anzünden.“

Merlin hörte gar nicht mehr auf, mir davon zu erzählen, und ganz nebenbei, ohne dass er es richtig wahrnahm, futterte er munter sein Frühstück in sich hinein. Im Anschluss sprach mich dann eine ältere Dame auf Englisch an und sagte, dass sie es sehr genossen hatte zuzuschauen, wie enthusiastisch die Kinder erzählen und wie gut wir als Familie in Kontakt sind. Da musste ich schmunzeln, denn sie hat ja nicht verstanden, um welches Thema es ging.

Jetzt sitzen die Beiden nebeneinander im Sand und bauen Straßen und Häuser für ihre Dörfer, in denen sie ihre Spielzeugautos herumfahren lassen. Es ist schön zu sehen, wie sie sich im Laufe der Zeit immer mehr aufeinander einlassen und wie sehr sich ihre Beziehung zueinander durch diese Reise vertieft hat. Sie haben sich noch besser kennen und schätzen gelernt, als es zu Hause im Alltag möglich gewesen wäre. Und vermutlich werden sie nie wieder so intensiv Zeit miteinander verbringen. Ich bin mir sicher, dass unsere Reise die brüderlichen Bande zwischen ihnen auf außergewöhnliche Weise stärken und festigen wird.

Darüber hinaus freut es mich zu sehen, dass sie zum Spielen gar nicht viel brauchen. Oft genügen Stöcke, Muscheln und Steine. Und auch die mitgebrachten kleinen Autos werden immer wieder mit großer Begeisterung eingesetzt. Gibt es mal ein einfaches Spielzeug aus einem Überraschungsei oder Ähnlichem, ist das gleich ein großes Highlight. Es wird ausgiebig damit gespielt, und danach wird es feierlich in die Sammlung der vorhandenen Spielsachen mit aufgenommen. Der Malblock wird bis zum letzten Blatt beidseitig benutzt, und Hefte und Bücher werden immer und immer wieder angeschaut und gelesen. Die Kinder lernen, dass man auch mit wenig zufrieden sein kann.

Was sie natürlich auch noch bei Laune hält, sind Telefonate mit ihren Freunden. Durch die Zeitverschiebung ist das oft gar nicht so einfach. Vor allem wenn Freddi mit seinem besten Freund Leo telefoniert, dauert das im Schnitt zwei Stunden, und dann muss ich die beiden unterbrechen, sonst würde es noch länger dauern und bei einem von beiden wäre schon Mitternacht. Auch hier wird vor allem über Computerspiele gefachsimpelt oder sogar live miteinander gespielt. Nach solchen Telefonaten ist Freddi immer ganz besonders gut gelaunt. Bei Merlin klappt das noch nicht so gut, es dauert oft eine ganze Weile, bis er eine emotionale Verbindung zu seinem Freund Jakob aufbaut, dem einzigen, mit dem er ab und zu während der Reise telefoniert. Dennoch spricht er oft von ihm und von anderen Kindern aus der Kita und freut sich auch schon wieder sehr auf zu Hause.

Das Thema Heimweh ist zur großen Erleichterung von Flo und mir wieder weit in den Hintergrund gerückt. Größere Eskalationen in dieser Hinsicht hat es seit Beginn der »Aranui«-Reise nicht mehr gegeben und Merlin scheint wieder mehr in sich zu ruhen. Seit der letzten großen Krise auf *Bora Bora* habe ich das Gefühl, dass jeder in unserer Familie noch bewusster darauf achtet, was der andere gerade braucht – und das finde ich sehr schön.

O'ahu

Wir sind zurück auf *O'ahu*, denn von hier aus werden wir in einigen Tagen Richtung Kanada weiterfliegen. *O'ahu* ist die am dichtesten besiedelte der sechs hawaiianischen Hauptinseln. Zwei Drittel aller Einheimischen leben hier. Und zugleich gilt sie als die am wenigsten interessante Insel. Was für uns relativ ist, denn sie ist genauso überwuchert von Pflanzen wie *Kaua'i*, und es gibt die gleichen wunderschönen grünen Berglandschaften. Außerdem feine weiße Sandstrände mit glasklarem, türkisblauem Wasser. Uns gefällt sie mindestens genauso gut wie *Kaua'i*.

Auch hier haben wir wieder zwei verschiedene Unterkünfte, im Westen und im Osten der Insel. Die ersten Tage verbringen wir in *Makaha*, auf der Westseite von *O'ahu*. Hier ist es sehr ruhig, und bis auf die wenigen Urlauber, die ebenfalls in unserem riesigen Timeshare-Haus untergekommen sind, ist der Strand fast menschenleer. Das Haus ist eine Art Plattenbau mit mehreren Stockwerken und vielen winzig kleinen Apartments. Timesharing bedeutet, dass mehrere Wohnungseigentümer das Recht erwerben, eine bestimmte Ferienwohnung für eine bestimmte Zeit im Jahr zu nutzen. In den USA scheint das eine gängige Praxis zu sein, und einer der Teil-Eigentümer unseres Apartments hat dieses offensichtlich für seinen Zeitraum über AirBnB an uns vermietet. Völlig alleine steht der Plattenbau ganz vorne am wunderschönen Strand von *Makaha*, optisch nicht besonders ansprechend, aber die Umgebung macht den Anblick mehr als wett.

Wir genießen die einmalige Lage am Meer in vollen Zügen. Die Jungs entdecken in unserer Unterkunft zwei Bodyboards, die sie sofort mit zum Strand nehmen. Das Ufer fällt zum Wasser hin verhältnismäßig steil ab, sodass eine abschüssige Böschung entsteht, ähnlich einer Sanddüne, die direkt ins Meer führt. Oben stellen sie sich auf ihre Bretter, breitbeinig und ein wenig in die Knie gehend, wie auf einem Snowboard. Dann schieben sie sich kurz mit einem Fuß an und surfen über den Sand nach unten zum Meer. Unten angekommen gleiten sie mit einem leichten Platsch ins Wasser hinein, immer noch auf dem Brett stehend.

Flo und ich sitzen oben auf dem Berg in unseren Klappstühlen und beobachten amüsiert den neuen Sport der Kinder. Sie wollen sich möglichst lange auf dem Board halten, um auf der Wasseroberfläche zu schweben, aber es ist klar, dass das nicht ewig funktionieren kann. Irgendwann werden sie zu schwer und versinken samt Brett mit einem lauten Schrei im Meer. Es sieht unglaublich lustig aus. Diese erhöhte Sitzposition erleichtert uns auch die Beobachtung der Meeresschildkröten, die manchmal ganz nah am Ufer oder an den planschenden Kindern vorbeischwimmen. Auch von unserem Balkon aus können wir sie gut sehen. Abends sitzen Flo und ich dort draußen, schauen auf den Sonnenuntergang und lassen die bisherigen Reiseerlebnisse Revue passieren. So viel Entspannung am Stück hatten wir schon lange nicht mehr, und diesmal fühlt es sich wirklich wie Urlaub an.

Die zweite Unterkunft liegt in *Haʻaula,* auf der Ostseite von *Oʻahu.* Leider wird in der Nachbarwohnung renoviert und tagsüber fallen uns fast die Ohren ab, weil das Wummern des Schlagbohrers so laut ist. Das Schooling erledigen wir jeden Tag ganz früh am Morgen, bevor die Bauarbeiten beginnen. Den Rest der Aufgaben bearbeitet Freddi in der Mittagspause, wenn es mal kurz ruhig ist. Die übrige Zeit müssen wir draußen verbringen, denn in der Wohnung ist es vor Lärm nicht auszuhalten. Wir wurden in der AirBnB-Anzeige darauf hingewiesen, dass es tagsüber wegen Umbauarbeiten laut werden könnte, aber dafür ist diese Unterkunft auch eine der günstigsten auf ganz *Hawaii.*

In dieser Gegend ist es wesentlich windiger als auf der anderen Seite der Insel. Das Meer ist flach und mit vielen Korallen bewachsen. Baden ist daher nicht ratsam, aber so langsam neigt sie die Lust auf das Meer sowieso dem Ende zu. Vor allem bei den Kindern haben wir das Gefühl, dass sie des Strandlebens überdrüssig geworden sind. Merlin hat überhaupt keine Lust mehr, ihn nervt der Sand und er mag nicht mehr ins Wasser gehen. Er würde lieber den ganzen Tag in der kühlen Wohnung verbringen, trotz der Lautstärke. Häufig schwärmt er von den kanadischen Wäldern, die er schon voller Vorfreude erwartet. Außerdem möchte er endlich mal wieder eine lange Hose, seinen Kapuzenpulli und Turnschuhe anziehen. Er hofft auf kälteres Klima.

Einen Ausflug machen wir aber doch noch auf *Oʻahu.* Er führt uns zum *Waimea Valley* mit einer kleinen Wanderung durch die Natur zu einem Wasserfall, in dessen Becken baden erlaubt ist. Allerdings hatten wir uns den Trip und die Umgebung um den Wasserfall herum etwas anders vorgestellt. Als wir dort eintreffen, steht schon eine lange Menschenschlange am Eingang, der Eintritt kostet natürlich Geld. Zusammen mit vielen anderen Touristen laufen wir dann auf einem breiten Asphaltweg durch einen künstlich angelegten botanischen Garten zum Wasserfall. Dort stehen jede Menge Hinweisschilder, die es oft und überall hier in den USA gibt. Ein Schild weist darauf hin, dass das *Waimea Valley* nicht für verloren gegangene Gegenstände haftet. Ein anderes, dass die Gäste aufpassen sollen, weil der Boden nass ist. Wieder ein anderes besagt, dass es nur erlaubt ist, ins Wasser zu gehen, wenn man eine Schwimmweste trägt. Diese kann man sich zum Glück vor Ort (sogar kostenlos!) ausleihen. Unzählige Menschen in Schwimmwesten planschen bereits in dem Wasserloch. Wer im Wasser zu nah an die Felswände kommt, wird von einem Bademeister zurückgepfiffen. Genau das passiert uns dann auch. Und während wir mit hundert anderen Menschen in dem Becken herumpaddeln und versuchen, nicht gegeneinander zu stoßen, erinnern wir uns wehmütig an die beiden Wasserlöcher in Australien in der Wildnis der *Blue Mountains*, wo niemand aufgepasst hat, wie nah wir wohin schwimmen, und wo auch nirgends Hinweisschilder zu sehen waren.

Bye Bye Hawaii

12. Juni auf Hawaii . 26 °C

Es war sehr schön auf *Hawaii*, und Bier gab es auch. Landschaftlich ist diese Inselgruppe eine der schönsten, die wir bisher besuchen durften. Ähnlich wie die *Marquesas*, nur mit noch traumhafteren Sandstränden. Das Paradies wäre perfekt, wenn die Inseln auch so dünn besiedelt und nicht so stark vom Tourismus geprägt wären. Aber das ist natürlich eine utopische Vorstellung. Mit der hohen Touristendichte, den exklusiven Preisen und den überfüllten Stränden und Sehenswürdigkeiten hätten wir aufgrund der guten Erreichbarkeit und der Zugehörigkeit zu den USA natürlich rechnen müssen. Darauf waren wir nach dem Besuch der ursprünglichen *Marquesas* mental – warum auch immer – nicht vorbereitet gewesen.

Es ist bedauerlich, dass der Anbau von tropischen Früchten auf *Hawaii* nicht sehr verbreitet ist, obwohl das Klima dafür ideal wäre. Die Einnahmen des hawaiischen Archipels stammen jedoch hauptsächlich aus dem Tourismus und dem Militär und stellen das dritthöchste Grundeinkommen aller US-Bundesstaaten dar. Vor diesem Hintergrund fanden wir es erschreckend zu sehen, wie viele Menschen augenscheinlich obdachlos sind und in Zelten am Straßenrand leben. Im Nordwesten von *O'ahu*, bei *Makaha*, fuhren wir an einem mehrere Kilometer langen Küstenabschnitt vorbei, der durchweg von zerschlissenen Zelten und improvisierten Hütten gesäumt war. Eine Behausung reihte sich hier an die nächste. Daneben standen ausgediente Autos, in denen Obdachlose lebten, was (wie wir später erfuhren) als „Car Camping" bekannt ist. Hier wurde uns sehr deutlich vor Augen geführt, dass die Sozialversicherungssysteme in den USA weit weniger umfassend sind als in Deutschland.

Ebenfalls schockierend fanden wir den hohen Plastikverbrauch im ganzen Inselland, und es wäre interessant zu wissen, ob die Situation auf dem Festland ähnlich ist. Überall wo wir gegessen oder getrunken hatten, sei es in der Bar am Meer oder im Schnellrestaurant des Nationalparkparks, gab es Einwegbecher, -teller und -besteck, in den allermeisten Fällen aus Plastik. Auch Bier und Wein wurden in Plastikbechern serviert. Und das an Orten, wo Geschirrspülen kein

Problem gewesen wäre. Sogar in *Honolulu* in der Bar eines Fünf-Sterne-Hotels, in der wir uns während eines Strandspaziergangs einen Wein gegönnt hatten, gab es keine Gläser, sondern Plastikbecher für den guten Sauvignon Blanc. Die französischen Gäste auf der »Aranui« wären mit Sicherheit fassungslos gewesen, genauso wie wir.

Auch das Einkaufen im Supermarkt stellte sich für uns als Herausforderung dar. Viele Lebensmittel sind in den USA in größeren Portionen verpackt als in anderen Ländern. Solche Mengen konnten wir in der kurzen Zeit unseres Aufenthalts gar nicht verzehren. Besonders aufgefallen ist uns, dass fast alle Produkte Zucker enthalten. Bei den Joghurts gibt es zwar eine riesige Auswahl, aber die meisten haben einen stark reduzierten Fettgehalt, oft bis zu null Prozent. Nach den ersten Fehlkäufen achteten wir zwar immer genauer auf die Inhaltsstoffe der Lebensmittel, aber für eine gesunde Ernährung zu sorgen, stellte sich als regelrechte Wissenschaft heraus, die viel Zeit in Anspruch nahm. Manchmal standen wir ewig zwischen den Supermarktregalen herum, nur um die Zutatenlisten zu studieren.

Außerdem machten wir uns Gedanken über die vielen Hinweis- und Verbotsschilder. Für alles gibt es Regeln, und das Leben scheint extrem auf Sicherheit ausgelegt zu sein. Das fiel uns zwar vermehrt hier auf *Hawaii* auf, aber auch in Singapur, Neuseeland und Australien gab es diese Tendenzen. In Neuseeland im *Abel Tasman National Park* mussten wir lange suchen, ehe wir einen Anbieter fanden, bei dem auch Kinder unter 12 Jahren im Kajak mitfahren durften. Wir mutmaßten, dass die Versicherungspolice der anderen Anbieter den Fall bei einem Unfall mit kleineren Kindern nicht abgedeckt hätte. Im Vergleich dazu gab es in Indonesien überhaupt kein Reglementierungsbedürfnis, alles war erlaubt. Der Unterschied zu den scheiternden Rechtssystemen der westlichen Welt mit seinen gigantischen Schadenssummen könnte nicht größer sein. Das, was früher vielleicht einmal die Freiheit Nordamerikas war, lässt sich hier nur noch schwer erahnen.

So verlassen wir *Hawaii* mit gemischten Gefühlen. Betrachtet man vor allem die beeindruckenden Naturerlebnisse, so hebt sich die Inselgruppe in ihrer Schönheit deutlich von anderen Reisezielen ab.

Zusammenhänge erkennen

13. Juni auf Hawaii . 26 °C

Jetzt sitzen wir im Flugzeug nach Kanada, und ich habe etwas Zeit und Muße, die letzten Wochen und Monate Revue passieren zu lassen. Inzwischen sind wir schon sehr lange auf der anderen Seite der Erdkugel (von Europa aus gesehen) unterwegs, meistens mit genau zwölf Stunden Zeitunterschied. Unsere Route führte uns bisher von *Malaysia* über *Singapur* nach *Neuseeland, Australien, Indonesien, Bora Bora, Tahiti,* die *Marquesas*-Inseln und *Hawaii.* Im Prinzip waren wir die ganze Zeit im pazifischen Raum auf Reisen. Und im Laufe der Zeit wurden uns die Zusammenhänge in der Lebensweise und den sozialen Strukturen der einzelnen Völker immer deutlicher.

Besonders erstaunte uns die Tatsache, dass die Ureinwohner *Tahitis* und *Hawaiis* von den Ureinwohnern der *Marquesas* abstammen. Von einem kleinen, zähen und kriegerischen Volk, das auf einer winzigen Inselgruppe mitten im Pazifik lebt. Und auch die neuseeländischen Maori sollen mit den Ureinwohnern der *Marquesas* verwandt sein.

Wie es zu dieser Verbindung kam, erfuhren wir von Frank auf unserer Fahrt mit der »Aranui«. Er erzählte uns, dass sich die Marquesaner schon vor Jahrhunderten als ausgezeichnete Seefahrer hervorgetan hatten. Sie hatten die weltweit fortschrittlichste Technik im Schiffbau entwickelt. Mit ihren einfachen Holzbooten segelten sie mehrere tausend Kilometer über das offene Meer (inzwischen haben wir eine klitzekleine, ganz entfernte Ahnung davon, was das bedeutet) und waren viele Wochen auf dem Wasser unterwegs. So erreichten sie neben *Tahiti, Hawaii* und *Neuseeland* auch die *Osterinseln.* In der Seefahrt waren sie deswegen so erfolgreich, weil sie schon als Kinder darin ausgebildet worden waren. Ein ganzes Jahr lang mussten sie jede Nacht im Dunkeln liegen und die Sterne am Horizont beobachten. Ebenso die Meeresströmungen und das Verhalten der Meerestiere und der Vögel über dem Meer. Das Wissen wurde vom Vater an den Sohn weitergegeben und blieb in der Familie. Heute gibt es nur noch eine Handvoll Menschen, die diese Kunst beherrschen. Interessant ist auch, dass die europäischen Seefahrer sich erst sehr viel später auf das offene Meer wagten. Nur durch technische Errungenschaften wie den Kompass war dies überhaupt möglich.

Auf unserer Reise durch Neuseeland hatten wir den Eindruck, dass die Maori besonders stolz auf ihre Vorfahren sind. Heute feiern sie alljährlich Kulturfeste, bei denen Ausfahrten mit nachgebauten historischen Booten unternommen werden, um die damalige Situation auf dem Meer nachzuempfinden. Auch auf *Tahiti*, *Bora Bora* und den *Marquesas* wird die Kultur der Vorfahren noch viel gelebt und erzählt. Das Wiederaufleben der Tätowierkunst, traditionelle Tänze, Musik oder Schnitz- und Kunsthandwerk sind nur einige Beispiele.

Im Vergleich dazu erschien uns die Kultur der Kanaka Maoli, der Ureinwohner *Hawaii*s, nicht mehr ganz so präsent. Viele Menschen leben hier weitgehend den amerikanischen ‚Way of Life‘, und die Kanaka Maoli scheinen gegenüber den Nachfahren der europäischen Einwanderer stark in der Minderheit zu sein. An einem Aussichtspunkt im *Waimea Canyon* konnten wir mit einem Ureinwohner *Hawaii*s sprechen, der uns über das frühere Leben seiner Landsleute berichtete. Er brachte zum Ausdruck, dass es leider nur noch eine recht kleine Gruppe der Kanaka Maoli gibt, die es schafft, ihre Kultur zu leben und zu bewahren.

Ich bin sehr dankbar, dass wir auf der »Aranui« einen Einblick bekommen haben, wie die ursprünglichen Polynesier damals lebten, woran sie glaubten, welche Werte sie hatten und was ihnen wichtig war. Jetzt kann ich das Dilemma der Maori, und auch das vieler anderer kolonialisierter Ureinwohner noch besser nachvollziehen. Heute leben sie nicht mehr in traditionellen Stammesgemeinschaften, wie es Jahrhunderte zuvor der Fall gewesen war. Die europäischen Siedler zwangen sie, ihre Bräuche und ihren Glauben aufzugeben und zu vergessen. Ein Mann, der in seiner Stammesgesellschaft respektiert wurde, verlor in der westlichen Welt sein Ansehen und seinen Status. Folglich fehlten ihm Halt und Sicherheit sowohl in seiner eigenen als auch in der fremden Kultur. In der westlichen Gesellschaft musste er sich einem System von Werten und Erwartungen unterwerfen, das ihm fremd war. Früher war er ein wichtiger Teil der Gemeinschaft, der Gruppe als Ganzes. Heute steht der Individualismus im Vordergrund. Das moderne Leben der Weißen ist geprägt von Einzelkämpfertum, gesellschaftlichem Druck und strengen Gesetzen. All dies führt zu einer heftigen Kollision mit seiner traditionellen Lebensweise. Und so wundert mich nicht, dass vor allem die indigenen Völker von Obdachlosigkeit, Alkoholmissbrauch und häuslicher Gewalt betroffen sind. Die negativen Folgen werden von Generation zu Generation weitergegeben. Die einen schaffen es, sich anzupassen. Die anderen scheitern und zerbrechen an den weitreichenden Nachwirkungen.

Nun sind wir also auf dem Weg nach Kanada, einem Land, das ebenfalls intensive Erfahrungen mit der Kolonialisierung durch die Europäer gesammelt hat. Wir sind gespannt, was uns dort erwartet.

Honolulu

Waikiki Beach

Die grüne Hölle - vom Menschen beeinflusst

Naturspielplatz auf Kaua'i

Schooling auf O'ahu

Lianen an riesigen Urwaldbäumen

Aufgaben in Mathematik

Toilettenschild

Wein im Plastikbecher

Skateboarden im Sand bei Makaha

Kuscheltiere helfen gegen Heimweh

Freundliche Hinweisschilder

Wasserloch im Waimea Valley

Kanada

14. Juni in Kanada . 16 °C

Merlin ist der glücklichste Mensch auf Erden. Endlich sind wir in Kanada, in *Vancouver*, angekommen, endlich ist es nicht mehr so heiß, und bald werden wir lange Wanderungen in den Wäldern unternehmen, um Seen herumspazieren, Stöcke sammeln, Bären sehen.

Wir müssen den Kindern wärmere Hosen kaufen, denn hier ist es vergleichsweise kühl. 16 °C zeigt das Thermometer an. Wir haben nur dünne Wanderhosen dabei, die werden wohl nicht ausreichen, wenn wir in ein paar Tagen in Richtung *Rocky Mountains* aufbrechen, wo es bekanntermaßen noch um einiges kälter werden kann. Also ab in die Kinderabteilung des örtlichen H&M. Dieser unterscheidet sich kaum von einem H&M in Deutschland, innen sieht es ganz genauso aus, nur dass im Stimmengewirr der Kundschaft immer wieder englische Wortfetzen zu hören sind.

Die Jungs haben eine wahre Freude daran, sich aus dem vielfältigen Angebot lange Hosen auszusuchen und diese anzuprobieren. Mit mehreren Exemplaren verschwinden sie in die Umkleidekabinen, um sich aus- und wieder anzuziehen. Flo und ich spielen derweil die Assistenten, bringen neue Hosen und warten geduldig vor den Kabinen. Ab und zu schiebt Merlin den Vorhang mit einem lauten Quietschen zur Seite. „Mama, guck mal. Ist die gut?" Dann dreht er sich einmal um sich selbst und lächelt dabei verschmitzt. Ich bin überrascht, wie viel Spaß die Kinder beim Anprobieren haben. Bei uns zu Hause war es oft anstrengend und nervenaufreibend, Kleidung einzukaufen. Wir verweilen sehr lange in dem Geschäft, weil sich die Jungs vor lauter schöner Beinkleidung nicht entscheiden können. Am Ende findet jeder etwas Passendes für sich, und ich habe das Gefühl, dass sie sich noch nie so sehr über neue Hosen gefreut haben.

Heimatgefühle in Vancouver

15. Juni in Kanada . 16 °C

Von allen Großstädten, die wir bisher auf der Reise besucht haben, kommt uns *Vancouver* am entspanntesten vor. Die Stadt wirkt sehr weitläufig, nicht so überfüllt mit Menschen und nicht so hektisch. Kulinarisch gibt es alles, was man sich vorstellen kann, und hier ist es nicht mehr ganz so kostspielig, in einem Restaurant essen zu gehen.

Schon vor einigen Wochen hatte Flo Kontakt zu seinem alten Freund Georg aufgenommen. Die beiden lernten sich vor über 20 Jahren beim Auslandsstudium an der *University of Calgary* kennen, wo sie ein Jahr lang zusammen studierten. Georg ist Österreicher, lebt aber inzwischen seit 16 Jahren in Kanada und wohnt mit seiner Frau Lissi, auch eine Österreicherin, etwas außerhalb von *Vancouver*. Georg kommt uns gleich am ersten Abend in der Stadt besuchen. Freddi und Merlin freunden sich sofort mit ihm an und erzählen ausführlich von der Reise, obwohl sie Georg noch nie zuvor gesehen haben. Sie scheinen froh zu sein, endlich mal wieder mit jemand anderem als ihren Eltern Deutsch sprechen zu können, denn so gesprächig sind sie sonst eigentlich nicht. Georg fährt uns mit seinem Auto zum *Stanley Park* und zu anderen Sehenswürdigkeiten der Stadt. Nachdem wir zuletzt auf *Hawaii* viel selbst recherchiert und organisiert haben, ist es eine große Erleichterung, einfach mal die Verantwortung abzugeben und nur mitfahren zu können.

Die Zeit am Vormittag müssen wir der Schule widmen, denn für Freddi steht wieder eine Klassenarbeit in Mathematik an. Gut, dass wir gerade in einem Hotel nächtigen, so können wir an der Rezeption nachfragen, ob man uns die Aufgabenblätter ausdrucken kann. Das ist kein Problem, und kurze Zeit später sitzt Freddi mit Bleistift, Radiergummi und Geodreieck ausgestattet an dem kleinen Schreibtisch in unserem Zimmer. In dieser Klassenarbeit liegt der Schwerpunkt auf Geometrie und Flächenberechnung, ein Thema, das Freddi leicht von der Hand geht. So wehrt er sich diesmal überhaupt nicht dagegen und macht sich sofort an die Arbeit. Merlin und ich verlassen das Zimmer und machen uns auf den Weg zum hoteleigenen Gym. Hier sieht es aus wie in einem richtigen

Fitnessstudio. Alle möglichen Geräte stehen herum: Laufbänder, Hantelbänke, Crosstrainer, Rückentrainingsgeräte... Merlin klatscht vor Freude in die Hände und will alles ausprobieren. Er läuft zu einem Fahrradergometer und klettert umständlich auf den Sattel. Doch als er lostreten will, merkt er, dass seine Füße nicht an die Pedale kommen. Verärgert und schimpfend steigt er wieder ab und macht sich stattdessen an den Gewichten und Kettlebells zu schaffen, die in einer anderen Ecke stehen. Eigentlich hätte ich gerne selbst ein paar Trainingseinheiten an den Rückengeräten gemacht, denn seit einiger Zeit schmerzt meine Schulter immer wieder. Es ist lange her, dass ich mich zu sportlichen Übungen aufraffen konnte. Aber jetzt geht es nicht, ich muss Merlin davon abhalten, die schweren Gewichte hochzuheben. Es wäre richtig blöd, wenn eines davon auf seinem Fuß landen würde. Wahrscheinlich dürfen kleine Kinder hier sowieso nicht rein, aber außer uns ist niemand zu sehen.

Die folgenden zwei Nächte dürfen wir bei Georg, Lissi und ihrem jungen Hund Max, einem verspielten und kinderlieben Weimaraner, verbringen. Sie wohnen im 20 Kilometer entfernten *Port Moody*, das noch zum Ballungsraum *Vancouver* gehört. Diese Stadt ist zwar auch groß und weitläufig, aber dort, wo Georg und Lissi wohnen, ist es so ruhig und grün, dass es uns fast dörflich vorkommt. Wieder in einer ‚bewohnten‘ Wohnung zu wohnen, mit Menschen, mit denen Flo befreundet ist und die sogar die eigene Sprache sprechen, fühlt sich ungewohnt vertraut und heimisch an. Georg hat sich extra für uns frei genommen, und gemeinsam machen wir einen langen Spaziergang im Wald an einem See entlang. Lissi und Max kommen auch mit, und die Kinder haben einen Riesenspaß, den jungen Hund Gassi zu führen. Merlin sammelt Stöcke, klettert auf Bäume, singt und lacht und wirkt so vergnügt, wie lange nicht mehr.

Während wir durch den schattigen Wald am Wasser entlang spazieren und die frische Kiefernluft einatmen, unterhalten wir Erwachsenen uns intensiv über die letzten Jahre und wie das Leben so läuft. Georg und Lissi scheinen sehr glücklich in Kanada zu sein. Die positive Einstellung der Menschen hier und die gegenseitige Wertschätzung ist einer der Gründe, warum sie ausgewandert sind. Das vermissen sie manchmal in Österreich, wo oft nur das Negative gesehen wird.

„Das fängt schon bei der Berichterstattung im Radio oder im Fernsehen an“, sagt Georg.

Dass die Menschen hier viel weltoffener und nicht so in Vorurteilen verhaftet sind, ist uns schon in *Vancouver* aufgefallen. Vielleicht liegt es daran, dass die Region sehr multikulturell geprägt ist. Hier leben viele Immigranten mit Wurzeln in den unterschiedlichsten Ländern. Kanada möchte Einwanderung fördern, hat aber klare und strenge Kriterien, die sicherstellen, dass sich nur diejenigen hier niederlassen dürfen, die einen positiven Beitrag zu Wirtschaft und Gesellschaft leisten können. Das hat zur Folge, dass viele Einwanderer gut ausgebildet sind und über wertvolle Fähigkeiten verfügen.

Ich frage Lissi, ob es schwierig für sie war, die englische Sprache so gut zu erlernen, dass sie im Alltag problemlos zurechtkommt. Sie schmunzelt und erzählt mir, dass sie anfangs große Bedenken hatte, es dann aber gar nicht so schlimm fand.

„Dadurch, dass viele Leute aus dem Ausland kommen und mit Akzent sprechen, fällt es mir auch viel leichter, einfach drauflos zu reden", verrät sie mir.

Ich glaube, das würde mir auch so gehen.

Ein Schild warnt uns vor einem Schwarzbären, der letztens hier im Wald gesichtet wurde. Merlin und Freddi sind ganz aufgeregt, denn sie möchten hier in Kanada unbedingt einen Bären sehen. Georg erzählt, dass es in dieser Gegend viele Schwarzbären gibt und dass letztes Jahr einer direkt vor seinem Haus sein Unwesen getrieben hat. Aber kein Bär ist weit und breit zu sehen. Stattdessen entdecken wir eine schlafende Eule auf einem Ast im Baum, über die sich die Kinder genauso freuen. Und obwohl wir lange unterwegs sind, beschwert sich Merlin überhaupt nicht darüber, dass ihm die Beine weh tun oder die Wanderung zu lange dauert.

Am letzten Abend bieten Georg und Lissi an, auf Freddi und Merlin aufzupassen, damit Flo und ich mal zu zweit essen gehen können. Wow, das ist richtig nett. Wie lange ist es her, dass wir ohne Kinder und ganz in Ruhe nur zu zweit ausgegangen sind, überlege ich. Das letzte Mal war auf jeden Fall vor Beginn der Reise und ist schon über ein halbes Jahr her. Dankbar nehmen wir das Angebot an und suchen uns ein gemütliches japanisches Restaurant in einem belebten Viertel von *Port Moody* aus.

Als wir im Restaurant sitzen, müssen wir uns erst einmal wieder daran gewöhnen, dass wir zu zweit als Paar und ohne Kinder hier sind. Wir sitzen uns gegenüber und wissen gar nicht, worüber wir jetzt reden sollen. Was machen wir nun mit dieser Freiheit, uns wieder ganz aufeinander konzentrieren zu können, ohne ständig unterbrochen zu werden?

Das Essen kommt. Als Vorspeise gibt es Gyozas, danach Yakitori und verschiedenste Variationen von Sushi. Es schmeckt hervorragend. Wir haben uns bewusst für Japanisch entschieden, weil die Kinder das vermutlich nicht essen würden und wir das Restaurant einmal nicht nach ihren Vorlieben aussuchen müssen. Und während ich mich über unsere Restaurantwahl freue, fällt mir ein, dass ich in letzter Zeit gar nicht mehr das Gefühl hatte, dass unsere Paarbeziehung unter dem ständigen Zusammensein mit den Kindern leidet. Flo und ich hatten die ganze Zeit über trotzdem einen guten Kontakt zueinander. Vielleicht haben wir uns nach so vielen Wochen einfach daran gewöhnt, ständig zu viert auf einem Haufen zu sitzen? Oder haben uns die Reiseerlebnisse und unvergesslichen Momente einfach so zusammengeschweißt, dass wir die Zeit zu zweit gar nicht mehr so vermissen? Auf jeden Fall wurde im Laufe der Reise immer deutlicher, wie sehr Flo und ich als Team zusammengewachsen sind. Selbst in den stressigsten Situationen haben wir uns gegenseitig unterstützt und gemeinsam Lösungen gefunden. Trotz der wenigen Stunden zu zweit, und trotz der Herausforderungen der Reise ist unsere Beziehung eng geblieben. Und das freut mich sehr. Auch die Babyphone-App haben wir seit unserem heimlichen Ausflug in die Skybar in *Kuala Lumpur* nicht mehr benutzt. Irgendwie gab es keine Gelegenheit mehr, wahrscheinlich waren Flo und ich abends einfach zu müde. Aber das Ausgehen zu zweit haben wir seitdem auch nicht wirklich vermisst.

Und jetzt sitzen wir hier und stottern vor uns hin. Nur ganz langsam beginnen wir uns wieder anzunähern und uns aufeinander einzulassen. Und es dauert eine ganze Weile, bis wir uns nicht mehr nur über die Kinder oder die Probleme des Reisealltags unterhalten. Die Zeit vergeht wie im Flug, und gerade als wir zu den tiefergehenden Themen vordringen, müssen wir auch schon wieder aufbrechen.

Im Uber auf dem Weg zurück spricht uns der Fahrer auf Deutsch an. Wir sind völlig überrascht, denn sein Aussehen lässt überhaupt nicht darauf schließen, dass er Deutsch spricht. Er lacht und erklärt uns, dass er aus Afghanistan stammt, dann in Bulgarien und Russland gelebt hat, und auch ein paar Jahre in Deutschland. Kanada gefällt ihm am besten als Land zum Leben für sich und seine Familie. Jetzt können wir es nur erahnen, aber im Laufe unserer Reise durch dieses Land werden wir noch viele ähnliche Gespräche führen. Menschen mit interessanten Lebensläufen sind hier keine Seltenheit.

Die Kinder sind noch wach, als wir zurückkommen. Sie hatten eine tolle Zeit mit dem Hund Max, der jetzt müde und erschöpft zu ihren Füßen liegt.

Außerdem haben sie Lissi gezeigt, wie man ein Haus in »Minecraft« baut. Die Community wächst.

Als wir am nächsten Tag weiterziehen, fällt uns der Abschied von Georg, Lissi und Max schwer.

Auf dem Weg in die Rockies

19. Juni in Kanada . 14 °C

Wir sind on the Road again. Aus den Lautsprechern unseres Mitsubishis dröhnt der Soundtrack der Fernsehserie »Sons of Anarchy«, und so rollen wir in Richtung *Rocky Mountains* durch die bergige Landschaft mit dicht bewachsenem Nadelwald. Die rockige Countrymusik passt gut zum kanadischen Ambiente.

Wir übernachten in Motels und verbringen die Tage draußen in der Natur. Zum ersten Mal seit Monaten ist es grau und regnet viel. Aber das macht uns nichts aus nach so viel Sonne. Ehrlich gesagt sind wir alle froh darüber, dass wir wieder kälteres Wetter und sogar Regen haben. Sechs Monate hatten wir jetzt immer nur Sonne, Sonne, Sonne. Jeden Tag. Ich hätte nicht gedacht, dass wir davon einmal genug bekommen könnten, aber so ist es. Wir ziehen die Regenjacken an und wandern durch die wunderbar duftenden Fichtenwälder in der Nähe von *Revelstoke*. Das Wetter wechselt schnell, plötzlich ist es doch wieder so heiß, dass wir die Jacken und Pullover ausziehen müssen.

Die Kinder genießen die Ausflüge in die Natur, sie könnten ewig im Wald spielen. Ein Schild verkündet, dass hier vor zwei Tagen eine Bärenmutter mit Baby gesichtet wurde und dass Besucher wachsam sein sollten, denn Bärenmütter können besonders gefährlich werden. „Be bear aware". Die Kinder schauen den ganzen Weg über aufmerksam umher und unterhalten sich laut, damit die Bären nicht von uns überrascht werden. Es sind kaum andere Wanderer unterwegs. Aber leider ist außer einer Maus kein Tier in Sicht.

An unserer nächsten Station, dem Nationalpark *Mount Revelstoke,* wandern wir auf die Spitze des Berges, wo sogar ein bisschen Schnee liegt. Die Jungs quietschen laut und hüpfen im Kreis vor lauter Freude, denn Schnee haben wir schon ganz lange nicht mehr gesehen. Sie laden uns zu einer Schneeballschlacht ein und bauen dann mitten auf einem Eisfeld ein Lager auf, in dem sie spielen, dass sie Förster sind und nach Bären Ausschau halten. Zum Glück haben sie ihre warmen Hosen an.

An den Vormittagen, direkt nach dem Frühstück, versuchen wir wieder das Schooling unterzubringen, was sich auf einem Roadtrip als sehr viel schwieriger erweist als an einem festen Ort. Unsere Motelzimmer sind klein, aber es gibt immer eine Ecke mit einem winzigen Tisch, an dem Freddi seine Aufgaben machen kann. Diese Woche stehen vier Seiten Mathematik auf dem Plan. Puuuh, das ist echt viel, ich weiß nicht, ob Freddi das diese Woche schafft. Es geht um schriftliches Multiplizieren und Dividieren. Das kleine Einmaleins sitzt noch nicht perfekt, und ich weiß, dass Freddi bei dieser Art von Aufgaben oft blockiert. Er macht dann einfach dicht. Beim letzten Mal gab es zwischen Flo und Freddi so einen großen Krach beim Mathelernen, dass ich angeboten habe, die nächsten Sessions mit Freddi zu übernehmen. Da Mathe früher auch nicht gerade mein Lieblingsfach war, kann ich mich in Freddis Abwehrhaltung gut hineinfühlen und schaffe es vielleicht eher, ihn zum Mitmachen zu bewegen.

Flo recherchiert, wohin er mit Merlin gehen kann, damit wir Ruhe haben. Unser Motel liegt direkt an der Autobahn, und es gibt nichts Interessantes für Kinder in Laufnähe. Aber im Ort *Revelstoke* soll es einen großen Spielplatz am Fluss geben, und so machen sich die beiden mit dem Auto auf den Weg.

Als ich mit Freddi alleine dasitze und die Aufgaben erklären soll, komme ich erst einmal selbst ins Straucheln. Ich weiß nicht mehr, wie schriftliches Multiplizieren und Dividieren mit mehrstelligen Zahlen funktioniert. Es ist schon zu lange her. Schade, dass Flo schon weg ist, er wüsste mit Sicherheit, wie man vorgehen muss. Aber es gibt hier glücklicherweise Internet, und ich schaue einfach bei YouTube nach. Ich finde einen Kanal mit dem Namen »Lehrerschmidt«. Und Lehrer Schmidt ist wirklich großartig. So einfach und verständlich erklärt, kann Freddi das Verfahren sofort anwenden, aber trotzdem dauert es fast zwei Stunden bis er nur die Hälfte der Aufgaben geschafft hat. Inzwischen sind Flo und Merlin schon wieder zurückgekehrt, sodass wir den Rest auf morgen verschieben müssen.

Am nächsten Tag fahren wir weiter nach *Kamloops*, wo wir in einem Motel unterkommen, in dem wir zwei kleine Zimmer gebucht haben. Das ist wirklich großartig und erleichtert das Lernen ungemein. Freddi hat hier genug Ruhe, und Flo kann mit Merlin im anderen Zimmer bleiben und spielen. Es wäre schön, wenn wir das öfter so machen könnten. Aber zwei Zimmer zu belegen ist natürlich viel teurer als eines – ein Luxus für das Lernen.

Obwohl Kanada in Flora und Fauna Europa sehr ähnlich ist, gibt es doch einige auffällige Besonderheiten. Abgesehen von den Berglandschaften, die uns noch grandioser und einsamer erscheinen als beispielsweise die Alpenregion, werden die

Unterschiede vor allem auf den Straßen sichtbar. Es gibt nur wenige ‚normalgroße' Fahrzeuge. Etwa fünfzig Prozent der Fahrzeuge auf den kanadischen Highways sind Trucks, Allrad-Pickups mit Wohnwagenanhängern, Wohnmobile, zu Wohnmobilen umgebaute Busse, Trucks mit Anhänger und Quad, Trucks mit Anhänger und Motorboot usw. Und zwischen West- und Ostkanada verläuft nur eine einzige, endlos lange Eisenbahnstrecke. Die Züge auf dieser Strecke haben in der Regel mehr als 100 Waggons, meist mit Containern beladen, oft zu zweit übereinander gestapelt. Häufig müssen wir an einem der Bahnübergänge anhalten und warten. Bis der ganze Zug durchgefahren ist, können schon mal 15 Minuten vergehen.

Auf unserer Fahrt durch *British Columbia* fallen uns einige Gebiete mit schwarz verkohlten Bäumen auf. Über unsere deutschen Nachrichten-Apps erfahren wir, dass die alljährlichen Waldbrände in Kanada in diesem Jahr eine besonders große Herausforderung darstellen. Wegen der vielen Monokulturen aus Tanne und Douglasie kommt es hier zwar jedes Jahr zu Waldbränden. Denn bei einem Wald, der hauptsächlich aus einer einzigen Baumart besteht, kann sich das Feuer leichter von Baum zu Baum ausbreiten. Doch die Klimakrise mit ihren langen Trockenperioden und steigenden Temperaturen verschärft die bereits bestehenden Probleme noch einmal ganz erheblich. Die ersten Brände gab es bereits im März dieses Jahres, und am Ende unserer Reise werden wir erfahren, dass 2023 die schlimmsten Waldbrände wüteten, die Kanada je erlebt hat. Insgesamt brannten nach offiziellen Angaben über 18 Millionen Hektar – mehr als die Hälfte der Fläche Deutschlands.[5]

Aktive Waldbrände sehen wir auf unserer Reise zum Glück nicht, aber überall stehen Schilder mit Warnungen und Alarmstufen zur Waldbrandgefahr. Bei gelber oder roter Anzeige ist offenes Feuer verboten. Auch die Feuerstellen im eigenen Garten dürfen dann nicht genutzt werden.

Typisch an den Highways sind die Motels, die teilweise wie in Hitchcocks „Psycho" aussehen und oft auch so heruntergekommen wirken. Zum Essen gehen wir oft zu »Wendy's«, »Tim Horton's«, »Denny's«, »Boston Pizza« oder »McDonald's«. Das ist überhaupt nicht gesund, aber es ist auch sehr schwierig, unterwegs andere Lokalitäten zu finden. Und wahrscheinlich haben wir uns im Laufe der Reise auch schon ein wenig an das Fast-Food-Essen gewöhnt. Am

---

5 https://de.wikipedia.org/wiki/Waldbrände_in_Kanada_2023

liebsten essen wir bei »Boston Pizza«, weil dort auch Salate und einigermaßen gesunde Wraps angeboten werden. Das Thema ‚Essen‘ wird für uns aber erneut zur Herausforderung, da es in den meisten Motels keine Küchen zum Selberkochen gibt.

In *Kamloops* frühstücken wir gleich zweimal hintereinander bei »Tim Horton’s«, denn dort gibt es die Donuts mit Schokoüberzug und bunten Streuseln, die den Kindern so gut schmecken. Beide Male sitzen wir direkt am Fenster mit Blick auf den Highway sowie auf einen langen Parkplatz direkt vor dem »Tim Horton’s«. Hier können die Fahrer der großen Autos kurz parken, um sich ihr Frühstück to Go zu holen. Wir finden es sehr interessant, die Fahrzeuge zu beobachten, die dort halten. Riesige Lastwagen mit Anhängern aller Art, bestückt mit Booten oder Motorrädern, werden dort zwischengeparkt. Auch ein Pickup mit Anhänger, auf dem ein Quad steht, hält dort. Ein älterer Herr mit abgetragener Kleidung und ausgeblichener Schirmmütze steigt aus und betritt das »Tim Horton’s«. Als er bemerkt, dass unsere Kinder nach draußen zeigen und begeistert über sein Quad reden, spricht er uns an und erzählt uns, dass er heute zum Forellenfischen zu einem einsamen See hoch in die Berge fährt. Das letzte kleine Stück über einen Waldweg muss er mit dem Quad zurücklegen, nur deshalb hat er es auf dem Anhänger dabei. Leider musste sein Enkel heute in die Schule, sonst hätte er ihn mitgenommen, was er oft macht. Cool, denke ich. Tja, that‘s Canada!

Beeindruckende Nationalparks

27. Juni in Kanada . 24 °C

Langsam kommen wir in die Gegend der *Rocky Mountains* und können die unglaublich schöne Landschaft schon während der Fahrt auf uns wirken lassen. Eines der Highlights ist für uns der *Emerald Lake* im *Yoho-Nationalpark* mit seinem klaren und stechend türkisblauen Wasser. Allerdings wimmelt es hier schon vor Touristen. Kaum wandern wir jedoch ein bisschen weg vom See zum nahe gelegenen *Peaceful Pond*, sind wir auf einmal fast alleine. Keine Touristen mehr, niemand.

Auch am *Takakkaw Waterfall*, der nach einem kurzen Fußmarsch leicht zu erreichen ist, treffen wir auf eine große Menschenmenge. Kein Wunder, denn dieser Wasserfall ist außergewöhnlich – brachiale Naturgewalt in ihrer reinsten Form. Massen an Wasser donnern auf steinerne Felsen, feine Tropfen stäuben auf die Besucher herab und durchnässen die Kleidung. Das dröhnende Rauschen erfüllt die Umgebung mit einer fast bedrohlichen Präsenz. Merlin hat großen Respekt und möchte nicht zu nah herangehen. Das kann ich verstehen, denn so eine unbändige Kraft kann auch Angst machen. Ich halte mich mit ihm ein wenig abseits des Geschehens.

Wir können uns kaum vorstellen, dass es noch schönere und beeindruckendere Orte gibt, aber die nächsten landschaftlichen Highlights warten im *Banff-Nationalpark* schon auf uns. Zum *Peyto Lake* könnten wir vom *Bow Summit Lookout* aus hinunterwandern, jedoch trauen wir uns das mit den Kindern nicht zu: zu viel undurchdringliche Wildnis und zu viele Höhenmeter. Also schauen wir uns den See nur von oben an. Der erste Aussichtspunkt besteht aus einer riesigen Terrasse mit 1,50 m hohem Geländer, über das die Kinder gar nicht hinüberschauen können. An allen Seiten ist das Areal mit Zäunen abgesperrt, aus Sicherheitsgründen. Unzählige Touristen drängen sich auf der Terrasse. Sie müssen Schlange stehen, um ein Selfie mit dem See im Hintergrund machen zu können, auf dem keine anderen Menschen zu sehen sind.

Vor Kurzem habe ich mir eine neue App heruntergeladen, mit der ich mir alle Wanderwege in der Umgebung anzeigen lassen kann. Darin lese ich jetzt, dass es noch einen weiteren Aussichtspunkt ein Stück weiter oben geben soll. Er ist nicht ausgeschildert, und wir folgen einem schmalen Trampelpfad, der durch den nach Wildblumen und Kiefern duftenden Wald führt. Doch mit der Zeit wird die Natur immer undurchdringlicher, Büsche und Bäume stehen zunehmend dichter beieinander, der Weg ist kaum noch zu erkennen.

„Sind wir hier überhaupt noch richtig?", frage ich Flo etwas nervös.

„Ich denke schon, aber ganz sicher bin ich mir nicht. Lass uns mal bis zur nächsten Biegung gehen und schauen, was dahinter ist", sagt er und geht weiter.

Zwei einsame Wanderer kommen uns entgegen. Zu unserer Erleichterung bestätigen sie uns, dass wir den richtigen Weg eingeschlagen haben. Danach ist weit und breit kein Mensch mehr zu sehen, und wir befürchten schon wieder, dass wir uns verlaufen haben. Doch plötzlich endet der Wald und wir stehen auf einer hohen Klippe. Ohne Geländer! Vor unseren Augen breitet sich ein atemberaubendes Panorama aus. Umrahmt von teils schneebedeckten Berggipfeln liegt er da, der türkisblau schimmernde See in seiner ungewöhnlichen Form.

Wir stehen nah am felsigen Abgrund und freuen uns, dass wir den zweiten Aussichtspunkt gesucht und gefunden haben. Hier ist es ganz still, nur das Rauschen des Windes durch die Bäume ist zu hören und außer uns kein Mensch zu sehen. Ich fühle mich auf einmal ganz klein inmitten dieser unberührten Natur. Flo scheint es ähnlich zu gehen, schweigend sitzt er auf einem Felsbrocken und schaut lange in die weite Ferne.

Die Kinder haben bald genug von der Aussicht und bauen sich ein Wandererlager unter einem Baum. Aber Flo und ich verweilen noch eine ganze Weile an der Felskante mit Blick auf den *Peyto Lake*.

Die kommenden Tage versprechen eine Fortsetzung dieser überwältigenden landschaftlichen Anmut. Vom *Lake Louise* über den *Lake Agnes* bis zum *Moraine Lake* wird uns jeder See mit seiner eigenen, einzigartigen Pracht begeistern; jeder präsentiert uns die Schönheit dieser Gegend in einer neuen Facette, der wir uns – trotz der gewaltigen Besucherströme – nicht entziehen können.

Der neue Wochenplan ist heute angekommen, sodass wir wieder Zeit für die Schule freischaufeln müssen. Als wir uns am Nachmittag im Motel an die Aufgaben setzen, stellen wir mit großer Freude fest, dass es zumindest in Mathematik die gleichen Aufgaben sind, die Freddi schon letzte Woche bearbeitet hat. Perfekt. Anscheinend waren die Schüler zu Hause nicht ganz so schnell wie wir, und brauchen etwas mehr Zeit für die Aufgaben. Das ist für uns alle eine große Erleichterung, vor allem aber freut sich Freddi, dass er sich nicht wieder durch langwierige Matheeinheiten quälen muss.

Die weitere Route führt uns durch den Ort *Banff* zum *Buffalo Nations Luxton Museum* mit Ausstellungen über die Kultur und Lebensweise der Ureinwohner Kanadas. Wir betrachten die originalen Kunstwerke und Kleidungsstücke der indigenen Völker Nordamerikas. Hier lernen wir, dass es auch heute noch eine Vielzahl unterschiedlicher indigener Stämme gibt, die viele verschiedene Sprachen sprechen. Ganz im Gegensatz zu Ländern wie Neuseeland, wo die Ureinwohner überall Maori heißen und dieselbe Sprache sprechen.

Eines überrascht uns in diesem Museum allerdings: Auf den Tafeln wird immer noch die Bezeichnung ‚Indians' für die hiesigen Stämme wie z. B. die »Blackfoot« verwendet. Inzwischen ist auch in Deutschland bekannt, dass die meisten indigenen Völker es heute vorziehen, nicht mehr als ‚Indianer', sondern als ‚First Nations' oder ‚Indigenous People' bezeichnet zu werden. Auch auf die tragische Geschichte des Niedergangs der indigenen Kultur durch die europäischen Siedler wird im Museum nicht eingegangen. Dies erscheint uns mehr als befremdlich, da es doch zu den Aufgaben eines Museums gehört, Aufklärungsarbeit zu leisten.

Ich erinnere mich, dass Georg uns erzählte, dass es in den letzten Jahren verstärkte Bemühungen in den Schulen gab, die Geschichte der indigenen Völker Kanadas aufzuarbeiten. Dies geschah insbesondere, nachdem bekannt geworden war, dass auf dem Gelände von Umerziehungsheimen zahlreiche Leichen von Kindern der First Nations gefunden worden waren. Ein Thema, auf das wir später noch einmal stoßen werden.

Cowboys, T-Rex und ein Wiedersehen

6. Juli in Kanada . 24 °C

Langsam lassen wir die majestätischen *Rocky Mountains* hinter uns und tauchen in eine scheinbar endlose, flache Ebene ein. Als ich die mächtigen Gipfel im Rückspiegel verblassen sehe, werde ich tatsächlich ein wenig melancholisch, weil unsere abenteuerliche Reise durch die wunderschöne bergige Wildnis nun zu Ende geht. Bei *Calgary* haben wir für drei Nächte unser nächstes Motel gebucht. Als Erstes schauen wir aber noch an der *University of Calgary* vorbei, wo Flo vor über 20 Jahren zwei Auslandssemester absolviert hat. Schon oft habe ich ihn sagen hören, dass dies eine der schönsten Zeiten seines Lebens war. Während der Fahrt erzählt er uns ein wenig von seinen Erlebnissen, und ich merke an seinem Tonfall, wie gerne er in den Erinnerungen schwelgt.

Damals wohnte er mit vielen anderen Studenten direkt auf dem Campus im Studentenwohnheim. Auch kanadische Kommilitonen wohnten dort. Schnell entstand eine enge Gemeinschaft und die deutschen und österreichischen Gaststudenten wurden von den Kanadiern in das kanadische Leben eingeführt. An den Wochenenden fuhr man im Sommer gemeinsam zum Wandern oder im Winter zum Snowboarden in die *Rocky Mountains*. Georg war auch einer der Gaststudenten, er und Flo besuchten im selben Semester die gleichen Kurse. Auch die Kanadierin Natalie, die wir später noch mit ihrer Familie in *Edmonton* besuchen werden, war Studentin an der *University of Calgary*. Flo erzählt, wie er als Anfänger von Natalie und ihren kanadischen Freunden zum Snowboarden mitgenommen wurde. Die Kanadier zeigten ihm kurz, wie es geht, und wollten dann selbst fahren. Als Wintersportprofis waren sie natürlich sofort über alle Berge, während Flo sich alleine mit dem Snowboard abmühte. Das muss eine harte Zeit für ihn gewesen sein, denn Snowboarden lernt man nicht von heute auf morgen. Aber er wollte es schaffen, biss sich durch und konnte am Ende seines Kanada-Aufenthaltes fast so gut fahren wie seine kanadischen Kommilitonen.

Wie es der Zufall so will, sind wir genau zu Beginn der berühmten alljährlichen *Calgary Stampede* in der Stadt, dem größten Westernspektakel der Welt, das sich über einen Zeitraum von zehn Tagen erstreckt. Den Auftakt bildet eine lange Parade, bei der festlich geschmückte Gruppen, farbenfrohe Wagen und Reiter in traditioneller Tracht durch die Stadt ziehen. Sowohl Cowboys als auch Vertreter indigener Gemeinschaften nehmen an der Parade teil, um ihre Kultur und Geschichte zu präsentieren. Hier wird der Geist des kanadischen Wilden Westens wieder lebendig. Viele Besucher sind im Cowboy-Outfit unterwegs, überall sieht man Cowboyhüte und Cowboystiefel. Country-Musik dröhnt aus den Boxen, die Stimmung ist ausgelassen und fröhlich.

Schon vor ein paar Wochen haben wir Tickets für die große Rodeo-Show gebucht, bei der die besten Reiter der Welt in verschiedenen Disziplinen gegeneinander antreten. Es werden sogar recht hohe Preisgelder für die Gewinner ausgelobt. Und so sitzen wir nun im *Stampede GMC Stadium* auf der Tribüne zwischen Massen von aufgeregten Zuschauern, die die Action auf dem Spielfeld verfolgen und die Reiter mit schrillen Stimmen anfeuern. Die meisten Besucher sind in Westerngewänder gekleidet, und wir fühlen uns ein wenig wie touristische Eindringlinge, die nicht wirklich dazugehören, weil wir den Enthusiasmus gar nicht so richtig teilen können. Mit einem Ausdruck des Staunens schauen wir einfach nur zu und lassen das Spektakel auf uns wirken: Rodeo auf Pferden, Pferde-Wettrennen mit Lassowerfen, Kälbchen einfangen, Babybullen niederringen und nicht zuletzt das legendäre Bullenreiten. Die Veranstaltung dauert drei Stunden, und die Kinder sind zunächst sehr interessiert und aufmerksam, aber in der letzten Stunde lässt das Interesse deutlich nach. Ihnen tun die armen Kälbchen leid, wie sie auf den Boden gedrückt werden oder sich mit dem Lasso um den Hals fast die Beine brechen, weil sie im vollen Lauf zurückgezogen werden. Zum Glück wird keines von ihnen verletzt, denn vorher lassen die Cowboys von ihnen ab.

Als wir schließlich das Festivalgelände verlassen wollen, kommen wir am Ausgang noch an einer actionreichen Motocross-Show vorbei, die eigentlich eher nebenbei als Marketing-Gag für irgendein neues Getränk veranstaltet wird.

Flo erzählt mir später, dass er sehr überrascht war, dass das Thema ‚Cowboys und Indianer' – oder wie wir sie jetzt nennen: ‚First Nations' – die Kinder gar nicht so fesselte, wie er es erwartet hatte. Bei der Parade waren echte Stämme der First Nations in echten traditionellen Gewändern zu sehen. Sie fuhren in echten historischen Pferdewagen, die von echten Pferden gezogen wurden. Überall liefen Menschen in echten Cowboy-Trachten herum. Welchen Jungen hätte das früher – in den 1980er Jahren – kalt gelassen? Die Idole der Kinder haben sich offensichtlich verändert. Viel beeindruckender fanden sie die als Motocross-Show getarnte Werbeveranstaltung, bei der die Fahrer mit lautem Motorgeheul auf eine steile Rampe zurasten, hoch in den Himmel katapultiert wurden, sich um die eigene Achse drehend 20 Meter weit durch die Luft schwebten, um letztendlich völlig unversehrt wieder auf dem Boden zu landen. Die Zeiten ändern sich. Und wenn wir Eltern nicht so müde gewesen wären, hätten die Kinder den halsbrecherischen Fahrern noch viel länger zuschauen können.

Die nächsten zwei Tage verbringen wir in *Drumheller*, der Heimat des T-Rex. Im »Royal Tyrrell Museum« bestaunen wir Originalskelette von Dinosauriern, die vor Millionen von Jahren genau hier in dieser Gegend gelebt haben sollen. Es ist eines der größten und umfangreichsten Paläontologie-Museen der Welt. Für Merlin hätte das ein besonderer Höhepunkt der Reise werden sollen, denn bis vor Kurzem war er noch ein ganz großer Fan von Dinosauriern gewesen. Er konnte alle Arten der furchterregenden Echsen auswendig aufzählen und ihre Besonderheiten beschreiben. Aber erneut stellen wir fest, dass auch bei diesem Thema keine große Begeisterung mehr aufkommt. Wahrscheinlich haben wir inzwischen so viel Interessantes gesehen und erlebt, dass die Kinder mittlerweile reizüberflutet sind und nicht mehr so leicht in Euphorie verfallen. Auch das ist eine interessante Erkenntnis dieser Reise.

Das Schuljahr in Deutschland neigt sich dem Ende zu. Schon seit einigen Wochen freut sich Freddi – und auch wir Eltern – auf die freie Zeit in den Sommerferien. Wir sind mehr als erleichtert, dass wir bald keine Verpflichtungen mehr haben, nicht mehr überlegen müssen, wie wir die Schule noch in den Reiseplan oder die Reise in den Schulplan einbauen können. Wobei es in den letzten Wochen wirklich reibungslos geklappt hat und Freddi sich meistens ohne Murren damit abgefunden hat, dass die Aufgaben einfach gemacht werden müssen. Und dass ein Hinauszögern niemandem hilft, am wenigsten ihm selbst.

Als Dankeschön für die großartige Unterstützung malt Freddi seinen Lehrern eine Weltkarte mit grafischer Darstellung aller Stationen unserer Reise und wünscht ihnen schöne Sommerferien. Ein Foto davon möchte ich den Lehrern am letzten Schultag zuschicken.

Und weiter geht es, in Richtung *Edmonton*. Dort werden wir im Haus von Natalie erwartet, wo wir drei Nächte bleiben und in das Leben kanadischer Landsleute eintauchen dürfen. Zusammen mit ihrem Mann Evan hat sie inzwischen drei Kinder, die alle in einem ähnlichen Alter sind wie unsere Jungs. Als wir mit dem Auto vor ihrem Haus ankommen und Flo den Motor ausschaltet, rührt sich Freddi nicht vom Fleck und fängt an zu weinen. Dieses Verhalten kenne ich sehr gut von ihm, wenn es darum geht, fremde Menschen kennenzulernen.

„Freddi, wir sind da, komm raus", sage ich.

„Ich will nicht", sagt er schluchzend.

„Was ist los, warum willst Du nicht?", frage ich, obwohl ich es mir schon denken kann.

„Ich kann doch kaum Englisch, und dann verstehe ich die nicht."

„Aber das stimmt doch gar nicht, Freddi. Du kannst doch inzwischen sehr gut sprechen und verstehst alles, wenn dich jemand was fragt."

„Nein, ich komme nicht mit rein, ich bleibe einfach hier sitzen und warte auf Euch."

Armer Freddi. Ich kann gut nachvollziehen, dass ihm der Gedanke Angst macht, dass wir nun drei Tage bei fremden Leuten zu Besuch sind und er engen Kontakt zu englischsprachigen Kindern haben wird. Das ist etwas anderes, als eine flüchtige Urlaubsbekanntschaft im Hotel. Mit Nachdruck versuche ich ihn noch einmal zu motivieren, mitzukommen. Dann vertraut er mir an, dass er Angst hat, vor den Kindern schüchtern zu wirken, weil er sie nicht kennt. Ich erzähle ihm, dass es mir ähnlich geht, weil ich Natalie auch nicht gut kenne. Zweimal haben wir uns bisher gesehen, und das zweite Mal ist inzwischen auch schon zehn Jahre her. Ganz zögerlich wagt sich Freddi schließlich aus dem Auto.

Die Begrüßung ist äußerst herzlich, unsere Kinder werden sofort eingeladen, zusammen mit den anderen drei Kindern Lego zu bauen. Das funktioniert für Freddi. Dabei muss er nicht reden und kann sich mit etwas beschäftigen. Und glücklicherweise hat er ja auch noch seinen Bruder, der sich sehr über die Anwesenheit anderer Kinder freut und sofort Kontakt aufnimmt. Und dann dauert es auch gar nicht lange, bis die Kinder anfangen, miteinander zu kommunizieren. Es ist eine Freude zu beobachten, wie gut sie sich trotz der Sprachbarriere verstehen. Im Garten steht ein riesiges Trampolin, auf dem alle fünf Kinder herumhüpfen und sich zusammen ein Spiel ausdenken. Und natürlich spricht Freddi ganz wunderbar englisch mit ihnen, seine Angst ist verflogen und sein Selbstvertrauen ist zurück.

Am nächsten Abend kommen Natalies Eltern zu Besuch. Sie kennen Flo noch von früher und freuen sich sehr, ihn zu sehen. Als es langsam dunkel wird, sitzen wir alle noch lange am Lagerfeuer, an der obligatorischen Feuerstelle, die hier in jedem Garten steht. Die Kinder grillen Marshmallows, und Natalies Vater packt seine Gitarre aus. Gemeinsam singen wir bekannte Lieder, wie „Yellow Submarine" oder „House of the Rising Sun". Die Stimmung ist fast zu klischeehaft schön, um wahr zu sein, und ich finde es sehr angenehm, für kurze Zeit Teil einer ‚echten' kanadischen Familie zu sein.

Tagsüber machen wir Ausflüge, zum Beispiel zum größten Einkaufszentrum in ganz Nordamerika, der *West Edmonton Mall*. Neben Geschäften aller Art gibt es in dieser Mall einen Vergnügungspark, eine richtige Eissportarena, ein Wasserrutschenparadies, ein SeaLife-Aquarium, einen kleinen See mit Tretbooten und noch so vieles mehr. Es ist einfach unfassbar, wie groß und weitläufig alles in diesem Land ist. Die Kinder haben natürlich ihre helle Freude an diesem Unterhaltungsprogramm, das ihren Vorlieben so sehr entgegenkommt.

Am Tag drauf besichtigen wir den *Fort Edmonton Park*, in dem die Architektur aus der Zeit zwischen 1885 und 1920 nachgebildet ist. Neben originalgetreu restaurierten Gebäuden und Automobilen gibt es auch ein Museum, das sich mit der Kultur der Ureinwohner Kanadas beschäftigt. Wir fragen Natalie, wie es sich mit dem Wort ‚Indianer' in Kanada verhält. Sie erklärt uns, dass dieser Begriff eigentlich nicht mehr verwendet wird und wundert sich, dass er auf den Informationstafeln des Museums in *Banff* immer noch so verwendet wird.

Der Besuch im *Indigenous People Experience Museum* berührt uns zutiefst, denn hier erzählen die Nachfahren der First Nations selbst ihre Geschichte. Es sind die Kinder und Enkelkinder der Betroffenen. Obwohl sie inzwischen zur zweiten oder dritten Generation gehören, kämpfen sie noch immer mit den psychosozialen Folgen durch Übertragung und Weitergabe von ihren Eltern und Großeltern. Diese wurden als indigene Kinder aus ihren Familien gerissen und in englischsprachige Internate gesteckt, um sie zu „richtigen" Christen umzuerziehen. Hier sollte der ‚Indianer' im wahrsten Sinne des Wortes aus ihnen herausgeprügelt werden. Sie wurden körperlich und seelisch misshandelt, gefoltert und sexuell missbraucht. Mitschüler verschwanden einfach, und ihre Leichen wurden Jahrzehnte später auf dem Schulgelände gefunden. Über 100 solcher Internate gab es in Kanada. Das Unglaubliche daran ist, dass diese Gräueltaten noch gar nicht so lange zurückliegen. Erst in den 1990er Jahren wurden die letzten Internate geschlossen. Und erst seit drei Jahren weiß die kanadische Bevölkerung davon.

Darüber hinaus erinnern die Nachfahren der First Nations die Museumsbesucher und im weiteren Sinne auch die kanadische Regierung daran, dass es einen Vertrag gibt, der die Rückgabe des Landes an die First Nations vorsieht. Bis heute schweigt die kanadische Regierung zu diesem Thema.

Diese detaillierten Informationen lassen uns fassungslos zurück. Benommen von den vielen erschreckenden Details kommen wir aus dem Museum wieder heraus. Kanada steht offenbar noch am Anfang eines langen Prozesses. In Neuseeland scheint uns die Aufarbeitung der Geschichte der Maori und der Versuch, sie für erlittenes Unrecht zu entschädigen und sie in die Gesellschaft zu integrieren, schon deutlich fortgeschrittener zu sein.

Erschöpft in Toronto

13. Juli in Kanada . 25 °C

Die letzte große Etappe unserer Reise hat begonnen und nach einem Inlandsflug steht für die nächsten zwei Tage die vorletzte Großstadt unserer Reise auf dem Programm: Toronto. Eine Stadt, die Berlin in vielerlei Hinsicht das Wasser reichen kann. Groß, bunt und kulturell vielfältig. Dichter Verkehr, viele Touristen, aber auch viele Obdachlose. Einzig die imposanten Wolkenkratzer und der überdimensional große See fehlen in Berlin.

Seit drei Wochen reisen wir nun schon durch Kanada und verbringen immer nur ein paar Tage an einem Ort. Wieder einmal merken wir, wie anstrengend so ein Roadtrip sein kann. Wir fühlen uns ausgelaugt, und auch die ständigen Restaurantbesuche werden immer mühsamer. Diesmal ist es in erster Linie Flo, der an einem Tiefpunkt angelangt ist. Er wirkt erschöpft und lustlos. Vor allem stresst ihn, dass wir immer schauen müssen, wo wir etwas zu essen herbekommen, das nicht zu teuer und möglichst gesund ist. Und natürlich kindertauglich. Und dann immer diese tägliche Vorausplanung und das Packen für die Ausflüge. Er äußert mehrmals, dass er eigentlich gar keine Lust mehr auf die Weiterreise hat und sich schon wieder auf zu Hause freut.

Eine andere Sache überrascht mich dagegen sehr. Merlin verkraftet die Ortswechsel hier in Kanada erstaunlich gut, obwohl wir sehr viele Ausflüge und Aktivitäten unternehmen und er fast keine Zeit zum Spielen an einem Ort hat. Vielleicht hat er sich inzwischen einfach an das Reisen gewöhnt? Vielleicht hat aber auch geholfen, dass er bei Georg und Lissi deutsch sprechen und bei Natalie mit anderen Kindern spielen konnte? Außerdem glaube ich inzwischen, dass seine oftmals schlechte Laune auch viel mit dem schwülheißen Klima Indonesiens und der Südsee zu tun gehabt haben könnte.

Trotzdem: Toronto machen wir jetzt noch unsicher. Es ist eine ganz besondere Faszination, die diese Stadt auf mich ausübt. Vielleicht, weil es sich hier ein bisschen wie in Berlin anfühlt. Wir machen es uns so entspannt wie möglich, es sind ja sowieso nur zwei Tage. Und das Beste ist: Es sind jetzt Sommerferien. Wir müssen keine Schule mehr auf Reisen machen, was für eine Erleichterung für

Freddi, aber auch für die gesamte Familie. Einige der Schulunterlagen lassen wir dann auch direkt im Recycling-Mülleimer des Hotels in Toronto zurück. Diesmal ist Freddi nicht traurig darüber, dass etwas weggeworfen werden muss. Daraus kann doch noch Strom produziert werden. Und hier in Kanada gehe ich davon aus, dass das auch wirklich passieren wird.

Flo wirkt völlig entkräftet.

„Ich hab' echt überhaupt keine Lust mehr, irgendwas herauszusuchen und zu planen", sagt er. „Entscheide Du, was wir machen sollen, ich mache einfach mit."

Und so fühle ich mich allein verantwortlich für Recherche, Planung und Buchung. Aber das macht mir nichts aus, trotz der bisherigen Anstrengungen scheinen meine Reserven noch nicht gänzlich erschöpft zu sein.

Mit der Fähre fahren wir auf die vorgelagerte Insel *Centre Island* mit herrlicher Sicht auf die Skyline Torontos. Den ganzen sonnigen Tag verbringen wir dort und erkunden das kleine Eiland. Wir leihen uns eine lustige Fahrradriksha aus, die für jeden von uns Pedale bietet, sodass wir sie zu viert fahren können. Freddi ist der Steuermann und singt die ganze Zeit über fröhlich, während er unser Gefährt an Fußgängern und Fahrradfahrern vorbeilenkt. Natürlich ist es nicht erlaubt, Kinder lenken zu lassen – ich hatte vorher gefragt – aber ich kenne Freddi. Er macht das höchst verantwortungsvoll, und ich hätte alle Schuld auf mich genommen, falls etwas passiert wäre (was es glücklicherweise nicht tut).

Erst am Abend machen wir uns auf den Rückweg. Der Anblick der beleuchteten Wolkenkratzer bei Nacht fasziniert die Kinder, und mit großen Augen schauen sie sich das bunte Treiben auf der Straße an. Endlich geht die Sonne wieder früher unter, und seit Langem kommen wir mal wieder in den Genuss des beginnenden Nachtlebens. Und ehrlich gesagt freue ich mich darüber, dass es hier jetzt schon um 20 Uhr dunkel wird. Vielleicht kommen die Jungs so früher zur Ruhe, und wir Eltern haben abends wieder ein bisschen Zeit für Gespräche zu zweit. Das Dilemma ist allerdings, dass wir erneut in einer anderen Zeitzone angekommen sind. Auf der Strecke zwischen Edmonton und Toronto wurden uns zwei Stunden abgezogen, sodass es jetzt eigentlich zwei Stunden früher wäre, als es hier ist. Die Kinder können einfach nicht einschlafen, obwohl die Uhr fast Mitternacht anzeigt. Morgens sind sie stattdessen todmüde, und genau diese zwei Stunden fehlen uns, bis wir endlich in die Gänge kommen. Ein Thema, das uns auch schon die ganze Reise über begleitet. Irgendwann keine Zeitverschiebungen mehr verarbeiten zu müssen, darauf warte ich schon sehnsüchtig.

Für den zweiten Tag in *Toronto* wähle ich ein noch ruhigeres Programm. Wir kommen erst gegen Mittag aus dem Zimmer und machen eine Hop-on-Hop-off-Tour mit einem Doppeldeckerbus – etwas, das wir bisher noch nie gemacht haben. Früher dachte ich, das sei nur etwas für lauffaule Touristen. Aber ich muss zugeben, dass es eine tolle Möglichkeit ist, sich einen Überblick über eine Millionenstadt zu verschaffen. Besonders wenn man mit Kindern unterwegs ist und keine große Lust hat, die Stadt auf eigene Faust zu erkunden. Und ich merke, wie gut es uns allen tut, einmal nicht herumlaufen zu müssen, um etwas zu sehen. Flo und die Kinder sind zufrieden, und ich habe das Gefühl, einen kleinen Geheimtipp entdeckt zu haben, der überhaupt kein Geheimtipp ist.

Am Abend feiern wir Freddis Jahreszeugnis, das mir sein Klassenlehrer schon vor zwei Tagen per WhatsApp zugeschickt hat. Und es gibt wirklich einen Grund zum Feiern, denn das Zeugnis ist hervorragend ausgefallen. Verdientermaßen, wie ich finde. Wobei mir die Noten eigentlich egal sind, viel wichtiger ist mir, dass Freddi ins neue Schuljahr versetzt wird, und dass er selbst auch ein gutes Gefühl dabei hat. Denn obwohl es oft Anlaufschwierigkeiten gab, hat Freddi so gut wie alle Aufgaben bearbeitet. Und zwar genau die, die er auch in den ganzen sieben Monaten in der Schule zu Hause bearbeitet hätte. Schulisch gesehen müsste er jetzt auf dem gleichen Stand sein wie seine Klassenkameraden. Aber dass er auf unserer Reise noch so viel mehr gelernt hat, wird er wahrscheinlich erst viel später in seinem Leben wirklich verstehen. Es sind vor allem die Lernerfahrungen, die nicht messbar sind. Das Kennenlernen anderer Lebensweisen wird ihm helfen, die Dinge aus verschiedenen Perspektiven zu sehen und ein besseres Verständnis für die Vielfalt unserer Welt zu entwickeln. Er wird eine tiefere Wertschätzung für sein eigenes Leben und seine Heimat erlangen. Vor allem musste er sich während der Reise in immer neuen Umgebungen mit einer fremden Sprache zurechtfinden. Dies wird ihm helfen, seine Selbstständigkeit und sein Selbstvertrauen zu stärken. Und bei diesem letzten Punkt habe ich das Gefühl, dass das bereits geschehen ist.

Freddi hat durch unsere lange Reise Erfahrungen gesammelt, die weit über den schulischen Rahmen hinausgehen und ihn in vielerlei Hinsicht bereichern werden. Und ich glaube fest daran, dass es genau diese Art von Bildung ist, von der er in Zukunft wirklich profitieren wird.

Entspannung an den Great Lakes

16. Juli in Kanada . 25 °C

Von unserem Hotel aus sind es nur wenige Gehminuten bis zur Autovermietung, bei der wir unseren Mietwagen abholen. Den letzten, den wir auf dieser Reise benötigen. Der Weg führt zunächst zum *Lake Huron*. Von dort aus planen wir, zur *Bruce-Halbinsel* zu fahren, dann zum *Lake Erie* und von da über den *Simcoe Lake* zurück nach *Toronto*. Eine letzte kleine Rundreise also. Die meisten Unterkünfte haben wir schon über booking.com und AirBnB vorreserviert, da auch hier in Kanada gerade Schulferien sind und die *Great Lakes* bei den Kanadiern als Urlaubsziel sehr beliebt sind.

Und schon wieder sitzen wir im Auto. Die Musik von »Unter meinem Bett« klingt in unsere Ohren, und irgendwie fühlt es sich sehr vertraut an, wieder on the Road zu sein. Die Kinder singen die eingängigen Liedtexte mit, so gut kennen sie sie inzwischen auswendig. Flo fühlt sich nicht mehr ganz so erschöpft, aber er freut sich schon auf eine Zeit der Ruhe und des Nichtstuns an den Großen Seen. Trotz des gemächlichen Tempos konnten wir in *Toronto* noch nicht wieder ausreichend Energie tanken.

Zwei Stunden fahren wir in Richtung Norden. Dann erreichen wir die *Georgian Bay*, eine kleine Bucht im östlichen Teil des *Lake Huron*, sehr ländlich gelegen und touristisch wohl eher uninteressant. In unsere Unterkunft können wir erst um 17 Uhr einchecken, und bis dahin müssen wir noch etwas Zeit überbrücken. Zum späten Mittagessen suchen wir ein uriges Café in einem verlassen wirkenden Dorf namens *Victoria Harbour* auf. Keine Menschenseele ist auf den Straßen zu sehen. Es wirkt so, als mache das ganze Dorf gerade Mittagschlaf.

Wie sich herausstellt, ist das Café eigentlich ein wunderlicher kleiner Handwerkerladen, der zusätzlich Antiquitäten verkauft und nebenbei Essen und Trinken anbietet. Als wir eintreten, fühlen wir uns wie in eine andere Zeit versetzt. Die antiken Stühle und Tische aus dunklem Holz wirken wie Relikte aus dem vorletzten Jahrhundert. An ihnen sitzen ältere Ehepaare beim Mittagessen oder bereits bei Kaffee und Kuchen und unterhalten sich angeregt. Wir fühlen uns hier ein kleines bisschen fehl am Platz. Eine betagte Dame hört, wie wir auf

Deutsch miteinander reden und spricht uns an. Es entwickelt sich ein sehr nettes Gespräch, und sie erzählt uns, dass sie auch deutsche Vorfahren hat und dass ihre Großeltern während des ersten Weltkrieges nach Kanada geflüchtet sind. Dabei hat sie eine so positive Ausstrahlung, dass es eine wahre Freude ist, sich mit ihr zu unterhalten. Sie ist in Begleitung ihres Mannes hier, und erst später wird uns bewusst, dass er unter einer fortgeschrittenen Demenz-Erkrankung leiden muss. Aber er wirkt genauso gutgelaunt wie seine Frau, nur fragt er uns dreimal, wo wir eigentlich herkommen. Er sei so vergesslich, weil er einen Vitaminmangel habe, erklärt uns die alte Dame.

"I give him an injection of vitamin B12 every morning, and he feels better afterwards", erklärt sie uns mit flötender Stimme.

Dann fragt sie, warum wir aus Deutschland ausgerechnet in dieser Gegend Kanadas Urlaub machen, denn es kommen nicht viele internationale Touristen in dieses Dorf. Wir überlegen, wie wir ihr das erklären können, ohne zu weit ausholen zu müssen.

„We just want to relax here in this beautiful area", sagt Flo dann.

Vermutlich hätte es uns gar nicht hierher verschlagen, wenn wir nicht so viel Zeit in Kanada eingeplant hätten und wenn es nicht das Ende unserer großen Reise gewesen wäre. Abenteuer haben wir jetzt genug erlebt, was wir jetzt brauchen ist Langeweile, etwas Unaufgeregtes ohne große Attraktionen. Wir sehnen uns nach Zeit zum Runterfahren und Abschalten. Eine knappe Woche am Stück werden wir hier in der *Georgian Bay* in ein und derselben Unterkunft wohnen, in einem kleinen, abgelegenen Häuschen mit Garten. Und wir werden uns nichts vornehmen. Keine Sehenswürdigkeiten; kein täglicher Check-Out um 10 Uhr; kein Termin, um den Bus oder den Flieger zu erwischen; kein Suchen nach einem Restaurant, in dem wir alle etwas finden, das uns schmeckt. Durchatmen, lange ausschlafen oder einfach nur in der Sonne sitzen und lesen. Drei Wochen haben wir noch vor uns, dann ist unsere große Reise zu Ende und wir werden über New York den Rückweg nach Deutschland antreten.

Nach einem Großeinkauf im örtlichen Supermarkt stehen wir pünktlich zur Check-in-Zeit vor dem Häuschen in der Nähe des kleinen Orts *Port McNicoll*. Es liegt tatsächlich so weit außerhalb des Dorfes, dass wir auch gar nicht in Versuchung geraten, irgendetwas zu unternehmen. Morgens schlafen wir lange und hören beim Aufwachen die Vögel zwitschern. Abends kochen wir endlich mal wieder selber, was alle, genau wie damals auf *Hawaii*, sehr fröhlich stimmt.

Danach versuche ich den Kindern Rommee beizubringen, oder wir gucken seit Langem mal wieder einen Film auf Netflix. Nur einmal machen wir einen kleinen Ausflug zum Waschsalon und zum Supermarkt.

Freddi hat nun endlich Zeit und Muße, die letzten Flüge in seinem Flugtagebuch nachzutragen. Die alten Boarding-Pässe hat er aufgehoben, und jetzt sitzt er am Tisch und versucht zu rekapitulieren, wann wir wohin geflogen sind, wie lange es gedauert hat, wie die Fluggesellschaft hieß und ob es Turbulenzen gab. Erstaunlicherweise ist bisher immer alles reibungslos gelaufen, wir hatten keine Flugausfälle, kaum Verspätungen, und es gab keine nennenswerten Turbulenzen. Das Gepäck kam immer an. Am nervigsten waren die Schlangen bei den Autovermietungen, wo wir manchmal bis zu zwei Stunden warten mussten.

Doch trotz der selbst verordneten Langeweile fällt es uns schwer abzuschalten, denn unser Vorhaben, hier in dem schönen Häuschen mit Garten einfach mal nichts zu tun, erweist sich als herausfordernder als gedacht. Wir stehen noch unter Adrenalin und können uns nur schwer auf Muße und Stillstand einlassen. Das merke ich an den kleinen Streitereien zwischen den Kindern, die im Untergrund wieder zu brodeln beginnen. Und auch an meinen Gedanken, die immer wieder darum kreisen, was ich als Nächstes tun könnte. Vielleicht haben wir die körperliche und emotionale Anstrengung unterschätzt, die es mit sich bringt, neue Orte zu erkunden und neue Erfahrungen zu machen. Wahrscheinlich braucht es jetzt einfach sehr viel Zeit, sich treiben zu lassen und sich nicht ständig selbst unter Druck zu setzen. Um die Ruhe endlich bewusst genießen zu können.

Wenigstens körperlich fühlen wir uns gut erholt, als wir nach sechs Nächten wieder aufbrechen und am *Lake Huron* entlang zu unserer nächsten Unterkunft fahren. Einer recht bescheidenen Finnhütte mitten im Wald bei *Tobermory* auf der *Bruce Peninsula*. Das abgelegene Waldgrundstück endet direkt am *Lake Huron*, in den wir über ein spitzes Steinplateau ins Wasser hineinwaten können. Am Abend entspannen wir uns am Lagerfeuer vor unserer Hütte, bis die Mücken kommen und uns ins Haus treiben. Während wir dort am Feuer sitzen kommt ein Fuchs vorbei, schaut uns an und läuft dann schnurstracks, aber ohne Eile weiter und verschwindet im Wald. Momentan ist es erlaubt, hier ein Feuer anzuzünden, denn die Waldbrände wüten woanders. Freddi wünscht sich Stockbrot, so wie er es von Klassenfahrten kennt, und ich google das Rezept und versuche mit der Einheit „Cup" klarzukommen, die hier als Volumenmaßeinheit beim Kochen sehr verbreitet ist. Ein paarmal besteht unser Abendessen jetzt aus Stockbrot mit Salami oder Käse. Auch ganz lecker.

Flo und ich sehnen uns inzwischen wieder nach ein bisschen mehr Action und Bewegung, aber die Kinder weigern sich.

„Wir haben keine Lust mehr auf Ausflüge, und auf lange Wanderungen sowieso nicht", sagen sie unisono, und so einig sind sie sich selten.

Jeder von uns scheint eine andere Vorstellung davon zu haben, wie wir unsere restliche Zeit hier verbringen wollen. Die Kinder wollen sich nur auf dem Grundstück oder im Haus herumtreiben und fragen ständig, ob sie die Handys haben dürfen. Vermutlich würden sie den ganzen Tag vor den Bildschirmen hängen, wenn wir sie lassen würden. Nur mit vielen Diskussionen, Geduld und Kompromissbereitschaft gelingt es uns, auf einen gemeinsamen Nenner – oder eher auf eine Mischung aus allem – zu kommen. Ich finde es sehr interessant, dass solche Konflikte oft in Momenten der Ruhe entstehen. Wahrscheinlich ist jetzt wirklich bald die Zeit gekommen, in der jeder von uns seinen eigenen Weg gehen muss, um wieder seinen eigenen Bedürfnissen zu folgen und zu sich selbst zu finden.

Trotzdem fahren wir an einem der Tage mit dem Auto zu einem Strand im Nationalpark, dem *Singing Sands Beach*. Zum Glück ergattern wir noch einen freien Parkplatz, denn es ist hier sehr voll und viel touristischer als in der Gegend um die *Georgian Bay*. Leider haben wir nicht damit gerechnet, dass man für den Parkplatz bezahlen muss, das Portemonnaie mit Geld und Kreditkarte haben wir in der Hütte gelassen. Was nun? Flo fragt einen anderen Besucher, ob er PayPal hat und wir ihm Geld schicken können, damit er unser Parkticket bezahlt. Das kostet umgerechnet 12 Euro. Kurzerhand zückt der freundliche Kanadier seine Karte und bezahlt für uns. Als wir ihn nach seinen Kontaktdaten fragen, sagt er: „It's fine, sometimes it happens to me too". Selbst die sechs Dollar, die ich noch in bar in meiner Strandtasche finde, will er nicht annehmen. Was für eine unglaubliche Freundlichkeit und Hilfsbereitschaft. Ich kann mir nicht vorstellen, dass es in Deutschland auch so gelaufen wäre.

Die Tage am Lake Huron vergehen schnell. Uns ist bewusst, dass unsere große Reise bald zu Ende geht. Aber noch möchte niemand darüber reden. Wir vermeiden das Thema einfach. Stattdessen geht es weitere 200 km an der Seeküste entlang. Auf der Weltkarte hat der See dieselbe Größe wie die Insel Sardinien. Kaum vorstellbar. Er wirkt eher wie ein Meer, das Wasser ist so klar und blau, es gibt Sandstrände und sogar Ebbe und Flut. Nur der salzige Geschmack fehlt. Am Seeufer in dem kleinen Städtchen *Grand Bend* verläuft ein sehr großer und breiter Sandstrand, der selbst an einem helllichten Montagnachmittag von unzähligen Badegästen bevölkert ist. Das ganze Ambiente erinnert mich stark an Strände, wie man sie am Mittelmeer vermuten würde. Hier zeigt sich auch, wie rau und stürmisch dieser See sein kann. Die Wellen sind so hoch wie im Meer und haben eine ordentliche Kraft. Leider ist das Wasser am Ufer stark mit Sand und Steinen durchsetzt, aber das stört die Kinder nicht. Sie quietschen vor lauter Aufregung über die hohen Wellen und sind wie immer sofort im Wasser.

Kanadisches Leben

29. Juli in Kanada . 23 °C

Ein paar Tage verbringen wir in der Gegend um *Grand Bend* und lassen es uns in der großen Ferienwohnung mit gut gemähter Rasenfläche, Hottub und riesigem Grill gut gehen. Der Kanadier an sich scheint ein echter Grillfanatiker zu sein, denn auf der Terrasse unserer Unterkunft stehen gleich zwei der monströsen Exemplare. Und zu jedem ordentlichen kanadischen Kühlschrank scheint auch eine integrierte Eiswürfel-Maschine zu gehören, denn schon in anderen Unterkünften konnten wir diesem Luxus frönen. An unserem jetzigen Kühlschrank ist diese Funktion kaputt. Aber unser Gastgeber hat zuvorkommenderweise einen separaten Eiswürfelbereiter direkt neben den Kühlschrank gestellt. Tag und Nacht werden darin frische Eiswürfel produziert. Manchmal hören wir es ploppen und erschrecken uns, weil wir denken, es gehen Einbrecher in der Wohnung herum. Uns wird klar: Eiswürfel gehören in Kanada dazu.

Ebenso der Hottub, ein kleiner Außenpool, der rund um die Uhr bei 38-40 °C warmgehalten wird. Diese heißen Pools sind in Kanada weit verbreitet und werden gerne als Ort des Zusammenkommens für Freunde und Familie genutzt, um sich zu entspannen und Zeit miteinander zu verbringen. Flo erzählt, dass er während seines Auslandsaufenthalts in *Calgary* oft mit einer ganzen Gruppe von Studenten im Hottub saß, während sie Bier tranken und sich unterhielten.

Außerdem fällt uns auf, dass jedes Grundstück einen perfekt getrimmten Rasen vor dem Haus hat. Manchmal sehen wir den Hausbesitzer oder den Gartenpfleger mit einem traktorähnlichen, benzinbetriebenen Fahrzeug über den Rasen fahren. Zufällig belauschen wir an einem Nachmittag ein Gespräch zwischen zwei Nachbarn. Beide sind sich einig bei den Worten: „It's always good to have the grass done." Flo und ich müssen schmunzeln, als wir das hören.

Ein Energieproblem wie in Europa scheint es in Kanada (noch) nicht zu geben. Die Ölindustrie ist hier nach wie vor sehr stark vertreten und bringt den Reichtum in das Land. Auf unserer Fahrt durch die weiten Ebenen haben wir immer wieder Ölraffinerien gesehen, die in die Landschaft hinein gebaut wurden. Anzeichen für die Nutzung erneuerbarer Energien haben wir jedoch nicht so viele entdecken können. Am Ufer des *Lake Huron* haben wir vereinzelt Windräder stehen sehen. Solarfelder oder Solarzellen auf Hausdächern sind uns so gut wie gar nicht aufgefallen. Dafür unzählige große Fahrzeuge wie SUVs, Trucks und Pickups, die natürlich alle mit Benzin oder Diesel betrieben werden. Offenbar ist Öl hier noch nicht so knapp oder finanziell noch so erschwinglich, dass man sich nicht allzu viele Gedanken über das Energiesparen macht.

Dazu passt auch die Szenerie, die uns bei unserem nächsten Stop am *Lake Erie* erwartet. Entlang des langen Strandes reihen sich mehrere Wochenendhütten aneinander. Eine davon haben wir über AirBnB gemietet. Es ist ruhig und beschaulich, nur die kleinen Wellen des Sees plätschern vor sich hin. Ein leichter Windhauch fährt durch die Blätter der Birken, die am Ufer stehen. Wir fühlen uns wie an einem Ferienort, an dem die Menschen ihren Alltagsstress vergessen und ihre Freizeit genießen. Die Bewohner sitzen gemütlich vor ihren Häusern am Strand und entspannen sich in der Sonne. Als wir auf unserem Strandspaziergang an ihnen vorbeikommen, werden wir von allen freundlich begrüßt, so als ob wir schon immer dazugehören würden. Vor fast jedem Haus steht ein Boot und ein Traktor, und wir wundern uns schon, wofür eigentlich die Traktoren da sind. Doch dann sehen wir, wie sie zum Einsatz kommen. Plötzlich ist es gar nicht mehr ruhig und beschaulich. Wir hören Motoren aufheulen und Kinder vor Freude jauchzen. Motorboote und Jetskis werden auf Anhängern von den Traktoren ins seichte Wasser gezogen. Unter lautem Getöse rasen die Boote los und ziehen Kinder und Jugendliche auf Luftmatratzen oder Wasserskiern hinter sich her. Aber nicht nur die Kinder, auch die Erwachsenen haben ihren Spaß in den Rennbooten, sie johlen und feuern sich gegenseitig an, schneller zu fahren. Freddi und Merlin schauen sich die Show mit glänzenden Augen vom Ufer aus an. Sie würden bestimmt auch gerne dort draußen auf den Luftmatratzen sitzen und sich durchs Wasser schleudern lassen. Anscheinend haben die Kanadier eine Vorliebe für motorisierte Fortbewegung, sowohl zu Wasser als auch zu Lande.

Zu Hause rückt näher

8. August in Kanada . 26 °C

Unsere große Reise neigt sich langsam aber sicher dem Ende zu. Und inzwischen sind wir immer öfter mit den Gedanken zu Hause und bei den Dingen, die nach unserer Rückkehr auf uns zukommen. Es wird langsam Zeit, Abschied zu nehmen von der Auszeit mit der Familie. Etwas Wehmut macht sich bei mir breit, aber auch Vorfreude auf zu Hause, das Altbekannte. Das geht nicht nur mir so, alle vier sind wir voller Erwartung, die Heimat wiederzusehen. Als ich die Kinder frage, worauf sie sich am meisten freuen, sagen sie wie aus einem Mund: „Auf mein Zimmer und die Spielsachen. Und auf meine Freunde in Berlin."

Merlin freut sich darauf, dass er bald Vorschüler sein wird. Flo und ich freuen uns auf einen geregelten Alltag und dass jeder endlich mal wieder Zeit für sich alleine hat. Flo hat sich vorgenommen, gesünder zu leben und mehr Sport zu treiben. Schon während der Reise war er sehr motiviert und hat seine Übungen konsequent durchgezogen. Ich hoffe, dass er das auch zu Hause schafft und mich vielleicht ein bisschen mitreißt. Ich freue mich, dass das Nomadenleben bald ein Ende hat und ich nicht alle paar Tage wieder alles neu zusammenpacken muss. Und es wird sehr erholsam sein, wieder im eigenen Bett zu schlafen.

Und natürlich freuen wir uns auf die Menschen, die zu Hause auf uns warten. Flo und ich haben viel darüber gesprochen, ob wir nach der Reise in unserem Leben etwas verändern wollen. Denn natürlich hatten wir währenddessen viel Zeit und Muße, über einige Dinge nachzudenken. Interessanterweise gab es gar keine bedeutenden Erkenntnisse, wir sind im Großen und Ganzen zufrieden mit unserem Leben in Berlin. Ich fände es schön, wenn uns der Alltag nicht so schnell einholen würde, wenn wir entspannter auf Stress reagieren und mehr Zeit auf Augenhöhe mit den Kindern verbringen könnten. Außerdem sind wir uns einig, dass für uns Familie und Freundschaften zu den wichtigsten Dingen im Leben gehören. Vor allem langjährige Freundschaften, die uns schon einen großen Teil unseres bisherigen Lebens begleitet haben. Wir haben uns vorgenommen, diese bewusst wieder mehr zu pflegen, auch wenn viele dieser Freunde nicht in Berlin leben. Jedes Mal, wenn wir auf der Reise vertraute

Menschen getroffen haben, die wir lange nicht gesehen hatten, haben wir uns sehr über das Wiedersehen gefreut.

Zudem haben wir überlegt, wie wir es schaffen können, immer wieder längere Auszeiten in unseren Alltag einzubauen. Aber eine gute Lösung ist uns nicht eingefallen. Vielleicht könnten wir noch einmal für ein Jahr ins englischsprachige Ausland gehen, wenn die Kinder etwas größer sind? Dann aber nur an einen Ort, damit die Kinder dort zur Schule gehen und perfekt Englisch lernen können? Denn eines ist uns auf dieser Reise ganz klar geworden: Englisch zu verstehen und zu sprechen ist enorm wichtig, wenn man Teil der Weltgesellschaft sein möchte.

Genug der Gedanken an zu Hause, unsere Reise ist noch nicht zu Ende, und jetzt genießen wir noch die allerletzte Woche. Zwei Tage verbringen wir in der Nähe von *Alliston*. Die Kinder sind inzwischen wieder für gewisse Abenteuer zu haben, also unternehmen wir noch einen Ausflug an einen weiteren (den letzten) See, den *Lake Simcoe*. Es ist ein sehr heißer Tag. Am Ufer des Sees ist eine riesige schwimmende Wasserhüpflandschaft aufgebaut, und die Kinder flehen uns an, dort hinaufklettern zu dürfen. Aber das Event kostet Eintritt und leider hätte man es online vorbuchen müssen, denn die Tickets für heute sind schon ausverkauft. Als die Mitarbeiterin merkt, dass wir aus dem Ausland kommen und nur heute hier sind, überzeugt sie ihren Chef, dass wir ausnahmsweise noch Tickets bekommen. Das ist mal wieder mehr als freundlich, und die Kinder werden ganz hibbelig, als sie mitbekommen, dass es doch noch klappt.

Sie überreden mich, mit auf die schwimmende höchst wackelige Aufblasgeschichte zu klettern, und haben einen Riesenspaß dabei. Es ist erstaunlich anstrengend darauf zu herumzulaufen ohne herunterzufallen, geschweige denn die schwierigen Hindernisse zu bestehen, ohne darauf auszurutschen. Es wabbelt gefährlich unter den Füßen und das Gummi ist so glitschig, dass ich gleich zu Beginn mehrmals ins Wasser plumpse. Freddi und Merlin hingegen meistern die Herausforderung glamourös. Aber ich bin nach einer halben Stunde völlig erschöpft und habe morgen bestimmt einen ordentlichen Muskelkater. Danach ist Flo dran, und er muss das Ganze eineinhalb Stunden durchhalten. Trotz zwei Stunden Muskeltrainings sind die Kinder am Abend leider kein bisschen müde. Ich verstehe das nicht. Es gab bereits mehrere Abende, an denen wir Eltern früher eingeschlafen sind als die Kinder. Ich weiß nicht, wie das gehen soll, wenn die Schule wieder anfängt.

An unserem letzten Tag in Kanada unternehmen wir, wie es sich für einen guten Kanada-Abschluss gehört, noch einmal eine kleine Wanderung im *Mono Cliff Provincial Park*. Die Umgebung ist bei weitem nicht so spektakulär wie bei unseren vorherigen Ausflügen in die Natur. Aber inzwischen haben wir alle wieder Spaß daran, uns ein letztes Mal in der wunderschönen Landschaft Kanadas zu bewegen. Das werden wir in Deutschland wahrscheinlich sehr vermissen. Und im Anschluss an diese letzte Wanderung empfinde ich – genau wie am Ende unserer Reise durch Neuseeland – eine gewisse Wehmut und Traurigkeit. Die Momente in der Natur werden mir sehr fehlen. Ich merke immer deutlicher, wie gut es mir tut, Zeit im Freien, im Grünen zu verbringen. Wenigen Menschen zu begegnen. Dadurch komme ich mehr zur Ruhe und zu mir selbst. Auch bei den Kindern spüre ich immer wieder, wie zufrieden und glücklich sie sind, wenn sie sich in der Natur aufhalten können.

Ich frage mich, ob wir uns in Berlin wieder so ohne weiteres an das Großstadtleben gewöhnen können. Dort werden wir wieder viel mehr Menschen begegnen. Und um ins Grüne zu gelangen, müssen wir eine ganze Stunde aus der Stadt hinausfahren. Im Alltag ist das unrealistisch.

Unterwegs im Bärenland

Schnee im Mount Revelstoke Nationalpark

Motel in Kamloops

Mühevolle Mathematik-Sessions im Motel

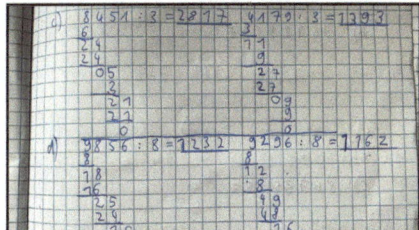

Schriftliches Dividieren

Peaceful Pond in der Nähe des Emerald Lake

Zweiter Aussichtspunkt am Peyto Lake

Lake Louise

Takakkaw Falls - Brachiale Naturgewalt   Hohe Waldbrandgefahr   Lieblingsfrühstücksladen

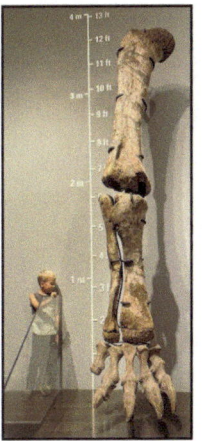

Dino-Museum   Atmosphäre auf der Calgary Stampede während der Parade

Legospiel im Haus von Natalie   Koffer packen für die Weiterreise

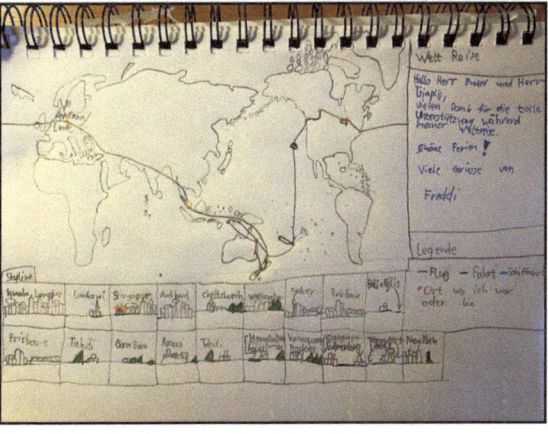

Befreiung von den Schulheften   Freddis Dankeschön an seine beiden Lehrer

Stockbrot in Tobermory

Freddi füllt sein Reisetagebuch

Brandung am Lake Huron

Motorboote werden in den Lake Erie gefahren

Letzte Wanderung in Kanadas Naturlandschaften im Mono Cliff Provincial Park

New York City

11. August in den USA . 30 °C

Wir erreichen das allerletzte Ziel unserer großen Reise: *New York* – die Stadt, die niemals schläft. Genauso ist es. Als wir vom Flughafen aus in die Metropole hineinfahren, drückt sich Freddi schon die Nase am Fenster platt. Er freut sich riesig über die vielen Hochhäuser, die er fast alle mit Namen aus seinem Computerspiel »Designer City« auswendig kennt.

Nach dem Check-in machen wir uns in der Abenddämmerung gleich noch auf den Weg zum *Times Square*, den wir fußläufig vom Hotel aus erreichen können. Die Gegend ist sehr bunt und vielfältig, sowohl was die Farben der Gebäude als auch die Mischung der Menschen betrifft. Die riesigen Werbetafeln blinken und leuchten und ziehen die Aufmerksamkeit in jede Richtung. Überall sind Imbissbuden oder Essensstände zu sehen, an denen sich die Menschen ihr Essen to Go holen. Sie tragen ihre Tüten und Plastikschachteln durch die Menge, essen im Gehen oder setzen sich auf eine der vielen Bänke. Doch die glänzende Fassade des *Times Square* steht in scharfem Kontrast zu den alltäglichen Kämpfen der weniger Glücklichen. Wir sehen einige Drogenabhängige, die abgemagert und mit leerem Blick dasitzen, als hätten sie den Kontakt zur Außenwelt verloren. Freddi und Merlin sind irritiert, als wir an einem Mann vorbeikommen, der zusammengesunken an einer Hauswand auf dem Bürgersteig sitzt und abwesend wirkt.

„Mama, was ist mit dem Mann passiert?", fragt Freddi, und das Zittern in seiner Stimme zeigt mir, wie betroffen er ist. Ich erkläre ihm, dass der Mann wohl zu viele Drogen konsumiert hat und deshalb nicht mehr in der Lage ist, sich fortzubewegen. Daraufhin tritt Freddi einen Schritt zurück, fixiert den Mann aus den Augenwinkeln, packt mich am Ärmel und zieht mich mit voller Kraft weiter. Er hat Angst und will weg von hier, der Anblick des Mannes scheint ihn zutiefst verunsichert zu haben. In Berlin hat er wohl – zum Glück – bisher noch nie jemanden in so einem Zustand gesehen.

Als wir später auf einer Bank in der Nähe des *Times Square* sitzen, sehen wir weitere Menschen, die nur dasitzen, den Kopf gesenkt, die Augen halb geschlossen. Einer von ihnen ist von seinem Stuhl heruntergekippt und liegt jetzt auf dem Boden. Daraufhin kommen zwei Polizisten, die ihm helfen, sich wieder richtig hinzusetzen. Danach gehen sie einfach weiter.

Dieser Teil von *New York*, wirkt auf uns weit aggressiver als andere Großstadtzentren, überall hören wir laute Bässe wummern, gemischt mit Polizeisirenen. Wir müssen uns erst an diese Atmosphäre gewöhnen, möglicherweise wirkt es aber auch nur abends so befremdlich.

Am nächsten Tag bekommen wir Besuch. Flos langjähriger Freund Wolfgang kommt mit seiner Familie nach *New York*. Seit über fünf Jahren haben wir uns nicht gesehen. Wolfgang stammt ursprünglich auch aus Deutschland. Er und Flo kennen sich vom Studium in Stuttgart, und inzwischen wohnt Wolfgang mit seiner amerikanischen Frau und seinen beiden Kindern zwei Stunden entfernt von *New York City*. Seine Kinder sind neun und sechs Jahre alt und waren auch noch nie in der großen Stadt. Nach einem stärkenden Brunch im Hotel leihen wir uns Fahrräder aus und fahren quer durch den riesengroßen *Central Park*. Mit Kindern erscheint uns das in so einer großen wuseligen Stadt die beste Aktivität zu sein. Merlin hat es schwer mit dem Fahrradfahren, weil er das Rad nicht gewohnt ist und lange nicht gefahren ist. Außerdem ist er aufgeregt, dass er heute andere Kinder kennenlernt und kann sich beim Fahrradfahren nicht gut konzentrieren. Auf halbem Weg stürzt er und schlägt sich das Knie blutig. Er jault vor Schmerz und lässt sich schwer beruhigen. Und dann habe ich noch nicht mal ein Pflaster dabei. Aber Farren, die Mama der anderen Kids, hat zum Glück eines. Trotzdem möchte Merlin jetzt gar nicht mehr aufsteigen. Das Fahrradfahren lassen wir erstmal sein, vielleicht war das doch nicht so eine gute Idee.

Den Rest des Tages verbringen wir einfach auf mehreren Spielplätzen, die es im *Central Park* gibt. Hier können sich die Kinder endlich miteinander bekannt machen. Ganz schnell freunden sie sich an und beginnen, sich zu unterhalten. Unsere Kinder fragen etwas auf Deutsch und bekommen dann die Antwort auf Englisch. Da Wolfgangs Kinder Deutsch verstehen, aber nicht gut sprechen können, ist es hier umgekehrt: Sie fragen auf Englisch und bekommen die Antwort auf Deutsch. Es ist sehr amüsant, ihnen beim Kommunizieren zuzuhören. Zu viert machen sie den riesigen Spielplatz am Eingang des *Central Parks* unsicher und trauen sich ohne Eltern ein Eis für jeden kaufen zu gehen. Währenddessen haben wir Erwachsenen viel Zeit, uns auszutauschen.

Von Wolfgang erfahren wir, dass Großstädte in den USA zurzeit mit einer schweren Herausforderung zu kämpfen haben. Eine Droge namens »Xylazin« ist auf dem Vormarsch, bei der es sich eigentlich um ein Narkosemittel für tierärztliche Eingriffe handelt. Gemischt mit anderen Opioiden wie »Fentanyl« verstärkt »Xylazin« den Drogenrausch, was schnell zu einer Abhängigkeit führen kann. Die Droge wirkt stark sedierend und führt zu Benommenheit, Schläfrigkeit und sogar Bewusstlosigkeit. Wolfgang berichtet, dass in den USA jeder jemanden kennt, der von dieser Substanz abhängig geworden oder sogar an einer Überdosis gestorben ist. Ich finde das schockierend und kann Wolfgangs Besorgnis gut verstehen. Wer Kinder hat, schaut nochmal ganz anders auf solche Themen. Außerdem wurde im Bundesstaat *New York* im Jahr 2021 Cannabis legalisiert. Ebenso in Kanada. Auf unserer Reise haben wir in der Tat oft ungewollt den süßlichen Duft in der Nase gehabt, und auch hier in *New York* riecht man es an jeder Ecke. Für uns ist das noch ganz ungewohnt, denn in Deutschland ist das Konsumieren von Cannabis zum Zeitpunkt unserer Reise noch illegal, während der öffentliche Konsum von Alkohol ganz legal ist. Zwischen uns Erwachsenen entfacht sich eine interessante Diskussion um dieses Thema, während die Kinder auf dem Spielplatz nebenan in aller Seelenruhe Verstecken spielen. Als die Familie am Abend wieder in Richtung Heimat aufbricht, ist der Abschiedsschmerz groß, besonders unter den Kindern.

Die folgenden Tage verbringen wir mit diversen touristischen Aktivitäten, wie zum Beispiel einer Bootsfahrt um *Manhattan*, dem Besuch des *Intrepid Sea, Air & Space Museums* und des *Empire State Buildings*. Die Tage sind unglaublich heiß, um die 30 °C. Mit der U-Bahn fahren wir zum *One World Trade Center* und zum *Ground Zero*, welcher inzwischen zu zwei großen Wasserbecken umgestaltet wurde, an genau dem Platz, an dem zuvor die beiden Türme standen. Auf dem Rand der Becken sind die Namen der Verstorbenen eingraviert. Weiße Rosen wurden von Touristen oder von trauernden Menschen dort hingelegt. Es ist ziemlich ergreifend. Die Kinder stellen viele Fragen, die Flo und ich so gut es geht zu beantworten versuchen.

Danach fahren wir zurück ins Hotel, wo wir den Rest des Tages einfach nur lesend, Hörspiel hörend und Minecraft zockend im Bett verbringen. Zum ersten Mal merken wir so richtig deutlich, wie erschöpft wir eigentlich sind von dem Acht-Monate-Unterwegssein und dem 24-Stunden-zu-viert-Aufeinanderhängen. Niemand will mehr vor die Tür gehen, jeder macht lieber etwas für sich allein, und selbst die Kinder haben keine Energie mehr, auf sich aufmerksam zu machen.

Natürlich ist *New York* auch nicht die entspannteste Stadt (und mit Kindern noch viel weniger), aber dass unser Energielevel nun so tief sinken würde, hätte selbst ich nicht gedacht. Das hat sicher auch psychologische Gründe, da das Ende der Reise nun immer näher rückt. Zeit für die Heimkehr.

Ich hoffe stark, dass zu Hause nicht gleich wieder so viel auf uns einprasselt, denn ich habe das Gefühl, wir müssen uns erst einmal richtig gut ausruhen. Die Auszeit mit der Familie hat uns doch mehr geschlaucht als uns lieb war. Sogar in den selbstgesetzten Pausen fiel es uns schwer, wirklich abzuschalten. Stattdessen waren wir ständig in Bewegung, organisierten den nächsten Tag, sorgten dafür, dass alles reibungslos ablief, und versuchten gleichzeitig, uns allen gerecht zu werden. Bevor Schule, Kita und Arbeit wieder losgehen, werden wir noch zehn freie Tage zu Hause haben, und ich hoffe, wir können es schaffen in dieser Zeit auch mal nichts zu tun.

Den letzten Tag unserer großen Reise starten wir mit einem Frühstück in einem Café um die Ecke. Und wieder fällt uns auf, wie viel Einwegplastik in Nordamerika verwendet wird. Es gibt einfach keine normalen abwaschbaren Teller, Besteck, Gläser oder Tassen, weder in Fastfood-Diners (von denen es in *New York* viele gibt) noch in Kiosken oder Cafés mit Sitzplätzen. Alles nur zum einmaligen Gebrauch, um dann in riesige Mülleimer geworfen zu werden, oft nicht einmal getrennt von den Essensresten. Selbst in gehobenen Restaurants bekommt man für das Wasser Einweg-Plastikbecher. In Kanada ist uns das auch schon aufgefallen, aber hier in den USA kommt es uns noch gravierender vor. Uns frustriert es jedes Mal, das zu sehen und die Plastiksachen benutzen zu müssen. Und wir vermeiden es, weiter darüber nachzudenken, denn jedesmal, wenn wir es doch tun, steigt in uns eine Welle der Enttäuschung und Wut auf. Angesichts unserer Erfahrungen in Indonesien, wo Plastikabfälle Strände und Meere verschmutzen und erheblichen Schaden an Umwelt und Tierwelt anrichten, fragen wir uns immer wieder, wie lange wir Menschen dem noch tatenlos zusehen wollen.

Der letzte Tag in *New York* ist zugleich unser Rückreisetag, aber der Flug geht erst kurz vor Mitternacht. Freddi und ich nutzen die Gelegenheit, um uns die Ausstellung im *MoMA* anzuschauen, während Flo mit Merlin nochmal in den *Central Park* auf den Spielplatz geht. Zu meiner Überraschung scheint Freddi richtig interessiert an der modernen Kunst zu sein. Zwei Stunden verbringen wir hier, vertieft in Gespräche und Betrachtungen. Wir sprechen über Kunst und was

Kunst alles sein kann. Als wir weiter durch die Galerie schlendern bleibt Freddi plötzlich vor einem Bild stehen. ‚The Olive Trees' von Vincent van Gogh.

„Das gefällt mir wirklich gut", sagt er mit leuchtenden Augen. Ich muss zugeben, ich bin beeindruckt von seiner Wahl.

„Das ist ja interessant, Freddi! Was gefällt dir daran besonders?"

Er betrachtet das Bild genauer.

„Ich mag die Farben und wie lebendig alles wirkt. Es fühlt sich so an, als wäre ich selbst dort in dem Olivenwald."

Schön gesagt, denke ich. Und ich freue mich darüber, dass mein Zehnjähriger so viel Freude an einer Kunstausstellung hat.

Später treffen wir uns mit Flo und Merlin wieder im *Central Park* und verbringen dort den Rest des Tages, bevor wir uns zum Flughafen aufmachen. Während der Fahrt sind die Kinder kaum zu bändigen. Sie sitzen aufgeregt auf ihren Plätzen, ihre Blicke ständig aus dem Fenster gerichtet, als wollten sie sich die letzten Eindrücke der Metropole einprägen. Ihre Stimmen überschlagen sich vor Freude, während sie lautstark darüber diskutieren, was sie zu Hause als Erstes tun werden.

„Ich kann es kaum erwarten, mein Erdmännchen und die anderen Kuscheltiere wiederzusehen", ruft Merlin. „Endlich geht es zurück nach Berlin!"

Gefährliche Gegend um den Time Square

Die Kids genießen den Central Park

Erschöpft

Bootstour um Manhattan

Die Kinder haben viele Fragen am Ground Zero

Van Goghs »Olive Trees«

Das letzte Foto der Reise

Happy End

Plötzlich geht es ganz schnell. Einsteigen in den Flieger, über Nacht acht Stunden fliegen, Aussteigen aus dem Flieger. Heimatboden betreten. Ab durch die Passkontrolle (als Deutscher Bürger geht es sehr schnell, zack, zack). Gepäck am Gepäckband aufsammeln, selbstbewusst an den Männern vom Zoll vorbei, raus aus dem Flughafen.

Unsere Reise ist zu Ende.

Berlin empfängt uns mit gleißendem Sonnenschein. Schöne Stadt, irgendwie. Trotz der Müdigkeit herrscht in uns allen eine große Aufregung, fast wie vor acht Monaten, als wir zu unserer Weltreise aufgebrochen sind. Bald werden wir zu Hause sein. Der Taxifahrer möchte ein Gespräch mit uns anfangen, auf Deutsch. Wie seltsam! Deutschland kam mir während der Reise immer so klein vor, so unbedeutend für die große Welt. Niemand sprach deutsch, fast niemand. Jetzt ist Deutschland auf einmal wieder die Welt für uns.

Unser Fahrer fragt, wo wir im Urlaub waren. Weder Flo noch ich möchten über unsere große Reise reden. Irgendwie ist es noch zu früh, wir haben gerade erst realisiert, dass die Reise zu Ende ist. Und damit die schöne, intensive und erlebnisreiche Zeit, in der wir als Familie viel gelacht aber auch geweint haben – und gelernt haben, als Team zusammenzuspielen.

Und so sitzen wir stumm im Auto, jeder von uns starrt aus dem Fenster hinaus und hängt seinen Gedanken nach.

Würde ich es wieder genauso machen? Ja, auf jeden Fall! Vielleicht im Ablauf etwas anders, weil wir ja aus den Erfahrungen gelernt haben. Wobei wir eigentlich nach drei Monaten schon merkten, dass wir genug Abstand zum Alltag und auch schon so viel erlebt hatten, dass es jetzt nicht „schlimm" wäre, wieder nach Hause zurückzukehren. Zu diesem Zeitpunkt hätte es Merlin jedenfalls schon ausgereicht. Trotzdem bin ich froh, dass wir acht Monate Zeit hatten. Zeit, um

Zusammenhänge zu erkennen. Zeit, um zu lernen, mit Herausforder-ungen umzugehen. Zeit, um noch mehr zusammenzuwachsen. Zeit im Hier und Jetzt.

Der einzige von uns, der am liebsten gleich weitergereist wäre, ist Freddi. Er hätte sich gerne noch Südamerika und Afrika angeschaut. Japan und Mexiko hätte er auch spannend gefunden. Er hatte scheinbar noch nicht genug Abenteuer, aber irgendwas muss er sich ja noch für später aufheben.

Ich glaube, unsere beiden Jungs sind während der Reise einen ganzen Kopf ge-wachsen, und zwar nicht nur in körperlicher, sondern auch in geistiger Hinsicht. Bei Freddi hat uns sehr überrascht, wie gut er mit den vielen Ortswechseln und spontanen Veränderungen klarkam. Bei Merlin war genau das die Heraus-forderung auf der Reise, aber wenn ich mir Freddi so anschaue, habe ich bei Merlin Hoffnung, dass das noch wird. Durch die intensive Familienzeit sind sich die beiden Brüder sehr viel nähergekommen, als es im eng getakteten Alltag in Berlin möglich gewesen wäre. Sie sind toleranter und einfühlsamer geworden, was ihre gegenseitigen Befindlichkeiten und Bedürfnisse betrifft. Ich glaube fest daran, dass sie im späteren Leben immer eine besondere Verbindung zueinander spüren werden, wenn sie sich an unsere große Reise erinnern. Und vielleicht trägt sich dieses Gefühl jetzt auch im Alltag fort und hinterlässt seine Spuren.

Vor dem Thema Schooling auf Reisen hatte ich ehrlich gesagt am meisten Respekt. Aber Freddi hat das im Großen und Ganzen gut und gewissenhaft gemeistert. Natürlich war es oft herausfordernd, und die Geschwindigkeit und die Art des Reisens richtete sich häufig nach dem Schooling. Wir haben die Schulferien noch nie so genossen, wie auf der Reise. Wir mussten uns keinerlei Gedanken darüber machen, wo wir wie viel Raum und Zeit für die Schule einplanen müssen und was der andere Elternteil in der Zwischenzeit mit Merlin macht. Andererseits hat das Selbstbeschulen gar nicht so viel Energie in Anspruch genommen, wie wir ursprünglich gedacht hatten. Trotzdem hat Freddi nun den gesamten Stoff in Mathe, Deutsch, Englisch und Gesellschaftswissenschaften bearbeitet, sodass er jetzt bestimmt gut in die 5. Klasse starten kann. In Mathematik haben wir sogar das Gefühl, dass er durch die 1:1-Beschulung nachhaltiger gelernt hat, als wenn er den Stoff zusammen mit vielen anderen Schülern im Klassenraum gelernt hätte. Wir sind unseren großartigen Klassenlehrern mehr als dankbar für ihre Unterstützung. Die wöchentlichen Aufgaben so schön serviert zu bekommen, in dem Wissen, dass Freddi schulisch keinerlei Nachteile durch die Reise haben wird, war immer ein sehr beruhigendes Gefühl. Und dass Freddi durch das Reisen noch so viel mehr gelernt hat, ist unbestreitbar. Nur lässt es sich leider nicht messen, oder gar in Noten ausdrücken.

Flo und ich haben das ständige Vorausplanen, Recherchieren und Buchen während des ersten Teils der Reise als ziemlich anstrengend empfunden. Wir waren oft schon mit den Gedanken in der Zukunft und konnten den aktuellen Ort manchmal nicht so richtig genießen und wertschätzen. Überaus froh waren wir, als der Plan dann einigermaßen feststand. Das war zu dem Zeitpunkt, als wir auf das Containerschiff gingen. Überhaupt war die Fahrt mit der »Aranui« mehr als außergewöhnlich! Dort hatten wir quasi kein Internet. Es gab also weder die Möglichkeit noch die Verlockung irgendetwas nachzuschauen oder zu recherchieren. Wir kamen uns wirklich vor wie am Ende der Welt. Für die Kinder und uns war die Fahrt zu den *Marquesas* definitiv einer der Höhepunkte der Reise. Sowohl die Art des Reisens als auch die Orte, die wir besuchten, waren einfach so exotisch und belebend anders. Auch die Freundlichkeit der Menschen beeindruckte uns. Auf den *Marquesas* besonders, aber genauso in Indonesien, Hawaii, Kanada und Neuseeland. Die Gastfreundlichkeit und Hilfsbereitschaft, wie wir sie dort erlebt haben, würden wir uns in Deutschland mehr wünschen. Aber in Deutschland sind wir nicht Gast, wir sind Gastgeber. Also lasst uns daran ein Beispiel nehmen!

Ein anderes Highlight war die Tour mit dem Camper durch Neuseeland. Immer wenn ich die Kinder fragte, was sie bisher am besten fanden, kam: „Mit dem Camper in Neuseeland." Besonders die Südinsel war landschaftlich so abwechslungsreich, dass eigentlich jeder Ort dort etwas Besonderes hatte. Und mit der eigenen mobilen Unterkunft waren wir Teil der Natur, wir waren einfach immer direkt mittendrin. Dass es nach fünf Wochen ziemlich eng und ungemütlich wurde, habe ich schon fast wieder verdrängt.

Uns fiel irgendwann auf, dass wir die schönen Orte gar nicht mehr so würdigen konnten, weil wir schon so viele Wochen unterwegs waren und so viele andere schöne Orte gesehen hatten. Das war eine interessante Erkenntnis. Wären wir von Deutschland aus zum Beispiel direkt nach Hawaii geflogen, wäre der Enthusiasmus bestimmt sehr viel größer gewesen. Aber wunderbare Strände und Meer hatten wir vorher schon zur Genüge erlebt. Und auch die Kinder waren am Ende so reizüberflutet, dass sie keine große Begeisterung mehr für noch mehr Attraktionen aufbringen konnten, zum Beispiel für das großartige Dinosaurier-Museum in *Drumheller*.

Gegen Ende der Reise wollte ein Freund von Freddi wissen, in wie vielen Unterkünften wir insgesamt übernachtet haben. Interessante Frage. Also haben wir das mal ausgerechnet: Insgesamt haben wir in den acht Monaten acht Länder bereist und wohnten in genau 50 verschiedenen Unterkünften.

Es waren interessanterweise immer dieselben Themen, die uns auf der Reise beschäftigt haben. Zum einen der Umgang des jeweiligen Landes mit seinen Ureinwohnern und indigenen Völkern. Erschreckt hat uns, wie stark das aufgeschlossene und fortschrittliche Kanada noch in den Kinderschuhen steckt, seine Vergangenheit aufzuarbeiten und die Bevölkerung zu sensibilisieren. Ein weiteres Thema drehte sich um ungeheure Mengen an Wegwerfplastik (vor allem in Kanada und USA) und den Umgang mit Müll (in Indonesien). Wenn man fatalistisch wäre, würde man angesichts dessen tatsächlich den Kopf in den Sand stecken und sich fragen, warum wir uns in Deutschland so viel Mühe geben. Andererseits ist es wichtig, dass wir uns trotzdem dafür entscheiden vorauszumarschieren, denn eines ist sicher: Es kann in Zukunft nicht so weitergehen. Wir müssen einen guten globalen Weg finden, mit dem Müll umzugehen, denn es wird auf jeden Fall mehr Müll geben als weniger. Die Untätigkeit der Industrieländer geht zu Lasten der Zukunft unseres gesamten Planeten.

Auch die Auswirkungen der Klimakrise wurden uns unübersehbar vor Augen geführt. Angefangen in Malaysia, wo die Population der Quallen durch die Erwärmung der Meere massiv zugenommen hat. Dann in Neuseeland das Schmelzen der Gletscher und später die massiven Waldbrände in Kanada. Nach den Erfahrungen in Nordamerika, wo viele motorisierte Fahrzeuge noch mit Öl und Benzin betrieben werden, wurde uns ebenso deutlich, dass Deutschland auch in Sachen Energiewende und Nachhaltigkeit auf einem guten Weg ist. So unzufrieden manche Menschen über die aktuelle Regierung sind, so sehr müssen wir anerkennen, dass es in Deutschland wenigstens langsam aber stetig vorangeht. Zum Beispiel wurden inzwischen neue Gesetze verabschiedet, die private Bürger, aber auch Unternehmer ermutigen und unterstützen, in eigene Solartechnik zu investieren. Nach den Daten der Geschäftsstelle der Arbeitsgruppe AGEE-

Stat am Umweltbundesamt übertraf der Anteil erneuerbarer Energien am Stromverbrauch im Jahr 2023 erstmals die 50-Prozent-Marke.[6] Ein bis dahin noch nie dagewesener Rekord!

Ich bin sehr glücklich und dankbar, dass wir diese wunderbare Reise als Familienauszeit machen konnten. Und auch, dass wir es uns finanziell leisten konnten. Mir ist sehr bewusst, dass nicht viele Menschen die Möglichkeit haben, einen Trip durch die kostenintensiven westlichen Länder zu machen und währenddessen noch nicht einmal arbeiten zu müssen. Andererseits glaube ich, dass vieles in anderer Form möglich ist, auch mit einem kleinen Budget. Man muss sich nur trauen. Einen Zeitpunkt setzen und losfahren. Es geht sogar mit Schulkindern! Und im Rückblick würde ich sogar sagen, dass so eine Langzeitreise vor allem für Schulkinder sinnvoll und von unschätzbarem Wert sein kann.

---

6 https://www.umweltbundesamt.de/themen/erstmals-ueber-die-haelfte-des-stroms-in

Angekommen

15. Dezember in Deutschland . 4 °C

Inzwischen ist es hier kalt und grau, ganz ähnlich wie damals vor unserer Abreise vor fast einem Jahr. Seit unserer Ankunft sind schon über drei Monate vergangen – die berühmten drei Monate – in denen wir uns wieder an das Leben in Berlin gewöhnen konnten. Aber sind wir auch richtig angekommen, haben wir uns wieder eingelebt?

Der Tag unserer Ankunft im August ist mir noch lebhaft in Erinnerung. Kaum hatten die Kinder ihre Schuhe ausgezogen, sausten sie auch schon in ihr Zimmer, um all ihren daheimgebliebenen Kuscheltieren „Hallo" zu sagen. Und dann blieben sie lange verschwunden. Auf unserem Küchentisch lag ein lieber Willkommensbrief von einer befreundeten Familie, die eine Zeitlang in unserer Wohnung gewohnt hatte. Daneben standen leckere Lebensmittel: Nudeln mit der Lieblingstomatensauce der Kinder, die Lieblings-Schokolade von Merlin, das Lieblings-Müsli der Kinder, Freddis Lieblings-Chips und ganz wichtig: Kaffee und Milch. Dazu noch ein üppiger Blumenstrauß und ein schwebender Luftballon mit Willkommensgruß von unseren Nachbarn. Was für ein schöner Empfang!

Als wir im Laufe der nächsten Tage wieder alles aus den Koffern an ihren Platz räumten, fielen Flo und mir die vielen Sachen ins Auge, die sich im Laufe der Jahre in der Wohnung angesammelt hatten. So eklatant war uns noch nie aufgefallen, wie viele (unnütze) Dinge wir eigentlich besitzen. Acht Monate lang haben wir aus drei Koffern gelebt. Das hatte uns doch gereicht. Wozu brauchten wir das ganze Zeug hier? Also fingen wir an, auszumisten. Bücher, die nie gelesen wurden, Küchengeräte, die wir nicht nutzen, Klamotten, die wir nicht mehr anzogen. Alles musste raus, auf Ebay verkauft werden oder an die Straße gestellt werden für „zu verschenken". Das war wirklich eine interessante Nachwehe dieser Reise. Eine andere Folge war unsere extreme Müdigkeit. Abends um 17 Uhr hätte ich ins Bett gehen können, und zwar jeden Tag. Nicht eine Woche, auch nicht zwei. Das Ganze ging einen Monat lang! Genauso fühlten sich auch die anderen drei. Vor allem bei Merlin machte sich die Erschöpfung bemerkbar. Er klagte ständig darüber, dass er müde ist. Das kannten wir so von ihm gar nicht.

Viele Menschen, die wir nach unserer Rückkehr das erste Mal trafen, fragten uns: „Und, wie war es?" Manche fragten auch: „Wie war euer Urlaub?" Ich hatte erst gar keine Antwort auf diese Frage, so in einem oder zwei Sätzen – außer: „Don't call it Urlaub!" Am liebsten hätte ich es gemacht wie Freddi, wenn er gefragt wird, wie die Schule heute war. Er sagt dann immer: „Gut!" Nur hätte ich wahrscheinlich gesagt: „Großartig. Anstrengend! Trotzdem wunderbar." Alles andere kam mir zu ausufernd vor. Wo sollte ich anfangen? Oft erzählte ich dann, wie es Merlin während der Reise gegangen war. Dass er Heimweh hatte. Ich glaube, ich konnte nicht so richtig auf die Frage antworten, weil es mir noch immer unwirklich vorkam, wieder hier zu sein. Ich fing erst ganz langsam an zu realisieren, dass wir jetzt zurück in unserem alten Leben waren, und verarbeitete nur nach und nach, was wir eigentlich alles erlebt hatten.

Viele Freunde und Bekannte erzählten mir, wie schnell die Monate vergangen waren. Schwupps, waren wir schon wieder zurück von der Weltreise. Und tatsächlich kam es uns auch so vor, als sei die Zeit in Berlin stehen geblieben. Nichts war passiert, alles war beim alten. Vielleicht ein paar Baustellen in der Stadt abgebaut oder verschoben, aber sonst alles wie immer. An den Daheimgebliebenen schienen die acht Monate einfach so vorbeigeflutscht zu sein. Für uns hingegen fühlte es sich wie eine sehr lange Zeitspanne an.

Eine weitere Frage war dann: „Wie war das Ankommen wieder für Euch?" Ehrlich gesagt es war einfach. Vielleicht viel zu einfach. Die Kinder wurden wieder ganz unkompliziert in der Gemeinschaft von Kita und Schule aufgenommen, als wären sie nie weg gewesen. Darüber war ich einerseits unglaublich dankbar. Andererseits ging es mir insgesamt zu schnell. Wir waren auf einmal wieder voll drin in der Mühle des Alltags, mit all ihren Pflichten und Terminen. Flo hatte bei der Arbeit einiges zu tun, das aufgelaufen war und dem er sich gerne wieder widmete. Bei mir auf der Arbeit war erstmal Flaute. Es gab wenig zu tun, denn die Jugendämter schickten uns keine Familien. Möglicherweise gab es weniger Geld für die Kinder- und Jugendhilfe, vermutlich musste gespart werden. Die Stimmung war nicht gerade rosig. Ich hatte viel Zeit und fing an, zu schreiben und über unsere Reise nachzudenken. Ich vermisste unser enges Zusammensein. Die Blase, in der wir uns so viele Monate nur zu viert befunden hatten, begann sich aufzulösen. Jeder ging wieder seiner Wege. Das hinterließ ein schmerzhaftes Gefühl in mir.

Und wie ging es den Kindern? Freddi redete noch lange vom Reisen. Wo er überall gerne noch hinreisen würde. Einmal brachte ich ihm ein Magazin von Aldi mit, in dem Pauschalreisen angepriesen wurden, garniert mit schönen Fotos. Er schmökerte sehr ausführlich darin und zeigte uns die Länder, die er gerne bereisen würde. Vor allem die längeren Rundreisen hatten es ihm angetan. Ich sollte ihm auch von Lidl und Rewe solche Hefte mitbringen. In seiner Klasse war er auf einmal einer der Besten in Englisch. Für seinen ersten Englischtest bekam er eine Eins Plus und war stolz wie Bolle. Insgesamt ist er viel selbstsicherer und mutiger geworden. Er geht jetzt mehr auf andere zu und hat seine Schüchternheit weitgehend abgelegt. Andererseits ist es ihm bis heute nicht möglich, bei Freunden zu übernachten. Vor der Reise war das kein ganz so großes Problem gewesen, aber jetzt wollte Freddi auf keinen Fall ohne seine Familie irgendwo über Nacht sein.

Merlin war vom ersten Tag an überglücklich, wieder mit seinen Freunden in der Kita zusammen zu sein. Am liebsten hätte er sich gleich mit jedem verabredet, gerne auch über Nacht. Ich hatte den Eindruck, dass er nicht mehr viel oder bewusst über die Reise nachdachte. Er schmiss sich einfach wieder mit voller Wucht in sein altes Leben, knüpfte direkt da an, wo er aufgehört hatte. Während Freddi auf Reisen beschult wurde, wollte Merlin auch ab und zu Schule machen. Genau wie Freddi. Ich hatte schon geahnt, dass das Auswirkungen haben könnte und war dann froh, als er irgendwann kein Interesse mehr an der Schule zeigte. In der Kita ist ihm die Vorschule nun zu leicht, und während die anderen Kinder noch an den Aufgaben sitzen, ist ihm schnell langweilig. So langweilig, dass seine Erzieherin mich bat, ihm ein Mathe-Arbeitsheft für die erste Klasse zu besorgen, da er die anderen Kinder vor lauter Überdruss bei ihren Aufgaben störte.

Während unserer Auszeit hatten wir fast vergessen, wie sich der Alltag anfühlt. Jetzt ist er wieder voll da, mit seinen alltäglichen Routinen, Pflichten, Gewohnheiten und Interaktionen, die sich im Laufe der Zeit zu einem vertrauten Lebensstil entwickeln. Mit Terminen zum Bringen und Abholen der Kinder, Elternabenden, Entwicklungsgesprächen, Infoabenden für weiterführende Schulen, Einladungen zum Kindergeburtstag, Laternenfest, Weihnachtsfeiern in Schule, Kita und Arbeit, Lernen für Klassenarbeiten, ganz zu schweigen von den Terminen für die eigene Arbeit. Das liegt sicher auch an der hektischen Vorweihnachtszeit. Besinnlichkeit sieht anders aus. Aber man kann den vielen Verpflichtungen nicht entkommen, denke ich. Ich muss damit leben, und die anderen auch. Ich kann nur versuchen, bewusst ganz im Augenblick zu sein.

Den Kindern zuhören und mich in sie einfühlen. Andere Dinge wegschieben, die gerade nicht so wichtig sind. Um zu verstehen, was in meinen Kindern vorgeht, um sie ‚richtig' kennenzulernen, und um sie auf ihrem Weg zu begleiten. Denn jetzt brauchen sie uns als Eltern, jetzt wachsen sie. Wir denken immer, dass wir ihnen all das auch später noch geben können. Aber dann sind sie groß und gehen ihre eigenen Wege. Das habe ich auf unserer Reise gelernt.

Ich weiß also gar nicht, ob ich schon wieder richtig angekommen bin. Die drei Monate zum Ankommen dauern diesmal irgendwie länger. Und an manchen Tagen würde ich am liebsten sofort wieder losreisen! Alle meine drei Jungs einpacken und los geht's. Egal wohin. Hauptsache zusammen und Hauptsache lang.

Dank

An erster Stelle möchte ich mich von Herzen bei Heide Lindemann bedanken. Ohne sie wäre dieses Buch nicht da oder sähe zumindest ganz anders aus. Es hat großen Spaß gemacht, mit ihr daran zu arbeiten und neue Perspektiven einzunehmen. Ich habe unbeschreiblich viel von ihr gelernt. Vielen Dank auch an meine vielen Testleserinnen und Testleser, insbesondere an Franziska Richter, die mir beim Feinschliff und der Fehlerkorrektur sehr geholfen hat. Danke an Karolin Kornelsen, die mir das Programm InDesign zur Verfügung gestellt hat.

Mein größter Dank gilt natürlich meinem Mann Flo, der nicht nur leidenschaftlich gerne mit mir reist, sondern auch immer so hervorragend alles organisiert. Er hat mein Buchprojekt von Anfang an unterstützt und mir in Momenten des Zweifels stets neuen Mut gegeben. Ein mindestens ebenso großes Dankeschön geht an meine Kinder Freddi und Merlin, die alle Strapazen der Reise mit so viel Ausdauer mitgetragen und jede Herausforderung tapfer gemeistert haben. In vielerlei Hinsicht sind sie oft viel mutiger als ich.

Tausend Dank an Freddis beide Klassenlehrer, Herrn Buder und Herrn Tsiaplis, für ihre unermüdliche Unterstützung – das regelmäßige Zusenden der Aufgaben, das Korrigieren und die wertvollen Rückmeldungen. Ebenso möchte ich Frau Wessolowski, der Schulleiterin der Tesla-Schule in Berlin, und Herrn Medrow, dem Grundstufenleiter, herzlich danken. Die Schulbefreiung, die es uns ermöglicht hat, auf diese Reise zu gehen, war das großartigste Geschenk, das uns eine Schule machen konnte.

Außerdem ein riesengroßes Dankeschön an Stützrad gGmbH und an meine Teamleiterin Annett Maskow, die mich für die Zeit der Weltreise sowie für die Zeit des Buchschreibens von der Arbeit freigestellt und unterstützt hat. Und natürlich auch an meine lieben Kolleginnen der Familiengruppe Mara, die mich sowohl während der Reise als auch während des Schreibens regelmäßig vertreten haben.

Ebenfalls ein ganz großes Dankeschön an Flos Geschäftspartner Benjamin Braun und die Mitarbeiter der Space Structures GmbH, die den Betrieb in der langen Zeit ohne zweiten Geschäftsführer am Laufen gehalten haben.

Danke auch an die wunderbaren ErzieherInnen und den Vorstand der Kita Guckloch dafür, dass Merlin nach unserer Rückkehr dort wieder so herzlich aufgenommen wurde. Das war für ihn und für uns eine riesige Erleichterung.

Wir sind außerdem unseren lieben Nachbarn und Freunden sehr dankbar, dass sie in unserer Abwesenheit so gut auf unsere Wohnung aufgepasst und unsere Blumen gepflegt haben. Und für den lieben Empfang nach unserer Rückkehr.

Darüber hinaus möchte ich meinem Bruder Alexander herzlich für seine emotionale Unterstützung aus der Ferne danken.

Zuletzt gilt mein besonderer Dank meinem Vater, der mir die Reiselust vererbt hat und mich stets ermutigt, neue Wege zu gehen. Ich wünsche ihm von Herzen, dass er noch viele schöne Reisen unternehmen kann.

Diana Ruess, geboren 1977 in Friedrichshafen am Bodensee, entwickelte früh eine Leidenschaft für das Erzählen sowie für visuelle Medien. Nach ihrem Studium an der Bauhaus Universität Weimar im Fachbereich Mediendesign zog sie nach Berlin und arbeitete zehn Jahre lang als Cutterin in der Filmindustrie. Später entschied sie sich, ihre Perspektiven zu erweitern, und studierte Psychologie. Seit 2016 ist sie in der Sozialarbeit tätig, ihr besonderer Fokus liegt auf der Kinder- und Jugendhilfe.

Ende 2022 brach Diana gemeinsam mit ihrem Mann und ihren Söhnen, damals vier und neun Jahre alt, zu einer achtmonatigen Weltreise auf. Diese Erfahrung animierte sie dazu, ihr erstes Buch zu schreiben, in dem sie ihre Leserinnen und Leser auf eine wunderbare Entdeckungsreise rund um den Globus mitnimmt.